Scriptores ivris Romani
– Svbsidia 1 –

Scriptores ivris Romani
direzione di Aldo Schiavone

1. Quintus Mucius Scaevola. Opera
Jean-Louis Ferrary, Aldo Schiavone, Emanuele Stolfi (2018)

2. Iulius Paulus. Ad edictum libri I-III
Giovanni Luchetti, Antonio L. de Petris, Fabiana Mattioli, Ivano Pontoriero (2018)

3. Antiquissima iuris sapientia. Saec. VI-III a.C.
Anna Bottiglieri, Annamaria Manzo, Fara Nasti, Gloria Viarengo. Praefatores *Valerio Marotta, Emanuele Stolfi* (2019)

4. Aelius Marcianus. Institutionum libri I-V
Domenico Dursi (2019)

5. Callistratus. Opera
Salvatore Puliatti (2020)

6. Iulius Paulus. Decretorum libri tres. Imperialium sententiarum in cognitionibus prolatarum libri sex
Massimo Brutti (2020)

7. Aemilius Macer. De officio praesidis. Ad legem XX hereditatium. De re militari. De appellationibus
Sergio Alessandrì (2020)

8. Cnaeus Domitius Ulpianus. Institutiones. De censibus
Jean-Louis Ferrary, Valerio Marotta, Aldo Schiavone (2021)

9. Herennius Modestinus. Libri VI excusationum
Alberto Maffi, Bernard H. Stolte, Gloria Viarengo (2021)

10. Papirius Iustus. Libri XX de constitutionibus
Orazio Licandro, Nicola Palazzolo (2021)

11. Q. Cervidius Scaevola. Quaestionum libri XX
Alessia Spina (2021)

12. Iulius Paulus. Ad Neratium libri IV
Gianni Santucci, Paolo Ferretti, Marina Frunzio, Alvise Schiavon (2021)

13. Iulius Paulus. Ad edictum libri IV-XVI
Giovanni Luchetti, Martina Beggiato, Sabrina Di Maria, Fabiana Mattioli, Ivano Pontoriero, Elena Pezzato (2022)

Svbsidia

1. Giuseppe Falcone, *Studi sui commentarii 'istituzionali' di Gaio. I. Formazione e natura del testo* (2022)

Scriptores ivris Romani
direzione di Aldo Schiavone
Svbsidia 1

Giuseppe Falcone

STUDI SUI *COMMENTARII* 'ISTITUZIONALI' DI GAIO

I

FORMAZIONE E NATURA DEL TESTO

«L'ERMA» di BRETSCHNEIDER
Roma - Bristol

European Research Council
Advanced Grant 2014 / 670436

Scriptores iuris Romani

Volume sottoposto a doppia peer review

Via Marianna Dionigi 57
00193, Roma - Italy
www.lerma.it

70 Enterprise Drive, Suite 2
Bristol, Ct 06010 - USA
lerma@isdistribution.com

Sistemi di garanzia della qualità
UNI EN ISO 9001:2015

Sistemi di gestione ambientale
ISO 14001:2015

Scriptores iuris Romani. Svbsidia 1. -1(2022)
Roma: «L'ERMA» di BRETSCHNEIDER, 2020. -v.; 24 cm.
ISBN CARTACEO: 978-88-913-2610-2
ISBN DIGITALE: 978-88-913-2616-4
ISSN: 2612-503X

CDD 349.37

1. Diritto romano

Subsidia

Questo volume apre una nuova sezione degli *Scriptores iuris Romani*, i *Subsidia*, dedicati all'approfondimento monografico di temi e figure del pensiero giuridico romano: saggi non accompagnati però – come nella serie principale – dall'edizione commentata delle opere di volta in volta prese in esame.

Anche questi libri, non meno degli altri, riflettono il senso e l'impegno del lavoro – sia individuale, sia comune – svolto nel corso della nostra ricerca.

a.s.

INDICE

1. Introduzione minima

All'interno del testo didattico pervenutoci tramite il ms. veronese (Codex Veronensis n. 13) Gaio offre un'indicazione sul testo stesso quale prodotto di scrittura, affidandola al termine '*commentarius*'.

Nella quasi totalità dei casi (dieci volte su undici) il termine è usato al singolare, con riferimento ad una delle partizioni esteriori nelle quali si suddivide il complessivo testo: ad esse Gaio rinvia di volta in volta con locuzioni del tipo '*superiore commentario tradidimus*', '*sequenti commentario referemus, proponemus*', '*primo, secundo commentario rettulimus, relatum est*'[1]. In un caso, invece, il termine compare al plurale, alludendo al complessivo scritto: Gai 3.33 '... *De quibus in his commentariis consulto non agimus*, ...'[2].

Il ricorso a questo termine aveva già attirato l'attenzione dei compilatori delle *Institutiones* giustinianee, i quali, nel trasfondere la scrittura gaiana nel manuale imperiale, si adoperarono con cura a sostituire ogni impiego di '*commentarius*' con '*liber*'[3], probabilmente per ragioni legate alle concezioni del tempo in tema di produzione e interpretazione del diritto[4]. E ine-

[1] Gai 2.23 '*superiore commentario tradidimus*'; 2.145 '*primo commentario relatum est*'; 3.17 '*primo commentario rettulimus*'; 3.38 '*superiore commentario tradidimus*'; 3.81 '*in sequenti commentario proponemus*'; 3.181 '*sequenti commentario referemus*'; 3.201 '*in superiore commentario rettulimus*'; 4.77 '*primo commentario tradidimus*'; 4.85 '*primo commentario rettulimus*'; 4.153 '*secundo commentario rettulimus*'.

[2] Il riferimento è ai *gradi* rilevanti ai fini della *bonorum possessio*.

[3] Cfr. i seguenti passi paralleli: Gai 2.145 - I. 2.17.4; Gai 3.38 - I.3.2.1; Gai 4.77 - I. 4.8.5; Gai 4.85 - I. 4.10.2; Gai 4.153 - I. 4.15.5.

[4] Dal momento che '*commentarius*' in età tardoantica era impiegato anche per designare specificamente scritti impostati sul richiamo ad una pluralità di opinioni contrastanti, muovendo dalle quali il lettore è chiamato a farsi una propria idea (cfr., ad es., Hier. *contra Rufin.* 1.16; 3.11; *in Ierem., praef.*; 22; 24-27; *epist.* 112.5; rinvio a Falcone 2014, 22 e nt. 54), la sua presenza ad indicare questa o quella parte del manuale potrebbe esser stata avvertita come non in linea con la propaganda di certezza ed univocità del diritto e di esclusiva provenienza dello stesso dall'imperatore (in questo caso, nelle vesti di imperatore-*magister*), sollecitando l'impegno dei compilatori ad una costante sostituzione con un vocabolo più neutro. In questa direzione è significativo che '*commentarius*' è, invece, conservato in cost. *Imperatoriam* 6, in cui il testo gaiano mantiene la sua autonoma individualità quale opera dell'antica giurisprudenza: '... *ex omnibus antiquorum institutionibus et praecipue ex commentariis Gai nostri tam institutionum quam rerum cottidianarum aliisque multis commentariis...*'.

vitabilmente l'impiego di questo vocabolo doveva attirare l'attenzione anche della ricerca storica, non appena questa ha iniziato a indagare, oltre che sui contenuti venuti alla luce con il ms. veronese, anche sullo scritto gaiano come prodotto letterario in sé: costituendo, segnatamente, un elemento-chiave di particolari ricostruzioni riguardanti il rapporto tra la formazione del testo e lo svolgimento dell'insegnamento da parte di Gaio.

Le riflessioni che seguono in parte intercettano questo snodo tematico – e in quest'ottica non è neutra, come si vedrà, l'opzione di rinunciare, già a partire dal titolo e lungo l'intero svolgimento, alle correnti designazioni 'Istituzioni', '*institutiones*', 'manuale' –, provando a coinvolgere peraltro, su alcuni aspetti, anche la tradizione dell'insegnamento, per quanto riconoscibile in sé e per quanto isolabile da esiti gaiani, che si era andata sviluppando anteriormente all'attività del giurista antonino.

Per altro verso, esse costituiscono, essenzialmente, un tentativo di messa a punto dei dati testuali a nostra disposizione, con collegata lettura critica di alcune importanti posizioni storiografiche, focalizzato sulla genesi e sulla natura dell'opera nel loro reciproco nesso. In ragione di questa finalità, capiterà anche di dar conto, quali approdi dell'investigazione, a volte, di semplici spunti di riflessione o di interrogativi, altre volte, di una mera indicazione di tipo esclusorio.

Il testo di Gaio verrà qui assunto, quale oggetto di studio, in quanto pagina di letteratura giuridica romana; ma, preme esplicitare, l'enucleazione di alcuni aspetti dell'impianto espositivo e di alcune tecniche di scrittura si prestano, naturalmente, ad avere dirette ricadute sulla valutazione delle informazioni in esso contenute in funzione della ricostruzione di istituti e regimi giuridici nonché dell'individuazione di punti di vista dello stesso Gaio, come è occorso in questa stessa ricerca.

2. '*Commentarii*'

Il primo studioso a dedicare un'apposita riflessione al termine '*commentarius*' usato da Gaio[5] è stato Dernburg, il quale ha addotto l'impiego di questo vocabolo a rincalzo rispetto ad altri indizi, che saranno presi in considerazione più avanti, per sostenere che il testo conservato nel ms. veronese consisterebbe in annotazioni ("Auszeichnungen") predisposte da Gaio per lo svolgimento delle lezioni, che lo stesso Gaio si sarebbe risolto, successivamente, a pubblicare[6]. Per questo valore di '*commentarii*' lo studioso ha richiamato alcuni dati presenti in fonti letterarie e precisamente: la presentazione, nel *Brutus* ciceroniano (§ 262), del confezionamento da parte di Cesare dei *commentarii rerum suarum* come altra cosa rispetto a '*scribere historiam*'; la distinzione, espressa in un altro luogo della stessa opera (§ 164), tra '*oratio*' e '*quasi capita rerum et orationis commentarium*'; la conforme attestazione, in Quint. *inst. or.* 10.7.30, della prassi di redigere *commentarii* quali appunti da rielaborare e sviluppare successivamente in vista di un'orazione; le due seguenti affermazioni del *de grammaticis et rhetoribus* di Svetonio: '*Veteres grammatici et rhetoricam docebant ac multorum de utraque arte commentarii feruntur*' (4.6); '*Sevius Nicanor primus ad formam dignitatem docendo pervenit fecitque praeter commentarios, quorum tamen pars maxima intercepta dicitur, saturam quoque*' (5.1)[7].

---

[5] A prescindere dagli impieghi gaiani, per le possibili svariate tipologie di scrittura designate con il termine *commentarius* rinvio alla dettagliata rassegna di Mourgues 1998, 124 ss.

[6] Dernburg 1869, 55 ss. In particolare, p. 57: «Grade so steht nun endlich commentarii für die Aufzeichnungen, welche sich die Lehrer behufs ihrer Vorlesungen machten oder, wenn wir uns vor dem modernen Worte nicht scheuen, für deren Collegienhefte»; e p. 59: «Wir können daher in dem Titel des Werks von Gaius commentarii institutionum gradezu eine Hinweisung darauf finden, dass Gaius die Aufzeichnungen veröffentlichte, nach welchen er diese Vorlesungen gehalten hatte».

[7] È il caso di segnalare subito che, in realtà, dei due passi svetoniani può venire in considerazione solo il secondo (§ 5.1), dal momento che la vicenda, ivi accennata, di sottrazione della *pars maxima commentariorum* potrebbe far pensare a testi di appunti didattici che il docente non aveva pubblicato o non aveva in mente di pubblicare. Invece, assumere un'accezione di *commentarii* come "Collegienhefte" anche per l'affermazione '*Veteres grammatici et rhetoricam docebant ac multorum de utraque arte commentarii feruntur*' (4.6) costituisce una petizione di principio, specie di fronte alla circostanza che, nello stesso scritto, Svetonio con riferimento a testi che veicolano l'attività di insegnamento non manca di usare scambievolmente *commentarii* e *libri*: cfr. § 10.5 '*Quod sane ex commentariis eius adparet quamquam paucissimi exstent: de quorum tamen copia sic altera ad eundem Hermam epistula significat: «Hylem nostram aliis memento commendare quam omnis generis coegimus uti scis octingentos in libros»*'.

Successivamente, Kniep[8] ha ribadito l'interpretazione di '*commentarii*' come "annotazioni", ma pensando ad annotazioni prese dagli studenti durante la lezione e da costoro successivamente pubblicate e immaginando una vicenda simile a quella occorsa a Quintiliano, e dallo stesso descritta, con riguardo a due libri sull'arte retorica:

> «... già circolavano col mio nome due libri sull'arte retorica che io non avevo né pubblicato né composto con questa finalità. Uno dei due infatti l'avevano estrapolato da un discorso tenuto per due giorni alcuni miei allievi ai quali il discorso era indirizzato; l'altro libro alcuni giovani volenterosi, dopo avere trascritto quanto erano riusciti a cogliere da un discorso svolto in più giorni, l'avevano divulgato, per un eccesso di ammirazione nei miei confronti, con un'avventata edizione»[9].

Infine, ad annotazioni ha pensato senza indugio anche uno studioso che tanto ha influito sulla dottrina successiva, Schulz, il quale ha asserito che «il titolo *Commentarii*, applicato ad un'opera destinata ad uso accademico, può solo significare appunti per lezioni»[10] ("lecture-notes", nell'originale inglese)[11], e che questo concetto, implicito nel titolo, è confermato dal fatto che l'esposizione è formulata «nel vero stile di colui che tiene lezione»[12], lasciando invece aperta l'alternativa tra una diretta provenienza da Gaio di note più o meno elaborate, promemoria, canovaccio congegnato per lo svolgimento della lezione orale, e una configurazione del testo come insieme di appunti presi da uno studente che ha messo per iscritto quanto andava ascoltando dalla voce dell'insegnante a lezione – un'alternativa che, anche a prescindere dall'interpretazione del termine *commentarius*, vede ancora oggi oscillante la dottrina[13].

Ora, va detto preliminarmente che le posizioni dei predetti studiosi si basano sul presupposto che il termine *commentarii* facesse parte del titolo dell'opera ('*institutionum commentarii*') o costituisse il titolo dell'opera ('*commentarii*'). Sennonché, questo dato, che viene assunto come certo e scontato, per vero non lo è affatto. Le ricorrenze del termine presenti all'interno del testo, che ho indicate nell'Introduzione, non si prestano, da sole, a giustificarlo; e lo stesso deve dirsi per il modo di esprimersi dei compilatori giustinianei (cost. *Imp.* 6) '*... ex omnibus*

---

[8] Kniep 1910, 4; 32 ss.

[9] Quint. *inst. or.*, 1 *praef.* 7 '*... duo iam sub nomine meo libri ferebantur artis rhetoricae neque editi a me neque in hoc comparati. Namque alterum sermonem per biduum habitum pueri quibus id praestabatur exceperant, alterum pluribus sane diebus, quantum notando consequi potuerant, interceptum boni iuuenes sed nimium amantes mei temerario editionis honore uulgauerant*'. In generale, sul tipo di vicenda editoriale testimoniato da Quintiliano cfr., di recente, Dorandi 2007, 93; Bartocci 2009, 182 s. Spiegano in questa prospettiva la divulgazione del testo gaiano, di recente, Liebs 1976, 230; 1989, 37 s.; Cossa 2013, 74 nt. 101.

[10] Schulz 1968, 285.

[11] Schulz 1946, 160.

[12] Schulz 1968, 286.

[13] Nel primo senso cfr. Casavola 1966, 5; Nelson 1981, 75 s. e 421 nt. 27. Nel secondo senso, Kübler 1910, 499 s. (che svaluta il ricorso a '*commentarius*', mentre valorizza il fenomeno delle frequenti ripetizioni e antitesi quali indizi per assumere il testo come «das wortgetreu Stenogramm eines tachygraphisch geschulten Zuhöhres»); Liebs 1976, 229 ss. (per via della presenza di "Fehler, Ungereimtheiten, Wiederholungen, Vortragsstil"); Michel 1991, 186 s. (ma sulla base di un elemento, la presenza di '*dicitur*' in Gai 1.32b e in Gai 2.221, la cui diversa giustificazione era già stata persuasivamente indicata da David, Nelson 1954, 47 e David, Nelson 1968, 415 s.); Manthe 2000, 185; Cossa 2013, 70 (69) nt. 95. Ammettono entrambe le possibilità, senza optare per una di esse, Honoré 1962, 59; Biscardi 1966, 17 s.; Querzoli 1996, 48; Ferrary 1997, 250 nt. 64. Sulla posizione di Schulz cfr. *infra*, nel testo.

antiquorum institutionibus et praecipue ex commentariis Gaii nostri tam institutionum quam rerum cottidianarum aliisque multis commentariis compositas...'[14]. In realtà, non solo non v'è ragione per preferire la suddetta opzione rispetto ad una immediata indicazione *'institutiones'*, ma, addirittura, non può escludersi – e anzi è legittimo prospettare – che, invece, Gaio non avesse apposto alcun titolo al proprio scritto (*infra*, n. 7). Alla luce di questa incertezza andrebbe quantomeno ridimensionato lo stesso rilievo che al significato del termine *'commentarius'* si è voluto attribuire in ordine alla questione, alla quale esso era strettamente collegato, del concepimento del testo come destinato o meno alla circolazione libraria.

Ad ogni modo, anche a voler ammettere che, invece, il termine *'commentarii'* figurasse nel titolo, la sua decifrazione come "annotazioni" non potrebbe essere accolta: giacché essa, non soltanto si basa, in sé, su indizi inadeguati, ma, soprattutto, è smentita da un dato proveniente proprio dal testo gaiano.

Con riguardo al primo punto, e cioè all'inadeguatezza degli indizi addotti, deve osservarsi che, come i luoghi richiamati da Dernburg, nei quali Cicerone, Quintiliano e Svetonio parlando di *commentarii* alludono ad annotazioni o registrazioni di dati in contrapposizione a un testo definitivo o destinato ad esser pubblicato[15], non implicano una necessaria lettura in tal senso anche degli impieghi gaiani, con esclusione di altri possibili significati[16]; così risulta priva di argomentazione univoca anche la diagnosi che, a detta di Schulz, dovrebbe costituire conferma per l'accezione di *commentarii* come "appunti per lezioni" e cioè l'idea che il complessivo testo gaiano è formulato «nel vero stile della lezione». Quest'ultimo aspetto merita una considerazione apposita.

Schulz ha voluto individuare i seguenti indicatori di un collegamento tra il testo e l'oralità della lezione: «gli ammonimenti sempre ricorrenti (*admonere*), a scopo d'enfasi, i costanti riferimenti allo schema degli argomenti, e il fatto che l'autore s'immagini di stare a parlare (*loqui*)»[17]. Tuttavia, nonostante il credito di cui questi elementi hanno goduto anche nella successiva storiografia[18], nessuno di essi è concludente, giacché, tutti, ricorrono copiosi pure in testi aventi anch'essi la funzione di istruire ed erudire su una determinata disciplina, ma che sono stati senz'altro *ab initio*

---

[14] Questa la versione greca (di incerta paternità: cfr. Falcone 2016, 289 ss.): ... ἐκ πάντων τῶν τοῖς ἀρχαίοις γεγραμμένων Ἰνστιτούτων καὶ μάλιστα τῶν ὑπομνημάτων Γαΐου, τοῦτο μὲν τῶν ὡς ἐν Ἰνστιτούτοις, τοῦτο δὲ καὶ ἐκ τῶν Κωδίκων αὐτοῦ, ἔνθα διαλέγεται περὶ τῶν καθ' ἑκάστην ἡμέραν κινουμένων πραγμάτων, καὶ ἐξ ἄλλων πολλῶν συνταγμάτων ....

[15] *Supra*, nt. 7.

[16] E infatti, lo stesso Dernburg (p. 59) riconosceva che non potrebbe escludersi una diversa interpretazione e, cioè, che il (presunto) titolo *'commentarii'* alludesse al fatto «dass es sich um ein Buch in bescheidener anspruchsloser Form handle» (avendo in mente, probabilmente, il passo di Cic. *Brut.* 262, da lui stesso in precedenza richiamato, là dove i *commentarii* di Cesare vengono elogiati come *'nudi, recti et venusti, omni ornatu orationis tamquam veste detracta'* e come caratterizzati da *'pura et inlustris brevitas'*): un'accezione che consentirebbe di ridurre ad un unico denominatore comune il fatto che Gellio designa *'commentarius'* l'*'Eisagoghikós'* composto da Varrone per istruire Pompeo su come procedere in Senato (*n.A.* 14.7.2-3), la menzione di *commentarii* di Labeone alle XII Tavole e di *'commentarii'* di Cassio e infine l'impiego del termine, da parte di Gaio, per indicare la propria opera sulle XII Tavole (D. 1.2.1) e, in Gai 3.33 e 54, per indicare propri scritti in tema di *bonorum possessio* e di *bona libertorum*.

[17] Schulz 1968, 285 s. (= 1946, 160). Implicitamente, già Krüger 1912, 206 nt. 44.

[18] Il "Vortragsstil" è uno degli elementi addotti da Liebs 1976, 231 (pur senza citazione, in nt. 184, di Schulz); per i verbi del parlare cfr. Honoré 1962, 59; Casavola 1966, 7; Quadrato 1979, 2 s.; Stanojevic 1989, 38; Wibier 2014, 364; per gli esordi del tipo *'Nunc transeamus ad'* cfr. Diosdi 1976, 610; Stanojevic 1989, *loc. cit.*; Cossa 2013, 70 (69) nt. 95; Wibier 2014, *loc. cit.*

congegnati e scritti, dai loro autori, direttamente in vista della loro pubblicazione, quando non provengono, addirittura, da autori che non hanno nemmeno svolto attività d'insegnamento.

Così, con riguardo al presunto indizio consistente nell'uso dei verbi del parlare, va sottolineato che '*loquor*', '*loquimur*', '*loquendum est*', '*dixi*', '*diximus*' e forme analoghe compaiono innumerevoli volte, ad esempio, nei trattati composti da Varrone, Quintiliano, Columella, Vitruvio, o, per scegliere un'opera di epoca più tarda, nelle *institutiones oratoriae* di Sulpicio Vittore. Lo stesso dicasi per i riferimenti alle articolazioni tematiche. A quest'ultimo proposito sono stati considerati emblematici passaggi quali, ad esempio, Gai 2.246-248 '*Nunc transeamus ad fideicommissa. Et prius de hereditatibus dispiciamus. Inprimis igitur sciendum est*...'[19] o Gai 2.97 '*Hactenus tantisper admonuisse sufficit, quemadmodum singulae res nobis adquirantur... videamus itaque nunc, quibus modis per universitatem res nobis adquirantur*' e Gai 3.54 '*Hactenus omnia iura quasi per indicem tetigisse satis est*... 55. *Sequitur ut de bonis Latinorum libertinorum dispiciamus*'[20]. Ebbene, a questi pretesi indizi è agevole contrapporre, fra molti altri, luoghi quali Colum. *r.r.* 11.3.14 '*Haec ... dixisse abunde est; nunc quid quoque tempore vel colendum vel serendum sit, praecipiamus; et primum de his generibus loquendum est, quae* ...' o Colum. *r.r.* 7.12.1 '*De armentis ceterisque pecudibus ... satis adcurate disserui. Nunc ut exordio priore sum pollicitus, de mutis custodibus loquar*, ...', o ancora Sulp. Victor, *inst. or.* 17 '*De quo genere non puto in hac parte multa dicenda, quia supra elocuti sumus, cum de ... diceremus*': luoghi nei quali incontriamo, intrecciati tra loro, sia l'attenzione apposita per i raccordi tematici sia l'uso dei verbi '*loqui*' e '*dicere*'. Ma potrebbero agevolmente aggiungersi anche riscontri di costruzioni del tipo '*de ... dixi; nunc dicam de* ....', '*de ... dixi; nunc exponam*...', '*sed quoniam ... dixi, nunc relinquitur ut sit videndum* ...', '*prius de ... loquendum est*', '*Nunc transeamus ad*...'; come pure, presenze della medesima correlazione '*hactenus ... sequitur ut* (o *superest* o *nunc*...)' che si osserva nei trascritti Gai 2.97 e 3.54[21]. Quanto, infine, al modo di introdurre una informazione attraverso la forma verbale '*admonendi sumus*'[22], che esso non possa considerarsi univoca traccia di oralità è rivelato – oltre che dalla presenza di locuzioni quali '*admonere satis est*', '*admonendum est*', '*non est alienum admonere*' nell' *institutio oratoria* di Quintiliano[23] – dal ricorso a questa stessa particolare costruzione sia in altri scritti dello stesso Gaio e di Ulpiano[24], per i quali un collegamento con un' esposizione didattica orale sarebbe tutto da dimostrare autonomamente, sia in un'opera quale la *naturalis historia* di Plinio (17.39).

La conclusione, che già questa rapidissima rassegna di fonti esterne[25] è bastevole a determinare, è che il tipo di lessico e di fraseologia del testo gaiano può essere come può non

[19] Dernburg 1869, 46 e nt. 1.

[20] Schulz 1946, 160 nt. 6.

[21] Mi limito a richiamare, a quest'ultimo riguardo, Colum. *r.r.* 2.4.1: *Hactenus de officio bubulci dixisse abunde est. sequitur, ut tempora quoque subigendi arvi praecipiamus*; 4.1.1: *Hactenus de positione uinearum. superest pars antiquissima, ut praecipiamus etiam cultus earum, de quibus sequenti uolumine pluribus disseremus*; 12.55.1: *Hactenus de oleo dixisse abunde est. Nunc ad minora redeamus.*

[22] Presente in Gai 1.141; 2.27; 2.80; 2.206; 3.56; 3.163; 4.82; 4.110.

[23] Rispettivamente, Quint. *inst. or.* 2.4.3 e 2.17.1; 5.11.24; 8.1.2.

[24] Quanto a Gaio, si tratta dei commenti all'editto provinciale (D. 9.4.27pr.; 10.3.11pr.; 12.2.31pr.; 38.10.1.2; 38.10.3.2) e all'editto del pretore urbano (D. 29.4.18.1), dello scritto *de verborum obligationibus* (D. 46.2.34.2) e dei *de fideicommissis libri II* (D. 36.1.65.15); per Ulpiano viene in questione un passo dei *de fideicommissis libri VI* (D. 36.3.6.1).

[25] Altri riscontri nella medesima prospettiva di ridimensionamento delle pretese impronte di oralità adduce, ultimamente, Romano 2020, 194 ss.

essere spia di un diretto rapporto con una oralità di esposizione: lo specifico argomento che Schulz aveva utilizzato per sostenere la natura dei *commentarii* gaiani come "appunti per lezioni" risulta, dunque, gia in sé sprovvisto di solida e inequivoca consistenza[26].

Con riguardo, poi, alla smentita da parte dello stesso Gaio, viene in questione il passaggio di Gai 3.33 in cui l'autore instaura una correlazione tra "questi *commentarii*" e "*commentarii* appositi", distinguendoli (solo) per il fatto che i primi ospitano una esposizione di base e selettiva, gli altri una trattazione esaustiva della stessa materia (i *gradi* rilevanti ai fini della *bonorum possessio*):

> Gai 3.33: ... *De quibus in his commentariis consulto* non agimus, *quia hoc ius totum propriis commentariis* exsecuti sumus.

Il diretto e immediato collegamento tra i due scritti designati entrambi *commentarii* impone di attribuire a questo termine, dal punto di vista della tipologia di scrittura, il medesimo significato in entrambi gli elementi della correlazione[27]. Ebbene, con riguardo all'elemento costituito dallo scritto apposito e approfondito (non rileva se una monografia autonoma *de gradibus* o una sezione dei libri *ad edictum*)[28] è evidente che non può parlarsi di "Auszeichnungen" o di "appunti per lezione"[29]. Quanto appena detto, peraltro, può ripetersi anche con riguardo al rinvio che, in tema di *iura patronatus*, compare in

---

[26] Davvero debole appare, poi, l'indizio che Tapani Klami 1985, 76 ha voluto addurre in aggiunta alle presunte tracce di oralità offerte dai riferimenti al 'parlare', e cioè il richiamo ai '*diversae scholae auctores*', che sarebbe confacente più all'oralità della lezione svolta nell'ambito di una delle due Scuole che alla redazione di un testo scritto.

[27] Come accennato (*supra*, nt. 16 *in fine*), lo stesso Dernburg aveva tenuto presente il testo di Gai 3.33, ma senza riconoscerne l'autentica rilevanza probatoria, che consiste non nel fatto in sé che Gaio usi '*commentarius*' in relazione all'opera *ad edictum* (potendosi anche immaginare un legittimo uso diversificato dello stesso termine), bensì, come indicato nel testo, nella diretta giustapposizione che il giurista instaura tra i "*commentarii* appositi" e "questi *commentarii*". È grave la totale obliterazione di questo riscontro, pur segnalato da Dernburg, da parte di Kniep e di Schulz.

[28] Sul punto cfr. Nelson, Manthe 1992, 91.

[29] Non è attendibile la conclusione (sostenuta da Casavola 1966, 5 ss. e seguita da Stanojevic 1989, 29 e da Querzoli 1996, 47 ss.) che anche i '*proprii commentarii*' fossero opere di natura e finalità didattiche in ragione dell'uso stesso del termine '*commentarii*': cfr. già Biscardi 1966, 17 s., il quale osservava che, poiché il più preciso significato del termine *commentarii* «si adattava al mutare dei casi, è una mera petizione di principio il voler desumere dall'uso di quel termine la 'scolasticità' delle opere con esso direttamente o indirettamente indicate», e Bretone 1966, 68 (seguito, di recente, da Stolfi 1997, 74 nt. 327), il quale sottolinea che non è dalla designazione '*commentarii*' che si deve desumere la natura o finalità di un'opera, ma è, al contrario, da quest'ultima che si può, eventualmente, risalire al significato da attribuire di volta in volta a codesto termine. In tempi recenti ha invece pensato ad una diretta destinazione didattica Behrends 1995, 451 (= Behrends 2004, 254 s.), ma in maniera apodittica – Gaio «scheint [...] auch von seinem Ediktskommentar [...] von belehrenden Lektionen gesprochen zu haben» – e peraltro infondantamente attribuendo (in nt. 83) questa lettura a Krüger (il quale, piuttosto, in Krüger 1912, 203 nt. 18, così si era espresso: «*Commentarii* (Aufzeichnungen) nennt sie Gajus vielleicht mit Rücksicht auf die Art der Darstellung, welche hier mehr noch als in den meisten anderen Schriften die wissenschaftliche Schärfe hinter dem Bestreben sich möglichst verständlich zu machen zurücktreten lässt; doch nennt er auch seine Bearbeitung des Edikts und der Lex Iulia et Papia (3, 33. 54) *commentarii*, und spricht dagagen von seinen *libri ex Q. Mucio* (1, 188)»). Naturalmente, altro è assumere un diretto concepimento (indimostrato e indimostrabile) degli scritti *ad edictum* quali opere didattiche, altro è immaginare che gli stessi possano esser stati utilizzati anche in funzione dell'insegnamento (come farebbe pensare il fatto che ad essi Gaio rinvia i lettori in 1.188): l'opportuna puntualizzazione è in Stolfi 1997, *loc. ult. cit.* Uno spunto già in Pugliese 1981, 13 s.

Gai 3.54: *Hactenus omnia iura quasi per indicem tetigisse satis est; alioquin diligentior interpretatio propriis commentariis exposita est.*

Manca, in quest'ultimo testo, una giustapposizione esplicita, ma è da ritenere che anche in questo caso, come nel luogo di poco precedente, Gaio scrivesse '*proprii commentarii*'[30] avendo in mente i *commentarii* che stava redigendo, "questi *commentarii*".

Acquisito questo risultato esclusorio, il punto è individuare, in positivo, un significato unitario di fondo che si attagli tanto al singolare '*commentarius*' quale articolazione interna dell'opera (*primus, secundus, superior, sequens commentarius*)[31] quanto al plurale '*commentarii*', che Gaio utilizza per indicare sia la stessa opera nel suo complesso sia, come si è visto, gli scritti in tema di *bonorum possessio* e di *iura patronatus*.

Di primo acchito, si può esser tentati di pensare che Gaio abbia adottato '*commentarius*' come equivalente a '*liber*'. Ma siffatta soluzione, mentre non può fondarsi su riscontri che riguardano autori diversi da Gaio[32], è messa in crisi dalla circostanza che il giurista non rinuncia, in un caso, a designare una propria ulteriore opera come '*liber*':

Gai 1.188: ... *nos qui diligentius hunc tractatum exsecuti sumus et in edicti interpretatione et in his libris, quos ex Quinto Mucio fecimus, hoc solum tantisper sufficit admonuisse, quod* ...[33]

Questo riscontro, evidentemente, fa risaltare ancor più il fatto che, invece, Gaio usa con costanza e uniformità assolute il diverso termine '*commentarius*' quando si tratta di riferirsi al testo 'istituzionale' o a partizioni di esso e di indicare anche l'altro membro di una diretta correlazione instaurata con il testo 'istituzionale' (Gai 3.33; 3.54). Ora, questo stato di cose depone più contro che in favore di un'assunzione di '*commentarius*' come interscambiabile con '*liber*'.

---

[30] Con riferimento, verosimilmente, allo scritto *ad legem Iuliam et Papiam*: cfr. Nelson, Manthe 1992, 147 s.

[31] È del tutto gratuita l'affermazione di Dernburg 1869, 62 s., secondo cui le articolazioni del complessivo testo in chiave di *primus, secundus, ... commentarius*, anziché risalire allo stesso Gaio, sarebbero state aggiunte in sede di successiva pubblicazione degli appunti da parte di uno studente (curiosamente, questo studioso ha, da una parte, dato per scontata l'esistenza di ciò che non è attestato, e cioè la presenza di '*commentarii*' nel titolo, dall'altra parte, ha invece ritenuto non gaiano l'impiego ripetutamente attestato del singolare '*commentarius*'!). Lo stesso dicasi per l'idea di Kniep 1910, 33, secondo cui in espressioni di questo tipo il termine '*commentarius*' sarebbe da intendere come "Vorlesung".

[32] Come, invece, ha ritenuto Liebs 1966, 73 nt. 102; 2008, 43; 44 e nt. 26: ma la sostituzione di '*commentarius*' con '*liber*' nelle Istituzioni giustinianee, oltre a discendere probabilmente da una precisa motivazione (*supra*, nt. 4), è utilizzabile solo quale riscontro del punto di vista dei compilatori, nulla provando con riguardo al pensiero di Gaio (e lo stesso deve dirsi, aggiungo con l'occasione, con riferimento all'autore dell'*Epitome Gai*, il quale in 2.1pr. mantiene '*commentarius*', in 1.1 sostituisce il termine con '*liber*'); allo stesso modo lascia impregiudicata la questione il fatto che Giavoleno parli di *libri Gaii Cassii* (D. 40.7.28; D. 46.3.78) e di *commentarii Gaii* (D. 35.1.54pr.): intanto, perché non sappiamo se egli richiamasse in entrambi i casi uno stesso scritto di Cassio e inoltre, anche ammessa l'unicità di riferimento, perché egli ben potrebbe essersi riferito alla stessa opera ora col termine *commentarii*, in relazione ad un suo carattere intrinseco o magari, chissà, riprendendone il titolo, ora col termine '*libri*' alludendo al mero dato esteriore di prodotto editoriale. Questo studioso ha, inoltre, richiamato la circostanza che nel § 1.188 Gaio accenna a propri '*libri*' *ex Quinto Mucio*: ma essa sembra orientare, al contrario, per una diversità di valenza rispetto a '*commentarius*', come osservo di seguito nel testo.

[33] Per la restituzione del testo cfr. David, Nelson 1960, 217 ss. Curiosamente, Maschi 1951, 18 s. adduce questo testo proprio per sostenere, all'opposto, che per Gaio '*commentarius*' è equivalente al termine *liber*.

Ebbene, mi pare legittimo prospettare una diversa possibilità interpretativa, che fa leva sulla rilevazione di un impiego, nella produzione letteraria, di *'commentarius'* quale testo nel quale sono registrate e raccolte, a seconda dei casi, informazioni, notizie, notazioni, insegnamenti.

Mi limito a segnalare, con specifico riguardo alla letteratura tecnico-didascalica, riscontri quali il cenno di Vitruvio ai *commentarii* di molti autori che *'praecepta conscripserunt'*[34]; o la presentazione, da parte di Frontino, del *De aquaeductu urbis Romae* come un *commentarius* nel quale egli ha riunito in un *corpus* ordinato tutte le informazioni che è riuscito a raccogliere riguardanti l'intera materia della *cura aquarum* e che serviranno, in primo luogo, ad istruire se stesso[35]: *'ea quae ad universam rem pertinentia contrahere potui,* [...] *in ordinem et ultra hoc in corpus deducta in hunc commentarium contuli'* (2.2); o ancora, risalendo indietro nel tempo, le battute conclusive del *'commentariolum petitionis'* (§ 58), là dove quello che è l'unico impiego del termine *'commentariolum'* nell'intero scritto è preceduto dalla precisazione *'Haec sunt quae putavi* [...] *conligere unum in locum posse et ad te perscripta mittere'*. In ambito più ampio, può richiamarsi, proprio in relazione agli anni in cui scrive Gaio, la testimonianza offerta dalle *Noctes Atticae*: ciascuna sezione dell'opera che mette insieme notizie e informazioni su un determinato tema, e che siamo soliti indicare come capitolo, è da Gellio designata *'commentarius'*[36], e con riferimento all'intera opera si incontra[37] il medesimo impiego della locuzione *'in his commentariis'* che ricorre in Gai 3.33.

In sostanza, l'unitaria accezione di fondo che ha consentito a Gaio, nel predetto § 3.33, di instaurare la diretta correlazione tra *'hi commentarii'* e *'proprii commentarii'* ben potrebbe esser stata quella, circolante anche nella letteratura tecnica di altri settori, di scritti che mettono insieme, che radunano ordinatamente una serie di informazioni e notazioni su una certa materia, sia che si tratti di notazioni-insegnamenti sia che si tratti di notazioni-commenti (specifici e approfonditi); così come il singolare *'commentarius'* quale articolazione interna del testo complessivo (*primus, secundus, superior, sequens commentarius*) avrebbe espresso l'idea di uno scomparto che mette insieme notazioni riguardanti una determinata parte dell'universa materia trattata[38].

---

[34] Vitruv. *de arch.* 7, *praef.* 14.

[35] Front. *de aquaed.* 2.3 *'...ad meam institutionem et regulam...'*.

[36] Cfr. Gell., *n.A. praef.* 22 (*'volumina commentariorum viginti facta sunt'*; *praef.* 25 (*'Capita rerum, quae cuique commentario insunt...'*); 1.23.2 (*'Ea Catonis verba huic prorsus commentario indidissem...'*). Sempre in Gellio compaiono due riscontri di *'commentarii'* in relazione ad opere di giuristi: *'Masurius autem Sabinus in commentariis, quos de indigenis composuit'* (*n.A.* 4.9.8) e *'in dierum quidem diffissionibus conperendinationibusque et aliis quibusdam legitimis ritibus ex ipsa lege Iulia et ex Sabini Masurii et quorundam aliorum iurisperitorum commentariis commoniti et adminiculati sumus'* (*n.A.* 14.2.1). Non può escludersi che, anche in questo caso, l'idea-base sia quella di testi che raccolgono in modo organico le informazioni relative ad un dato tema o ambito, rispettivamente i termini indigeni e vari istituti processuali.

[37] Gell. *n.A. praef.* 3; *praef.* 13; 1.24.1; 9.4.5; 13.7.6.

[38] Diversa, con ogni probabilità, l'accezione di *'commentarii'* utilizzata dallo stesso Gaio nella *praefatio* all'opera sulle XII Tavole: D. 1.2.1 *'Facturus legum uetustarum interpretationem necessario prius ab urbis initiis repetendum existimaui, non quia uelim uerbosos commentarios facere, ...'*. In questo caso sembra trattarsi della specializzata accezione di scritti volti a spiegare, a "commentare" un determinato testo-base, assunto come specifico oggetto di interpretazione, allo stesso modo in cui, per richiamare un esempio coevo, Gellio parlava di *commentarii in Vergilium, in Lucilium, in Platonem, in Hesiodum*: *n.A.* 1.21.2 e 4; 2.6.1; 2.24.5; 7.14.5; 20.8.7 (cfr. già Jörs 1888, 247 e nt. 2; Kniep 1910, 33 s.). La naturalezza con la quale questa concettualizzazione è adottata da Gellio rivela trattarsi di un uso

Quanto alla diversa scelta terminologica compiuta nel § 1.188 con il riferimento a *'libri' ex Quinto Mucio*[39], potrebbe pensarsi che il termine ricorresse nella stessa intitolazione dello scritto[40]; ma potrebbe anche immaginarsi, tenendo presente l'accezione di *'commentarius'* or ora segnalata, che l'opera consistesse in una trattazione abbastanza organica e approfondita (cfr. *'diligentius'*), rispetto alla quale Gaio non avesse ritenuto congrua una rappresentazione quale insieme di informazioni e notazioni.

ben consolidato. E, in effetti, parrebbe esser questa stessa la chiave per intendere il fatto che Cicerone, in *de orat.* 1.57.241, mentre parla di *'libri'* con riferimento a Publio Mucio, riserva il termine *commentarii* all'opera di Sesto Elio (assumendo, verosimilmente, quale elemento caratterizzante dell'opera eliana i commenti ai singoli versetti decemvirali); mentre nulla possiamo desumere dalla designazione *'commentarii iuris civilis'* attestata per uno scritto di Catone in Fest., v. *'Mundus'* (144 L.): cfr. in proposito, anche per la questione del rapporto con i *'de iuris disciplina libri'* cui accenna Gell. *n.A.* 13.20.9, Bauman 1983, 151 s.). Sempre in tema di impieghi risalenti, è il caso di notare, con l'occasione, come sia frutto di un equivoco la qualificazione *'commentarii'* che alcuni autori (Jörs 1888, 247 nt. 1; Bömer 1953, 232 s.; Lehne-Gstreinthaler 2019, 396) attribuiscono, sulla base di Cic. *de orat.* 2.55.223-224, alla raccolta di responsi compiuta da Bruto: invero, con le parole *'publici commentarii'* Cicerone si riferiva ai pubblici registri, malignamente insinuando che Bruto, ben conoscendo l'attitudine del figlio a scialacquare i beni (*norat hunc gurgitem*), gli avesse con precisione indicato ripetutamente, in alcuni passaggi dei *libri de iure civili*, i propri possedimenti a mo' di ufficiale denuncia degli stessi (in pubblici registri, appunto).

[39] Di quest'opera, della quale nulla ci è pervenuto all'infuori dell'autocitazione gaiana in esame – il richiamo ad un *'Gaius noster'* nel ventiduesimo libro di Pomponio *ad Quintum Mucium* (D. 45.3.39) è, invero, più probabilmente da riferire a Cassio che a Gaio (Behrends 2008, 81 ss.) –, sono state proposte arbitrarie identificazioni con altri scritti del giurista: dal commento alle XII Tavole (T.F. v. O. 1894, 18 s.: ma non si comprende per quale ragione Gaio avrebbe dovuto richiamare in questo modo il proprio lavoro sulle antiche *leges*) al *liber singularis de tutelis* (Stagl 2014, 334: soluzione già impedita dal plurale *'ex his libris'* usato da Gaio), fino alle *res cottidianae* (Cenderelli 2005, 131 s.: ma a rendere del tutto inverosimile un'antecedenza di quest'opera rispetto ai *commentarii* 'istituzionali' è l'osservazione che, se Gaio avesse già elaborato la tripartizione *'contractus-maleficium-variae causarum figurae'* (Gai. 2 *aur.*, D. 44.7.1pr.) non avrebbe successivamente escogitato la bipartizione *'contractus-delictum'* (Gai 3.88), cacciandosi nell'imbarazzo di inquadramento in ordine alla *indebiti solutio* (Gai 3.91): cfr. Falcone 2011, 19). L'ipotesi più plausibile è che si sia trattato di un'opera di commento ai 18 *libri iuris civilis* di Quinto Mucio: Liebs 1997, 189; Behrends 2008, 87 s. Da ultimo, Babusiaux 2020, 82 ha considerato plausibili tanto quest'ultima ipotesi quanto quella più su richiamata di Stagl (la quale, tuttavia, per la ragione indicata non può essere accolta).

[40] Su questo tipo di intitolazione cfr. Manthe 1982, 32 ss.; Ferrary 1997, 246 ss.; Viarengo 2020, 6 ss.

3. Né trascrizione studentesca né promemoria del docente

Se l'uso in sé del termine '*commentarii*', caduta la possibilità che venga inteso come "annotazioni" o "appunti", è dunque irrilevante ai fini della questione dell'origine e della natura del testo gaiano, diversamente stanno le cose con riguardo al dato dei rinvii interni a questo o a quel *commentarius*.

Si tratta, infatti, di un elemento che ha una ricaduta specifica, essendo in particolare utilizzabile, anzitutto, contro l'ipotesi che il testo pervenutoci riproduca il discorso svolto oralmente a lezione dall'insegnante e registrato da uno studente sul proprio quaderno:[41] invero, solo chi stava fissando per iscritto una trattazione, e non anche chi stava svolgendo un'esposizione orale, poteva concepire una topografia di rimandi espressa non solo in termini di "precedente" e "successivo" commentario, ma anche in termini di "primo" o "secondo commentario"[42].

V'è, del resto, un'altra circostanza di più ampia gittata che porta ad accantonare l'ipotesi di un discorso svolto oralmente e messo per iscritto da uno studente ἀπὸ φωνῆς: la particolare accuratezza di tecnica compositiva che è dato osservare nell'articolazione interna alle varie sezioni tematiche, accuratezza che risulta non solo da studiate corrispondenze narrative, a livello sia terminologico sia concettuale, e da evidenze di compatto coordinamento tra i vari tasselli espositivi, ma perfino dalla disposizione e dal dosaggio delle informazioni e finanche dal ricorso a certe clausole di passaggio piuttosto che ad altre.

Assume quasi un valore simbolico per il fatto di caratterizzare la stessa apertura del testo l'accuratezza che si osserva in Gai 1.1[43]. Mi riferisco alla perfetta simmetria sia di struttura sia di contenuti con la quale vengono parallelamente sviluppati i riferimenti iniziali al *ius proprium* e al *ius commune*, oggetto della complessiva presentazione[44]. La prima informazione

[41] Cfr. *supra*, nt. 13.

[42] Uno spunto già in Karlowa 1885, 724.

[43] Il testo, notissimo, è trascritto *infra*, n. 5, sub *b*).

[44] Che la distinzione di apertura concernesse il *ius proprium* e il *ius commune omnium*, e non già il *ius civile* e *ius gentium*, i quali entrano in scena solo successivamente e in chiave di denominazione, era stato già segnalato da Wagner 1978, 52. Del resto, ciò è confermato dalla conclusione del testo, che mostra quale fosse il preciso e specifico asse contenutistico del discorso: '*populus i t a q u e Romanus partim suo proprio, partim communi omnium hominum iure utitur*'.

è che tutti i popoli civili, e dunque giuridicamente organizzati[45], '*partim suo proprio, partim communi omnium hominum iure utuntur*'; quindi, vengono esplicitati i contrapposti segni '*proprium*' e '*commune*' attraverso un identico schema '*quod ... constituit, id ...*': '*nam quod quisque populus ipse sibi ius constituit, id ipsius proprium est*' e, rispettivamente, '*quod uero naturalis ratio inter omnes homines constituit, id apud omnes populos peraeque custoditur*'; segue, sempre in parallelo, il cenno alla denominazione: '*uocaturque ius ciuile*' e '*vocaturque ius gentium*'; infine, la spiegazione in chiave etimologica: '*quasi ius proprium ciuitatis*' e '*quasi quo iure omnes gentes utuntur*'.

D'altra parte, tra gli altri copiosi e facilmente rilevabili casi, nei quali Gaio all'interno di uno scomparto tematico ha organizzato riproposizioni di moduli terminologici e argomentativi, basterà accennare appena a pochissimi esempi: dal simmetrico e coordinato impiego, in Gai 1.84 e 85, della locuzione '*sed divus ... inelegantia iuris motus*', alla riproposizione dell'indicazione '*complures distinguunt et putant*' e '*complures distinguunt et existimant*' in Gai 1.90 e 91; dalla corrispondenza di schema descrittivo in Gai 2.54 '*Quare autem hoc casu etiam soli rerum annua constituta sit usucapio, illa ratio est, quod...*' e in Gai 2.55 '*Quare autem omnino tam improba possessio et usucapio concessa sit, illa ratio est, quod...*', alla simmetria di struttura all'interno di Gai 4.71 '*Tunc autem exercitoria locum habet, cum pater dominusque...* [...]. *Ideo autem exercitoria actio appellatur, quia... Institutoria vero formula tum locum habet, cum... Ideo autem institoria vocatur, quia...*'[46].

Quanto, poi, al versante del ricorso attento e meditato a determinate clausole di collegamento in funzione di una più ampia organizzazione di scrittura, è il caso di segnalare appositamente l'esempio consistente nel fatto che, lungo tutti e quattro i *commentarii*, le locuzioni '*In summa sciendum est*' e '*In summa admonendi sumus*' con assoluta regolarità hanno lo scopo di introdurre informazioni che vengono collocate a conclusione di una sezione espositiva in quanto ritenute di particolare significato nel quadro della stessa[47].

Così, nel § 1.47, in chiusura di discorso sui limiti alle possibilità di manomettere (§§ 36-47), è messo in risalto il dato eccezionale dell'estensione di un regime di *ius civile* anche ai *peregrini* (la nullità *ex lege Aelia Sentia* delle manomissioni in frode ai creditori)[48]; l'importanza strategica delle due osservazioni del § 1.141[49] deriva dal fatto che esse servono a differenziare in maniera netta la posizione delle persone *in causa mancipii* rispetto a quella dei *servi* e rispetto a quella di tutti gli altri soggetti *alieni iuris*[50]; la precisazione del § 2.96 circa l'impossibilità di compiere *in iure cessio* in favore delle

[45] Su questa portata delle parole '*qui moribus et legibus reguntur*' cfr. *infra*, n. 5, su ntt. 126-137.

[46] Sulle studiate corrispondenze tra le affermazioni di Gai 1.52 e 1.55 e tra quelle di Gai 1.189 e 190 mi soffermerò più avanti, rispettivamente in ntt. 149 e 154.

[47] Ciò, conformemente al significato proprio di '*summus*' come alludente ad una posizione di vertice e quindi a un dato d'importanza essenziale: cfr., sul punto, Falcone 2003a, 153 nt. 324.

[48] '*In summa sciendum est, quod lege Aelia Sentia cautum sit, ut creditorum fraudandorum causa manumissi liberi non fiant, hoc etiam ad peregrinos pertinere, cetera vero iura eius legis ad peregrinos non pertinere*'.

[49] '*In summa admonendi sumus aduersus eos, quos in mancipio habemus, nihil nobis contumeliose facere licere; alioquin iniuriarum tenebimur. ac ne diu quidem in eo iure detinentur homines, sed plerumque hoc fit dicis gratia uno momento; nisi scilicet ex noxali causa mancipantur*'.

[50] Laddove gli elementi di distinzione indicati nei §§ 139 e 140 si inserivano, comunque, entro la cornice della comune applicabilità, per i *servi* come per le persone *in causa mancipii*, delle manumissioni civili.

persone '*in potestate manu mancipiove*'[51], e cioè in favore dei principali strumenti di acquisto di un soggetto *sui iuris*, costituisce una eccettuazione meritevole del massimo rilievo rispetto alla possibilità, in precedenza segnalata, per le stesse persone di acquistare all'avente potestà '*quod mancipio accipiunt vel ex traditione nanciscuntur, sive quid stipulentur vel ex aliqualibet causa adquirunt*' (§ 87, cui *adde* § 90); la notazione del § 3.162, a chiusura della trattazione sul *mandatum*[52], fornisce una indicazione di notevole rilievo circa i possibili contenuti dell'incarico e, al contempo, scolpisce un elemento quale il criterio discretivo tra l'operazione- *mandatum* e l'operazione- *locatio conductio*, che è emblematico di una complessiva impostazione del discorso sulle *obligationes ex contractu* dal punto di vista del compimento delle operazioni negoziali[53]; nel § 3.208 l'informazione, apparentemente dedicata ad una questione circoscritta quale la riconducibilità o meno al *furtum* dell'operato di un impubere[54], in realtà esprime al suo interno un dato essenziale quale il requisito dell'elemento volontaristico del *furtum* ('*quia furtum ex adfectu consistit*'), fino ad allora lasciato in ombra[55]; infine, posto che il *periculum* per le parti di un processo costituisce una delle coordinate di fondo dell'intero IV commentario[56], l'uso della clausola in esame nel § 4.183[57] come apertura dell'ultimo scomparto espositivo, costituito dalle *poenae* connesse all'*in ius vocatio* e al *vadimonium* (§§ 183-187), riflette e sottolinea l'istruttiva circostanza che un *periculum* si profila già in occasione delle battute iniziali e preliminari dell'*agere*[58].

Particolarmente significativa, poi, è la cura con la quale Gaio, nella trattazione di ciascun tema ha compiuto, per dir così, un dosaggio delle informazioni, ha, cioè, selezionato e calibrato gli elementi descrittivi in funzione dello specifico obiettivo di volta in volta perseguito – il che ci richiama con forza alla necessità, cui si accennava già nella chiusa dell'Introduzione, che, in generale, nell'utilizzare i dati dei *commentarii* in vista della ricostruzione di un istituto giuridico come di una dottrina giuridica, si tenga sempre conto delle peculiarità della scrittura gaiana: in questo caso, del diretto rapporto che esiste tra la presenza stessa di certi contenuti, e non di altri, e il precipuo obiettivo della illustrazione che Gaio andava organizzando.

Al riguardo, già in altra sede ho avuto modo di segnalare il senso della citazione, in Gai 4.160, della '*summa conceptio*' degli interdetti *Uti possidetis* e *Utrubi*[59]: nonostante Gaio avesse

---

[51] '*In summa sciendum est his, qui in potestate manu mancipioue sunt, nihil in iure cedi posse; cum enim istarum personarum nihil suum esse possit, conueniens est scilicet, ut nihil suum esse in iure uindicare possint*'.

[52] '*In summa sciendum* est, quotiens faciendum *aliquid gratis dederim, quo nomine si mercedem statuissem, locatio et conductio contraheretur, mandati esse actionem, ueluti si fulloni polienda curandaue uestimenta* dederim *aut sarcinatori sarcienda*'.

[53] Cfr. *infra*, n. 6.

[54] '*In summa sciendum est quaesitum esse, an impubes rem alienam amouendo furtum faciat. plerisque placet, quia furtum ex adfectu consistit, ita demum obligari eo crimine impuberem, si proximus pubertati sit et ob id intellegat se delinquere*'.

[55] Del tutto indiretti, infatti, sono i riferimenti intercalati nelle battute iniziali del § 198 ('*Sed et si credat aliquis invito domino se rem contrectare, domino autem volente id fiat, dicitur furtum non fieri*. rell.') e del § 202 ('*Interdum furti tenetur* qui *ipse furtum non fecerit, qualis est cuius ope consilio furtum factum est*. rell.).

[56] Cfr. Falcone 2003a 113 ss.

[57] '*In summa sciendum est eum, qui cum aliquo consistere uelit,* in ius uocare *oportere et eum, qui uocatus est, si non uenerit, poenam ex edicto praetoris committere* ...'.

[58] Cfr. Falcone 2003a, 141 ss. e spec. 155.

[59] Cfr. Falcone 1996, 82.

già appositamente considerato questi due interdetti nei §§ 4.148-152 in relazione alla loro funzione *retinendae possessionis*, egli ne presenta i formulari soltanto più avanti, giacché nell'ottica delle descrizione della suddetta funzione il dato formulare non era direttamente rilevante; e, per di più, nel successivo luogo il giurista non riporta i formulari per intero, ma si limita a richiamare lo "schema essenziale" ('*summa conceptio*'), giacché questo era idoneo a fornire efficacemente l'indicazione che interessava dalla nuova angolazione descrittiva e cioè l'appartenenza dell'*Uti possidetis* e dell'*Utrubi* alla categoria degli *interdicta duplicia*. Come altro esempio tratto dallo stesso IV commentario, può richiamarsi anche la circostanza che Gaio, nel descrivere le *legis actiones* dichiarative, con assoluta simmetria espositiva omette di riferire che lo svolgimento delle procedure poteva arrestarsi a seguito di un atteggiamento di non opposizione, *in iure*, da parte dell'avversario: si tratta di un'opzione narrativa legata al fatto che il giurista era specificamente interessato a mostrare, in un'ottica cautelare, i rischi connessi allo svolgimento dell'*agere*[60]. Parimenti, in diverso ambito, un altro esempio significativo è offerto dal confronto tra i §§ 3.131-132 e 3.90: la precisazione che la *numeratio pecuniae* configura un *genus obligationis iuris gentium* è compiuta solamente in occasione della esposizione sui *nomina arcaria* e non anche nella precedente illustrazione sulla *mutui datio* (§ 3.90)[62] in quanto in quest'ultima sede essa non avrebbe avuto alcuna specifica utilità, mentre nel discorso sui *nomina arcaria* è strumentale all'individuazione di un profilo che caratterizza questa operazione rispetto ai *nomina transscripticia*[61]. Ed è opportuno, ulteriormente, menzionare i casi – dal momento che essi sono stati da qualcuno considerati quali tracce di originaria oralità del discorso[63] o, addirittura, quale difetto del testo[64] – di doppia trattazione in ordine alla nozione di '*agnati*' (§§ 1.156 e 3.10), alla *in iure cessio hereditatis* (§§ 2.34-37 e 3.85-87) e all'incidenza della *litis contestatio* nei *iudicia legitima* e nei *iudicia imperio continentia* (§§ 3.180-181 e 4.106-107). Invero, se si osservano da vicino le tre coppie di testi, si può constatare che le descrizioni presentano, al loro interno, dettagli contenutistici che le distinguono tra loro e che le fanno apparire come ben inserite nei rispettivi, diversi contesti e come congegnate con cura per essere funzionali agli stessi.

Così, con riferimento alla nozione di '*agnati*'[65], il contenuto del § 3.10 si discosta dai termini della esposizione che era stata compiuta nel § 1.156, in quanto vengono omesse sia l'apposita

---

[60] Cfr., appositamente, Falcone 2003a, spec. 131 ss. V. anche *infra*, n. 8, su ntt. 363-367.

[61] Gai 3.131. *Alia causa est eorum nominum, quae arcaria uocantur. in his enim rei, non litterarum obligatio consistit, quippe non aliter ualent, quam si numerata sit pecunia; numeratio autem pecuniae rei facit obligationem. qua de causa recte dicemus arcaria nomina nullam facere obligationem, sed obligationis factae testimonium praebere.* 132. *Unde* non *proprie dicitur arcariis nominibus etiam peregrinos obligari, quia non ipso nomine, sed numeratione pecuniae obligantur; quod genus obligationis iuris gentium est.* 133. *Transscripticiis uero nominibus an obligentur peregrini, merito quaeritur, quia quodam modo iuris ciuilis est talis obligatio;* rell. Cfr. *infra*, su ntt. 233-234.

[62] Il testo è trascritto *infra*, n. 5, sub *d*). A quanto mi consta, la circostanza è stata segnalata solo da Lombardi 1947, 151 s. (ma in prospettiva diversa da quella qui seguita).

[63] Cfr., ad es., Liebs 1976, 229 ss.

[64] *Infra*, n. 5, sub *a*).

[65] Gai 1.156: *Sunt autem agnati per uirilis sexus personas cognatione iuncti, quasi a patre cognati, ueluti frater eodem patre natus, fratris filius neposue ex eo, item patruus et patrui filius et nepos ex eo. at hi, qui per feminini sexus personas cognatione coniunguntur, non sunt agnati, sed alias naturali iure cognati. itaque inter auunculum et sororis filium non agnatio est, sed cognatio. item amitae, materterae filius non est mihi agnatus, sed cognatus, et inuicem scilicet ego illi eodem iure coniungor, quia qui nascuntur, patris, non matris familiam secuntur.* – Gai 3.10: *Vocantur autem adgnati, qui legitima co-*

distinzione tra *agnatio* e *cognatio* sia l'insistenza sulla indicazione di figure di *cognati*, e, piuttosto, viene incrementato l'elenco degli *agnati* con la menzione dei *consobrini*, in funzione della notazione conclusiva '*Qua ratione scilicet etiam ad plures gradus agnationis peruenire poterimus*': la quale notazione, a sua volta, ha una precisa ragion d'essere in relazione alla complessiva trattazione dei §§ 3.11-16, gravitante proprio sull'esistenza dei *gradus adgnationis* (a cominciare dalla informazione-base del § 3.11, secondo cui le XII Tavole non attribuiscono l'*hereditas* a tutti gli *adgnati*, bensì a quelli che '*proximo gradu sunt*'). Quanto alla *in iure cessio hereditatis*[66], rispetto all'esposizione svolta nei §§ 2.34-37, la trattazione che viene successivamente compiuta nei §§ 3.85-87 presenta una declinazione terminologico-concettuale adattata all'essere il tema riproposto in coda all'intera illustrazione sulle *successiones*[67]: al posto dell'indicazione del § 2.34

gnatione iuncti sunt. legitima autem cognatio est ea, quae per uirilis sexus personas coniungitur. itaque eodem *patre nati fratres agnati* sibi sunt, qui etiam consanguinei *uocantur, nec requiritur, an etiam matrem eandem habuerint. item patruus fratris filio et inuicem is illi agnatus est. eodem numero sunt fratres patrueles inter se, id est qui ex duobus fratribus progenerati sunt, quos plerique etiam consobrinos uocant; qua ratione scilicet etiam ad plures gradus agnationis peruenire poterimus.*

[66] Gai 2.34-37: *Hereditas quoque in iure cessionem tantum recipit. Nam si is, ad quem ab intestato legitimo iure pertinet hereditas, in iure eam alii ante aditionem cedat, id est antequam heres extiterit, proinde fit heres is, cui in iure cesserit, ac si ipse per legem ad hereditatem uocatus esset: post obligationem uero si cesserit, nihilo minus ipse heres permanet et ob id creditoribus tenebitur, debita uero pereunt, eoque modo debitores hereditarii lucrum faciunt; corpora uero eius hereditatis proinde transeunt ad eum, cui cessa est hereditas, ac si ei singula in iure cessa fuissent. Testamento autem scriptus heres ante aditam quidem hereditatem in iure cedendo eam alii nihil agit; postea uero quam adierit si cedat, ea accidunt, quae proxime diximus de eo, ad quem ab intestato legitimo iure pertinet hereditas, si post obligationem in iure cedat. Idem et de necessariis heredibus diuersae scholae auctores existimant, quod nihil uidetur interesse, utrum* aliquis *adeundo hereditatem fiat heres an inuitus existat. quod quale sit, suo loco apparebit: sed nostri praeceptores putant nihil agere necessarium heredem, cum in iure cedat hereditatem.* – Gai 3.85-87: Item si *legitimam* hereditatem heres, antequam *cernat aut pro herede gerat, alii in iure cedat, pleno iure fit ille heres, cui cessa est hereditas,* proinde ac si ipse per *legem ad hereditatem uocaretur; quod si postea quam heres extiterit, cesserit, adhuc heres manet et ob id creditoribus ipse tenebitur; sed res corporales transferet, proinde ac si singulas in iure cessisset, debita uero pereunt, eoque modo debitores hereditarii lucrum faciunt. Idem iuris est, si testamento scriptus heres, postea quam heres extiterit, in iure cesserit hereditatem; ante aditam uero hereditatem cedendo nihil agit. Suus autem et necessarius heres an aliquid agant in iure cedendo, quaeritur. nostri praeceptores nihil eos agere existimant; diuersae scholae auctores idem eos agere putant, quod ceteri post aditam hereditatem; nihil enim interest, utrum aliquis cernendo aut pro herede gerendo heres fiat an iuris necessitate hereditati adstringatur.*

[67] Contro le posizioni di chi riteneva che una delle due trattazioni sulla *in iure cessio hereditatis* fosse da espungere come non gaiana sono state decisive le pagine di Albanese 1953, 224 ss. (= 1991, 54 ss.) e di David, Nelson 1960, 254 ss. Nondimeno, sono rimasti privi di replica apposita uno degli argomenti messi in campo a suo tempo da Polenaar 1876, 378 (non superato, mi sembra, da quanto opposto da David, Nelson a p. 254) e un rilievo di Führmann 1956, 352. È il caso, pertanto, di considerarli qui di seguito. A detta di Polenaar i §§ 3.85-87 sarebbero un'inserzione post-gaiana in quanto la *in iure cessio hereditatis* non era stata menzionata da Gaio nell'elencazione dei modi di acquisto *per universitatem* che egli si apprestava a trattare (Gai 2.97. Hactenus *tantisper admonuisse sufficit, quemadmodum singulae res nobis adquirantur*: [...]. *uideamus itaque nunc, quibus modis per uniuersitatem res nobis adquirantur. 98. Si cui heredes facti sumus siue cuius bonorum possessionem petierimus siue cuius bona emerimus siue quem adoptauerimus siue quam in manum ut uxorem receperimus, eius res ad nos transeunt*). Di primo acchito, l'argomento impressiona; ma, a ben vedere, esso si rivela inconsistente, giacché dovette essere il regime stesso della in *iure cessio hereditatis*, e più propriamente la variegata gamma di effetti dell'atto, a suggerire opportunamente a Gaio la mancata menzione di questa operazione nel programma espositivo enunciato ai §§ 2.97-98. Invero, a seconda dei casi (illustrati dallo stesso Gaio nelle due sedi specifiche), o la *in iure cessio hereditatis* non produceva alcun effetto, o in forza di essa le *res* si trasmettevano come se fossero state cedute singolarmente (e dunque, non si configurava un modo di acquisto *per universitatem*), ovvero ancora, il cessionario acquisiva dal cedente il titolo di '*heres*' (§ 2.34: '*proinde fit heres is, cui in iure cesserit, ac si ipse per legem ad hereditatem vocatus esset*') e in questo caso l'operazione rientrava già nel primo elemento dell'elenco del § 2.98: '*Si cui heredes facti sumus*'. Dal canto suo, Führmann, non solo ha ritenuto condivisibili i rilievi di Polenaar sulla non-gaianità dei §§ 3.85-87, ma ha anche rite-

'ante aditionem, id est antequam heres extiterit', in quella sede opportunamente chiarificatrice e semplificante, troviamo due volte il più dettagliato riferimento al *'cernere aut pro herede gerere'*, giustificato dalla trattazione pregressa (§§ 2.164-178 e 187-190), nonché la medesima locuzione *'iuris necessitate'* che, in relazione ai *sui et necessarii heredes*, era già stata utilizzata § 2.154. Infine, le due esposizioni riguardanti il modo di operare della *litis contestatio* nei *iudicia legitima* e nei *iudicia imperia continentia*[68] sono calibrate assai diversamente in ragione dei rispettivi contesti: nel § 3.181 Gaio considera esclusivamente l'ipotesi del *dare oportere*, giacché sta specificamente occupandosi della *litis contestatio* assunta come uno dei modi attraverso i quali *'tollitur obligatio'* (§ 180), laddove il discorso dei §§ 4.106-107, facendo parte di una più ampia articolazione concernente specificamente, questa volta, il dualismo tra *iudicia legitima* e *iudicia imperia continentia* (§§ 103-109), abbraccia tutti tipi di formule: *in personam, in rem, in factum* e *in ius conceptae*, fino a spingersi ad un confronto con le *legis actiones*[69].

Ebbene, la minuziosa accuratezza nella tecnica narrativa, quale appare già dai pochi elementi fin qui segnalati, depone per un discorso fissato per iscritto dallo stesso Gaio, per dir così, "a tavolino", tenendo attentamente sott'occhio il reticolo della scrittura che, all'interno di un determinato scomparto espositivo, si andava componendo[70].

nuto che, poiché il II libro era dedicato agli acquisti di singole *res* (cfr. l'indicazione retrospettiva con cui si apre il trascritto Gai 2.97), la trattazione sulla *in iure cessio hereditatis* sarebbe fuori posto pure nei §§ 2.34-37: onde lo studioso ha supposto che, in questo caso, la duplicazione tematica – più che con la tradizionale idea di una originaria non compiutezza del testo di Gaio – potrebbe spiegarsi in chiave di aggiunta successiva sull'impianto sistematico gaiano, intervenuto nel corso dell'utilizzazione del testo in ambiente scolastico. Sennonché, Führmann ha trascurato che contenuto e presenza dei §§ 2.34-37 sono pienamente coerenti con il fatto, e, anzi, dipendono specificamente da esso, che Gaio ha impostato una stretta correlazione fra le categorie *'res mancipi-res nec mancipi'* e *'res corporales-res incorporales'* dal punto di vista dinamico delle modalità negoziali di circolazione delle *res* rispetto al patrimonio (cfr., per tutti, Zamorani 1974, 362 ss.; Bona 1976, 409 ss. [= 2003b, 1091 ss.]); Falcone 2014, 137; 150 s.): seguendo questa impostazione, il giurista, come per ciascuna delle altre *res incorporales* elencate, anche per la *hereditas* indica quale atto di trasferimento e con quali conseguenze sia applicabile (la *in iure cessio*, appunto).

68 Gai 3.180-181: *Tollitur adhuc obligatio litis contestatione, si modo legitimo iudicio fuerit actum. nam tunc obligatio quidem principalis dissoluitur, incipit autem teneri reus litis contestatione. sed si condemnatus sit, sublata litis contestatione incipit ex causa iudicati teneri. et hoc est, quod apud ueteres scriptum est ante litem contestatam dare debitorem oportere, post litem contestatam condemnari oportere, post condemnationem iudicatum facere oportere. Unde fit, ut si legitimo iudicio debitum petiero, postea de eo ipso iure agere non possim, quia inutiliter intendo* DARI MIHI OPORTERE, *quia litis contestatione dari oportere desiit, aliter atque si imperio continenti iudicio egerim; tunc enim nihilo minus obligatio durat, et ideo ipso iure postea agere possum, sed debeo per exceptionem rei iudicatae uel in iudicium deductae summoueri. quae autem legitima sint iudicia et quae imperio continentia, sequenti commentario referemus.* – Gai 4.106-107: *Et si quidem imperio continenti iudicio actum fuerit, siue in rem siue in personam, siue ea formula, quae in factum concepta est, siue ea, quae in ius habet intentionem, postea nihilo minus ipso iure de eadem re agi potest; et ideo necessaria est exceptio rei iudicatae uel in iudicium deductae. Si uero legitimo iudicio in personam actum sit ea formula, quae iuris ciuilis habet intentionem, postea ipso iure de eadem re agi non potest, et ob id exceptio superuacua est; si uero uel in rem uel in factum actum fuerit, ipso iure nihilo minus postea agi potest, et ob id exceptio necessaria est rei iudicatae uel in iudicium deductae.*

69 Gai 4.108: *'Alia causa fuit olim legis actionum. nam qua de re actum semel erat, de ea postea ipso iure agi non poterat; nec omnino ita, ut nunc, usus erat illis temporibus exceptionum'* (da apprezzare tenendo conto che Gaio presuppone una precisa accostabilità tra *legis actiones* e *iudicia legitima*: arg. ex Gai 1.184 '... *sed post sublatas legis actiones quidam putant hanc speciem dandi tutoris in usu esse desisse; aliis autem placet adhuc in usu esse, si legitimo iudicio agatur'*).

70 Né vi sono spunti per immaginare che Gaio avesse provveduto a rivedere appunti presi a lezione dagli studenti e da costoro consegnati al maestro (come si mostra incline a ritenere, ultimamente, Cossa 2018, 473 nt. 381), giacché non è affidabile il solo appiglio che potrebbe eventualmente portare ad ipotizzare una vicenda siffatta e cioè la presenza di (pretese) tracce di una originaria oralità del discorso: cfr. *supra*, n. 2.

3. Né trascrizione studentesca né promemoria del docente

Per altro verso, l'esistenza di rinvii a questo o a quel commentario è uno dei dati che impedisce anche di accogliere l'altro corno dell'alternativa affacciatasi in dottrina sulla base dell'ingiustificato presupposto di una identificazione di '*commentarii*' con "appunti", e cioè l'ipotesi che il testo pervenutoci sia un promemoria scritto da Gaio per se stesso, sulla base del quale svolgere, poi, le proprie lezioni. Già siffatta ipotesi appare difficile da sostenere in ragione della cura or ora segnalata che si osserva nella stessa disposizione della scrittura e in ragione del tenore, definito e compiuto, delle singole informazioni fornite. Ma contro di essa risultano decisivi, per l'appunto, i rinvii a questo o a quel *commentarius* e, ancor più, i richiami ad altri scritti precedentemente composti dall'autore (Gai 1.188; 3.33; 3.54)[71]: rinvii e richiami che si giustificano solo in un testo redatto per essere utilizzato non dall'autore stesso, bensì da un pubblico di lettori.

Una prima acquisizione, dunque, consiste in ciò, che Gaio ha direttamente scritto il testo di suo pugno e lo ha scritto non per sé, ma per una fruizione altrui.

---

[71] Li riporto nuovamente: '*nos qui diligentius hunc tractatum exsecuti sumus et in edicti interpretatione et in his libris, quos ex Quinto Mucio fecimus*' (1.188); '*hoc ius totum propriis commentariis* exsecuti sumus' (3.33); '*diligentior interpretatio propriis commentariis exposita est*' (3.54).

4. Sulla datazione

Quando dovette esser stata composta questa scrittura, è questione alla quale, seguendo l'opinione tradizionale, dovrebbe rispondersi coordinando tra loro la circostanza che Antonino Pio è assunto come vivente in Gai 1.53, 74, 102, 2.120, 126 e 151a[72] e la circostanza che, invece, è indicato come '*divus*', e dunque è rappresentato come ormai defunto, in Gai 2.195. Dalla combinazione dei due dati si ritiene correntemente che la stesura dei *commentarii* sia da collocare "intorno all'anno 161" o che essa sia avvenuta, in parte, prima, in parte, dopo la morte di Antonino Pio[73]. Sennonché, a mio avviso è assai improbabile che il tratto di Gai 2.195 al cui interno compare la qualifica '*divus*' possa essere attribuito al nostro giurista.

---

[72] Queste le qualifiche attribuite nei suddetti luoghi: '*imperator*' (§§ 1.74; 2.120, 126, 151a), '*sacratissimus imperator*' (§ 1.53), '*optimus imperator*' (§ 1.102).

[73] Cfr., ad es., Fitting 1908, 56 s.; Kipp 1909, 131; Kniep 1910, 4; Kübler 1910, 489; 1925, 270; Krüger 1912, 205; Chiazzese 1948, 229; De Zulueta 1953, 5; Arangio-Ruiz 1957, 287; Grosso 1965, 398; Liebs 1976, 230 s. (implicitamente); 1997, 192; 2020, 10; Manthe 2001, 182 e nt. 10; Manthe 2004, 11; Bretone 2004, 261; Avenarius 2005, 92 nt. 29; Babusiaux 2020, 66 s.; 85; Paricio 2021, 24 nt. 10.

Non ha avuto, giustamente, seguito la posizione di David, Nelson 1968, 395, i quali, partendo dalla constatazione che anche con riguardo a Traiano e ad Adriano non sempre Gaio usa la qualifica '*divus*' – Traiano è indicato, in un luogo (§ 3.72) come '*divus Traianus*', in un altro luogo (§ 1.34), semplicemente come '*Traianus*'; per Adriano l'appellativo '*divus*', presente nei §§ 1.7, 30, 55, 73, 77, 84, è omesso nei §§ 1.47 e 2.57 (il primo dei quali, però, di non sicura genuinità) – e che, dunque, Gaio non faceva un uso rigoroso delle designazioni degli imperatori, hanno ritenuto che il fatto che soltanto in Gai 2.195 Antonino Pio è indicato come '*divus*' non garantirebbe che la prima parte dei *commentarii* sia stata composta mentre questo imperatore era in vita. Per neutralizzare questa posizione non vale riferire i mancati impieghi di '*divus*' in Gai 1.47 e 2.57 «auf Senatusbeschlüsse [...], die nominell im Namen des Senats ergangen sind» (Babusiaux 2020, 72), giacché anche in Gai 1.30 e 1.77 è questione di senatoconsulti sollecitati da Adriano e, nondimeno, quest'ultimo è qualificato '*divus*'. Piuttosto, deve osservarsi che i dati riguardanti Traiano e Adriano sono ben diversi dalla circostanza che per Antonino Pio solamente una volta compare l'appellativo '*divus*' a fronte di ben sei designazioni come '*imperator*'!

Occorre, naturalmente, avere sott'occhio l'intero paragrafo:

Gai 2.195: *In eo solo dissentiunt prudentes, quod Sabinus quidem et Cassius ceterique nostri praeceptores, quod ita legatum sit, statim post aditam hereditatem putant fieri legatarii, etiamsi ignoret sibi legatum esse, sed postea quam scierit et spreuerit legatum, proinde esse atque si legatum non esset; Nerua uero et Proculus ceterique illius scholae auctores non aliter putant rem legatarii fieri, quam si uoluerit eam ad se pertinere. Sed hodie ex diui Pii Antonini constitutione hoc magis iure uti uidemur, quod Proculo placuit; nam cum legatus fuisset Latinus per uindicationem coloniae, 'Deliberent', inquit, 'decuriones, an ad se uelint pertinere, proinde ac si uni legatus esset'.*

Mi pare che sia assai difficile riferire a Gaio il tratto '*Sed hodie* – in fine', in ragione del convergere di una quantità non trascurabile di indizi.

Intanto, in questa parte del paragrafo ricorrono alcuni elementi che costituiscono, ciascuno, una eccezione rispetto al lessico dei *commentarii* gaiani: l'indicazione temporale '*hodie*'[74]; la denominazione '*Pius Antoninus*', a fronte degli altri sei casi nei quali l'imperatore è, semplicemente, '*Antoninus*'; la locuzione '*hoc iure uti uidemur*' rispetto al costante '*hoc iure utimur*'. In più, si tratta dell'unico caso, tra i numerosi richiami a provvedimenti imperiali[75], di citazione diretta di *verba* di una costituzione. È vero che, per via delle lacune qua e là presenti nel manoscritto, questo tipo di rilevazione non può ritenersi attendibile in termini assoluti; ma siamo in presenza di troppe coincidenze, concentrate in un segmento assai breve, nel quale – non si dimentichi il punto di partenza – si trova anche la qualifica '*divus*' in sé contrastante con gli altri riferimenti nei *commentarii* ad Antonino Pio.

In secondo luogo, almeno così come formulata, la prospettazione '*si legatus Latinus fuisset per vindicationem*' non solo è problematica rispetto alla circostanza che il *Latinus*, essendo considerato libero (come lo stesso Gaio aveva riferito: §§ 1.22; 3.56), non può costituire oggetto di un trasferimento in proprietà con il legato *per vindicationem*[76], ma è incongruente rispetto all'immediato contesto espositivo, che proprio su questo trasferimento di proprietà è interamente e appositamente calibrato da Gaio (§§ 2.194-196)[77]; e quand'anche si accogliesse una delle proposte escogitate per decifrare in modo plausibile siffatta formulazione[78], quest'ultima rimarrebbe pur sempre ellittica ed equivoca e non in linea con il rigore della restante esposizione in cui è inserita.

---

[74] Con riferimento al momento storico attuale, in contrapposizione ad un periodo precedente e ad uno stato di cose superato, si incontra '*nunc*' (§§ 1.102; 143; 2.103 [2 volte]; 143; 227; 284; 285; 3.56; 120; 121; 224; 4.13; 18; 108; 133), '*hoc tempore*' (§§ 1.53; 77; 2.57; 4.13; 18), '*nostris temporibus*' (§§ 1.112; 4.25), '*his temporibus*' (§§ 2.280; 4.133).

[75] Per una rassegna di questi richiami Lardone 1936, 653 ss.; Honoré 1962, 145; Gualandi 1963, 339 ss.

[76] Cfr. Biondi 1955, 348; Maschi 1966, 231; Sirks 1983, 272 s.

[77] In particolare: spiegazione della designazione '*per vindicationem*' con riferimento all'immediato divenire della *res* di proprietà del legatario e alla possibilità per quest'ultimo di '*intendere suam rem ex iure Quiritium esse*' (§ 194); descrizione della disputa tra le scuole in merito alla rilevanza della *scientia* del legatario ai fini del trasferimento (§ 195); requisito della titolarità del *dominium* in capo al testatore (§ 196).

[78] Dall'antica ipotesi di Arndts 1898, 851, secondo cui oggetto del legato sarebbe stata la futura eredità del *Latinus*, che, pur vivendo da libero, moriva come schiavo, a quella più recente di Sirks 1983, 291, il quale congettura che oggetto fosse uno schiavo con *peculium*, sotto condizione che lo schiavo venga manomesso in maniera informale.

Si aggiunga, ancora, che la questione per la quale è intervenuto il pronunciamento dell'imperatore non riguardava direttamente il punto che agitava il dibattito tra le due scuole[79], con la conseguenza che risulta un po' curioso che il sabiniano Gaio si fosse premurato di addurre un provvedimento alla luce del quale indirettamente sembrava che il regime in vigore fosse quello caldeggiato da Proculo.

Infine, il riferimento al solo Proculo per richiamare la posizione interpretativa che parrebbe confermata dall'imperatore si giustifica più agevolmente pensando all'intervento di una mano successiva, anziché ad una composizione unitaria e simultanea da parte di chi, nei righi immediatamente precedenti, per riferire quella posizione interpretativa aveva con accuratezza menzionato nominativamente '*Nerva et Proculus*'[80].

Certo, singolarmente preso, nessuno degli elementi che precedono sarebbe incisivo; ed è stato questo il punto debole delle diagnosi di non gaianità del nostro brano che erano state assunte, in anni ormai lontani, facendosi leva su questo o sull'altro singolo indizio[81]. Ma un peso probatorio va riconosciuto al loro compatto convergere, il quale rende verosimile, almeno a mio modo di vedere, che il tratto '*Sed hodie* rell.' sia stato aggiunto da un successivo fruitore del testo – magari un *magister iuris* di minor levatura, che usava il testo per il proprio insegnamento[82] –, presumibilmente indotto dall'analogia tra i *verba* della costituzione '*an ad se uelint pertinere*' e le parole '*uoluerit eam ad se pertinere*' con le quali si chiudeva il riferimento alla posizione dei proculiani[83].

Ove si ammetta l'origine insiticia del tratto '*Sed hodie* rell.'[84], con il conseguente venir meno dell'esigenza di conciliare due discordanti indicazioni cronologiche, riterrei che la sola

---

[79] Cfr., ad es., Appleton 1929, 221 ss.; Romano 1936, 5 s.; Maschi 1966, 230 s.; Müller-Eiselt 1982, 234; Leesen 2010, 103.

[80] Stolfi 1997, 55 nt. 253 suggerisce, dubitativamente, che la menzione del solo Proculo possa sottendere l'esistenza di qualche divergenza all'interno della scuola. Tuttavia, subito prima Gaio era stato netto nell'accostare Nerva e Proculo e in genere gli esponenti della scuola proculiana sul punto che specificamente interessava e cioè la necessità di una deliberazione del destinatario.

[81] Cfr. Ferrini 1898, 850 nt. *l* (invero, senza argomentazione specifica); Beseler 1911, 105 s.; 1922, 536 (limitatamente alle parole '*sed hodie*', ma senza apposita argomentazione); Perozzi 1928, 661 nt. 3 (semplice adesione a Beseler); Appleton 1929, 219 ss. (anomalia della denominazione '*Pius Antoninus*'; prevalenza, piuttosto, della dottrina sabiniana); Ciapessoni 1930, 664 s. (semplice adesione a Beseler e Appleton); Solazzi 1933, 389 nt. 247 = 1972, 349 nt. 247; 1946, 143 s. = 1972, 437 («la costituzione non riguardava la controversia delle scuole»; «la dottrina prevalsa non è la proculeiana»); Schulz 1946, 164 nt. 1 (richiamo a Beseler e Ciapessoni; l'aggiunta dovette provenire dal primo editore del testo, posto che nella matura età classica a prevalere è stata la teoria sabiniana); Guarino 1947, 331 = 1995, 322 (richiamo alla precedente letteratura); Bozza 1951, 5 (incompatibilità del riferimento al *Latinus* rispetto alla questione del trasferimento della proprietà).

[82] In generale, sulla figura dei *magistri iuris* cfr., in tempi recenti, Cannata 2002, 86 ss. (= 2011, 427 ss.).

[83] Appleton 1929, 221. Curiosamente, Romano 1936, 10 ha considerato la somiglianza tra le due formulazioni quale elemento che deporrebbe, piuttosto, per una paternità unitaria e, dunque, per la genuinità dell'intero paragrafo, trascurando che la seconda delle due formulazioni non è autonoma escogitazione di un autore, bensì riproposizione di *verba* della costituzione.

[84] Ritenuta, in tempi recenti, "sostenibile" da Cannata 1989, 124 nt. 2 (pur con semplice rinvio alle diagnosi di Appleton e di Beseler). In precedenza, Maschi 1966, 231 ha reputato che «il punto rimane incerto» (superando, così, il posizionamento tradizionale espresso in Maschi 1951, 18); mentre Voci 1966, 372 nt. 17, pur osservando (come già in Voci 1936, 63) che la singolarità della locuzione '*hoc iure uti videmur*' potrebbe giustificarsi pensando che, con questa, si esprimesse una semplice impressione o un semplice dubbio, afferma, nel segnalare che il passo è stato più volte ritenuto una glossa, che «difficilmente spiegabile, in esso, è anche la menzione di un *Latinus*, oggetto di legato».

conclusione che allo stato delle fonti possa fissarsi è che i *commentarii* sono stati composti integralmente da Gaio durante il regno di Antonino Pio[85].

Da un lato, infatti, non mi pare prudente fare affidamento sul rinvio a "specifici *commentarii*" (*proprii commentarii*) che Gaio compie nel § 3.54 trattando dei *iura patronatus*[86]. Si è osservato che, ove si ammetta che con questo rimando il giurista alludesse al commento *ad legem Iuliam et Papiam*[87], il fatto che in un frammento del quattordicesimo libro di quest'opera compare un richiamo ad una '*constitutio divi Antonini*' (D. 31.56)[88] implicherebbe che anche la scrittura di Gai 3.54 sia successiva alla morte di Antonino Pio[89]. Tuttavia, che Gaio alludesse, con quel rinvio, ad una sezione dell'opera *ad legem Iuliam et Papiam* costituisce una semplice congettura[90], al pari di altre opzioni avanzate in dottrina quali il rinvio ad uno scritto specifico[91] o ad una sezione del commento *ad edictum*[92]; e in ogni caso, quand'anche volessimo pensare alla suddetta opera, ritengo condivisibile la cautela di Nelson e Manthe, i quali hanno osservato che il riferimento in D. 31.56 può soltanto mostrare che gli ultimi due libri dell'opera (il XIV e il XV), e non necessariamente anche quelli precedenti, furono composti dopo la morte dell'imperatore e che, pertanto, la scrittura di Gai 3.54 potrebbe risalire ad un momento in cui la composizione dell'opera *ad legem Iuliam et Papiam* era ancora in fieri, vivente Antonino Pio[93]: con il che, la questione della cronologia dei *commentarii* isagogici rimarrebbe impregiudicata.

Dall'altro lato, manca di adeguate basi testuali la più articolata ricostruzione prospettata da Honoré, secondo il quale Gaio avrebbe composto un primo strato di scrittura sotto Adriano, lo avrebbe rivisto sotto Antonino Pio e, ulteriormente, vi sarebbe tornato dopo la morte di questo imperatore[94]. Prescindo dall'ultimo passaggio della vicenda immaginata

---

[85] Analoga conclusione è formulata, in tempi recenti, da Guarino 1998, 500, che parla di operetta elementare «integralmente redatta sotto il principato di Antonino Pio». Con ciò l'illustre studioso ha ribadito il convincimento che aveva a suo tempo espresso (Guarino 1947, 331 = 1994a, 322 s.) sulla base e dell'adesione alle altrui diagnosi di origine spuria della seconda parte di Gai 2.195 (*supra*, nt. 81) e di una personale interpretazione dell'uso di '*noster imperator*', al singolare, in Gai 3.94 ('*Unde dicitur uno casu hoc uerbo peregrinum quoque obligari posse, uelut si imperator noster principem alicuius peregrini populi de pace ita interroget:* PACEM FVTVRAM SPONDES? *uel ipse eodem modo interrogetur ...*'), che mostrerebbe come non ancora avvenuta la successione ad Antonino Pio della coppia di *imperatores* Marco Aurelio e Lucio Vero: la forza di questo secondo argomento è stata, tuttavia, ben presto ridimensionata da Maschi 1951, 16 s., il quale, a mio avviso giustamente, ha osservato che quello congegnato da Gaio costituisce «un esempio astrattamente configurato», con il quale il giurista «a tutti si riferiva, cioè a ogni possibile imperator, ma a nessuno in particolare».

[86] Il testo di Gai 3.54 è trascritto *supra*, n. 2.

[87] Per tutti, in tempi recenti, Nelson, Manthe 1992, 147 s. (ove si propone che la materia fosse trattata nel libro VIII o X) e Babusiaux 2020, 84 s. (più incline alla tradizionale attribuzione al libro X, già suggerita da Lenel 1889, 248 ntt. 4-5).

[88] '*Quod principi relictum est, qui ante, quam dies legati cedat, ab hominibus ereptus est, ex constitutione divi Antonini successori eius debetur*'.

[89] Babusiaux 2020, 85 s.

[90] Lo ammette, opportunamente, la stessa Babusiaux 2020, 85.

[91] Come suggeriva Dernburg 1869, 78 nt. 7.

[92] Così Huschke 1886, 149.

[93] Nelson, Manthe 1992, 148.

[94] Honoré 1962, 59 ss. Sembra implicitamente aderire, Bretone 2004, 261, là dove colloca la scrittura del testo «fra l'età di Adriano e quella di Marco Aurelio».

dallo studioso inglese, giacché esso appare esclusivamente frutto della corrente lettura conservativa della seconda parte di Gai 2.195. Quanto al supposto confezionamento di un primo 'draft' in età adrianea e al completamento dello stesso, dopo circa venti anni, durante il regno di Antonino Pio, oltre alla considerazione di ordine generale che la compattezza di impianto e struttura dei *commentarii* mal si concilia con una supposta formazione in tempi così dilatati e a seguito di ritorni e innesti su una precedente scrittura[95], gli spunti addotti da Honoré mancano di consistenza. Ciò è da dirsi anzitutto, seguendo l'ordine delle osservazioni di questo studioso, con riguardo alla varietà di locuzioni utilizzate per indicare il tempo presente nelle contrapposizioni tra nuovi e precedenti regimi giuridici[96], varietà che susciterebbe l'"impressione" (p. 61) che tali locuzioni non siano state inserite in uno stesso arco di tempo. È, poi, lo stesso Honoré ad ammettere (p. 61) che il presunto indizio che potrebbe desumersi dal fatto che Adriano è talvolta indicato senza l'appellativo '*divus*' non è solido, in quanto analoga evidenza testuale riguarda Traiano[97]. Parimenti, nessun suggerimento può trarsi dalle locuzioni di Gai 1.30 e Gai 2.143 '*ex novo senatus consulto, quod auctore divo Hadriano factum est*'. Secondo Honoré, questo dettato, dal momento che sarebbe strano che Gaio avesse considerato "recent" un senatoconsulto sollecitato da un imperatore defunto, andrebbe inteso quale frutto di un intervento correttivo compiuto dal giurista dopo la morte di Adriano rispetto ad una propria originaria scrittura '*ex novo senatus consulto Hadriani*' (p. 62). Ma in realtà, le locuzioni che leggiamo nei due citati paragrafi si spiegano compiutamente – e con ciò viene meno la presunta stranezza segnalata dallo studioso inglese – con la circostanza che, in entrambi i luoghi, il giurista aveva in mente un senatoconsulto più antico, che dovette suggerire la qualificazione-precisazione '*novum*' per quello emanato '*Hadriano auctore*': segnatamente, nel caso di Gai 1.30, il SC che interveniva sul *ius adipiscendae civitatis Romanae* disciplinato dalla *lex Aelia Sentia* era '*novum*' rispetto all'altro che sempre sulla materia regolamentata dalla *lex Aelia Sentia* era intervenuto precedentemente, '*Pegaso et Pusione consulibus*', e di cui Gaio dà notizia subito dopo e, si badi, in una logica di unitarietà di tematica (§ 31 '*Hoc tamen ius adipiscendae civitatis Romanae...*'); quanto al SC richiamato in Gai 2.143 ('*Nunc vero, ex novo senatus consulto, quod auctore divo Hadriano factum est, si quidem vivo patre causa probatur ...*'), la qualifica '*novum*' si spiega in chiave di esplicita correlazione con un senatoconsulto più antico, quello introduttivo della *erroris probatio*, menzionato poche righe prima (§ 142): '*Simile ius olim fuit in eius persona, cuius nomine ex senatusconsulto erroris causa probatur ...*'. Infine, che la presenza di ventisei citazioni di Adriano contro le sole dieci di Antonino possa indurre ad immaginare che un giovane Gaio avesse delineato un primo strato di scrittura in età adrianea e che l'abbia poi ripreso e completato nella maturità durante gli anni di Antonino Pio, per il fatto che «a young man tends to incorporate recent material in his lectures; as he gets older, he is reluctant to disturb the order of his thoughts» (p. 62), è un tipo di ragionamento che si sottrae a qualsiasi possibilità di apprezzamento e discussione scientifici.

---

[95] In un ordine di idee analogo, ma a proposito della ricostruzione di Schulz (su cui *infra*, n. 5), Babusiaux 2020, 73 s.

[96] Riferite *supra*, in nt. 74.

[97] *Supra*, nt. 73, a proposito della posizione di David, Nelson.

Come pure, non convince l'ipotesi secondo cui la scrittura gaiana che ci è pervenuta tramite il ms. veronese sarebbe una versione più recente, una 'zweite Auflage', che Gaio stesso avrebbe approntato aggiornando una propria precedente stesura dei *commentarii*, quale dovrebbe riconoscersi negli squarci restituiti dai cd. frammenti fiorentini, editi come PSI. 1182. L'ipotesi[98] prende le mosse dal confronto, notissimo, fra le battute conclusive della trattazione sulla *societas* conservata nel ms. veronese e il corrispondente luogo restituito dal frammento papiraceo, nel quale il discorso prosegue con l'illustrazione di un '*aliud genus societatis proprium civium Romanorum*'[99]: tale confronto mostra come il dettato conservato nel Veronese, in una con la soppressione della trattazione sul remoto *consortium ercto non cito* e sulla *societas* che su di esso poteva esser modellata tramite una *legis actio*, presenta l'attacco '*sed haec quoque societas*' al posto delle parole '*Sed ea quidem societas*', che nel testo conservato in PSI. 1182 istituiscono una efficace correlazione con l'"altro tipo di *societas*"[100]. Ora, dal momento che la sostituzione del '*quidem*' con il '*quoque*' presuppone la consapevolezza che anche altri istituti, prima illustrati, sono *iuris gentium* – come, infatti, per la stesso settore delle *obligationes* è mostrato dalla qualificazione '*iuris gentium*' riferita alla *numeratio pecuniae* in occasione della trattazione sui *nomina arcaria* (Gai 3.132)[101] –, si è ritenuto che ad essere intervenuto sul testo con la doppia operazione di eliminazione della parte storica e di mutamento di '*quidem*' in '*quoque*' dovette essere, anziché un copista, come si intende generalmente, «ein sachkundiger Bearbeiter»[102]; e che è naturale pensare che costui sia stato lo stesso Gaio[103], nel quadro di un immaginato, più ampio lavoro di nuova scrittura dell'opera, che il giurista avrebbe sfoltito, per agevolare lo studio, da riferimenti ad istituti ormai obsoleti.

Tuttavia, contro l'attribuzione di questo intervento a Gaio con ragione è stato osservato[104] che è assai difficile ammettere che il giurista avesse rinunciato ad un tipico ed efficace strumento della propria tecnica pedagogica quale l'instaurazione di una *differentia*[105] (tra due tipi di *societas*) e, ulteriormente, che avesse congegnato un'affermazione la quale, secondo il suo senso letterale, lasciava curiosamente intendere l'esistenza di un'altra *societas iuris gentium*, oltre a quella che *nudo consensu contrahitur*[106]. Può aggiungersi che, se davvero Gaio fosse intervenuto in modo sistematico e meditato in occasione di una complessiva operazione di ag-

---

98 Autorevolmente avanzata da Nelson 1968, 169; 1981, 69 ss.; Liebs 1976, 230; 2008, 45; Nelson, Manthe 1999, 10 ss.; 321 s.; Manthe 2001, 186 s.; 2004, 17 s.

99 Gai 3.154: ... *Sed haec quoque societas, de qua loquimur, id est, quae nudo consensu contrahitur, iuris gentium est; itaque inter omnes homines naturali ratione consistit.* – PSI XI 1182: *Sed ea quidem societas, de qua loquimur, id est, quae nudo consensu contrahitur, iuris gentium est; itaque inter omnes homines naturali ratione consistit. Est autem aliud genus societatis proprium ciuium Romanorum. Olim enim mortuo patre familias inter suos heredes quaedam erat legitima simul et naturalis societas quae appellabatur ercto non cito, id est dominio non diuiso: erctum enim dominium est, unde erus dominus dicitur: ciere autem diuidere est: unde caedere et secare et dividere dicimus. Alii quoque qui uolebant eandem habere societatem, poterant id consequi apud praetorem certa legis actione.* rell.

100 Correlazione sulla quale, con riguardo ad una specifica costante della scrittura gaiana, cfr. *infra*, n. 5, sub *c*).

101 Il testo è riportato *supra*, in nt. 61.

102 Così, Manthe 2001, 187; 2004, 18.

103 «Wer anders, als der Verfasser Gaius selbst für seine zweite Aufgabe?»: così Manthe 2001, 187.

104 Mantovani 2016, 30 s.; 2018, 231 e nt. 96.

105 Per alcune *differentiae* impostate da Gaio tra figure contrattuali, cfr. *infra*, nt. 169.

106 L'assurdità di questa implicazione era già stata notata da Arangio-Ruiz 1933, 32, in occasione dell'edizione del frammento papiraceo.

giornamento dei *commentarii* volta a rendere l'esposizione più idonea alle esigenze dell'apprendimento, sarebbe strano che, nel caso in questione, si fosse limitato ad un ritocco (il mutamento di '*ea quidem*' in '*haec quoque*'), oltre che maldestro, tanto circoscritto e, per dir così, di comodo e raffazzonato e che costringe il lettore a risalire indietro fino al discorso svolto nel § 132 per trovare una menzione esplicita del *ius gentium* ('*quod genus obligationis iuris gentium est*').

Nondimeno, se non può accedersi alla deduzione circa la configurazione del testo veronese quale "seconda edizione" dei *commentarii*, rimane a mio avviso corretta l'osservazione di partenza: la correlazione (poco felice) instaurata, tramite il '*quoque*', con un altro atto negoziale *iuris gentium* suggerisce effettivamente che autore dell'intervento sia stato, anziché un semplice copista, un soggetto che aveva consapevolezza della sostanza delle cose e delle informazioni rese nel testo. Dovendosi, per le ragioni suddette, scartare Gaio, penserei (come per l'autore dell'inserimento a mio avviso compiuto su Gai 2.195) ad un *magister iuris* di modesta levatura, che utilizzava i *commentarii* gaiani per la propria attività di insegnamento.

5. Di alcuni presunti difetti dell'opera

Ammettere, come si è poc'anzi sostenuto (n. 3), una mirata destinazione dei *commentarii* all'altrui lettura non significa necessariamente postulare che gli stessi fossero stati da Gaio congegnati per esser pubblicati. Per parte mia, ritengo invero che il giurista avesse predisposto il testo esclusivamente in vista di una circolazione interna alla scuola (*infra*, n. 6).

Prima, tuttavia, di esporre le ragioni di questo convincimento è opportuno considerare con attenzione apposita il diverso tipo di soluzione proposto da Schulz. L'illustre studioso, come corollario dell'idea che il testo gaiano rivelerebbe il "vero stile di colui che tiene lezione" – idea che, però, come si è visto, è tutt'altro che solidamente fondata (*supra*, n. 2) –, si è posto l'alternativa se l'opera sia stata pubblicata da Gaio stesso o piuttosto da un allievo e l'ha sciolta osservando che «i suoi numerosi difetti, alcuni dei quali incidono in profondità, suggeriscono l'ipotesi che Gaio lasciò le sue lezioni imperfette e incomplete e che esse furono pubblicate per la prima volta dopo la sua morte», e immaginando «un'opera che il suo autore ha riveduta a più riprese, ma che non portò mai a forma definitiva», «un libro non riveduto alla fine dal suo autore»[107].

Ora, non si tratta semplicemente di misurarsi con una differente ipotesi, secondo cui Gaio avrebbe lavorato ad un testo da pubblicare e non sarebbe arrivato a realizzare il risultato prefissato. Molto più, a venire in questione nei rilievi schulziani è un modello interpretativo di

[107] Schulz 1968, rispettivamente a p. 286, 289, 290 (= 1946, 160 s., 162, 163); cfr. anche p. 291 (= 1946, 163 s.): «grezzi appunti di lezione», «un'opera lasciata incompiuta dal suo autore e per la prima volta messa insieme e pubblicata da qualche allievo». In un ordine di idee analogo cfr. Liebs 1976, 229, il quale assume l'opera come esempio di «nicht vom Autor selbst herausgegeben, also unautorisierte [...] Nachschriften von Lehrvorträgen» in ragione della presenza di "Fehler, Ungereimtheiten und Wiederholungen" che non potrebbero spiegarsi affatto «bei einem von vornherein als schriftliche Veröffentlichung konzipierten Werk».

fondo, che assume il testo a noi pervenuto come imperfetto, segnato da difetti e manchevolezze. È una valutazione – in sé, peraltro, qua e là circolante in letteratura ben prima dell'intervento di questo studioso – che, evidentemente, oltre ad incidere in modo diretto sulla questione della formazione del testo, coinvolge altresì, più alla radice, la natura e configurazione dello stesso. È per questa sua rilevante portata che siffatta presa di posizione richiede un'attenta e specifica riflessione.

In funzione di tale riflessione è il caso di compiere, preliminarmente, due assai rapidi rilievi di natura metodologica, assolutamente fondanti e tra loro strettamente collegati.

Il primo rilievo consiste in ciò, che nel valutare i complessivi contenuti del testo gaiano occorre tenere in conto che quel che ai nostri occhi può apparire come segno di scrittura non rifinita (o di incompletezza di revisione) ben potrebbe esser frutto di una scelta pienamente consapevole di Gaio, in ordine alla tecnica o alla confinazione o alla profondità dell'esposizione. Come già aveva ammonito a suo tempo Herzen[108], non dobbiamo sovrapporre la nostra visuale e le nostre aspettative al punto di vista di Gaio: anche con la gittata e con l'impostazione con le quali ci è pervenuta, la stesura potrebbe esser stata avvertita dal giurista come adeguata all'obiettivo di una efficace comunicazione didattica e ogni valutazione del tipo "ci saremmo attesi"[109] rischia di risultare viziata in partenza. In effetti, un riscontro di questo stato di cose si è già osservato a proposito dell'organizzazione dei concreti contenuti delle singole trattazioni, in ordine alla quale è riconoscibile un apposito impegno di Gaio nel dosaggio e nella selezione delle informazioni in relazione alla finalità descrittiva di volta in volta perseguita[110]. E più avanti si avrà occasione di segnalare appositamente l'esistenza di un filtro narrativo che orienta in modo determinante codesta selezione e che attiene al 'taglio' delle informazioni[111]. Ogni valutazione sulla 'qualità' della scrittura gaiana in sé presa – ma, ulteriormente, sul funzionamento e /o sulla storia degli istituti sì come descritti da Gaio – non può prescindere da una considerazione apposita di siffatte coordinate di strategia narrativa.

D'altra parte – venendo al secondo rilievo preliminare –, se occorre sempre tener presente l'eventualità che, nel considerevole arco temporale che intercorre tra la scrittura da parte di Gaio e la trascrizione da parte del copista del Veronese, il dettato abbia subito delle modifiche, in termini di aggiunte[112] come di decurtazioni (volontarie o accidentali)[113] e se, di conseguenza, occorre ponderare con grande attenzione l'utilizzabilità dei singoli elementi, specifici contenuti o assenze, sui quali si potrebbe far leva ai fini della valutazione del complessivo testo; è pur vero, tuttavia, che lo studio della scrittura gaiana deve esser condotto con ben maggiore cautela rispetto al *modus operandi* in auge nei decenni

---

108 Herzen 1899, 213 s., nel quadro di una critica della tesi di Longinescu: *infra*, nt. 339.

109 Come quella formulata da Schulz in merito a taluni mancati impieghi del dualismo '*ius gentium-ius civile*': *infra*, nt. 147.

110 *Supra*, n. 3, su ntt. 59-69.

111 Mi riferisco all'approccio di tipo 'operativo-cautelare', sul quale v. *infra*, n. 6.

112 Io stesso ho poc'anzi caldeggiato l'individuazione di un segmento insiticio in Gai 2.195: *supra*, n. 4.

113 Per il caso più significativo, e oggettivamente documentato, di soppressione, riguardante il *consortium ercto non cito* e la *societas* tra *extranei* su di esso modellata, cfr. *supra*, n. 4 *in fine*.

del secolo scorso che hanno costituito la stagione precipua delle diagnosi di interpolazioni e glossemi al testo gaiano[114]. In particolare, già i *Kommentare* di David, Nelson e poi di Nelson, Manthe nonché la fondamentale monografia di Nelson del 1981 hanno da tempo messo in guardia da valutazioni affrettate concernenti la forma del testo[115]; e sul versante dei contenuti si è evidenziata l'esigenza di tener conto della logica sottesa alle affermazioni di Gaio[116] come pure delle peculiari tecniche espositive adottate dal giurista, tra le quali, peraltro, è stato assai di recente sottolineato il frequente strutturarsi della narrazione secondo enunciati principali ai quali lo stesso autore è andato aggregando notazioni in funzione di progressivi dimensionamenti e precisazioni[117]: una circostanza, quest'ultima, che, specificamente, rende ancora più delicata ed esigente in termini probatori l'opzione di considerare come aggiunto da mano estranea un rilievo avente l'aspetto di una notazione a commento.

Fatte queste doverose premesse, verifichiamo in dettaglio le pretese manchevolezze deplorate da Schulz.

Questo studioso ha elencato i seguenti "difetti" del testo: dei contratti reali è menzionato solo il mutuo e non anche comodato, deposito e pegno; è omessa una trattazione sulla dote; a volte compare un rinvio ad una illustrazione futura (*'videbimus'*) che, però, manca di riscontro, così come vi sono casi in cui la segnalazione di una disputa giurisprudenziale (*'quaeritur'*) non è seguita dalla relativa discussione, con citazione dei giuristi, bensì rimane "inesplorata"; l'opera inizia con una rassegna delle fonti del diritto romano in generale, per passare quindi bruscamente al *ius privatum* come se il *ius publicum* non esistesse; la promessa di indicare se i vari istituti giuridici appartengano al *ius gentium* o al *ius civile* (Gai 1.1) è tenuta in sempre minor conto via via che si susseguono i *commentarii*; vi sono "frequenti ripetizioni"; manca una prefazione[118].

Considererò questi rilievi non nello stesso ordine con il quale sono stati formulati; e li considererò separatamente, valutando dapprima quelli che, a mio avviso, lasciano impregiudicata l'alternativa tra una finalità di mera circolazione nella cerchia degli studenti e una finalità di pubblicazione, per soffermarmi in un secondo momento su quelli che appaiono, sì, rilevanti, ma non nella prospettiva indicata dallo studioso tedesco.

a) Uno dei suddetti rilievi attiene ad un fenomeno che è già stato più su incrociato: la presenza di duplicazioni di trattazioni[119]. Sennonché, come si è visto appositamente,[120] proprio i tre

---

114 Ma è appena il caso di esplicitare che le cautele alle quali si accenna di seguito vanno tenute presenti anche in funzione di osservazioni del testo rivolte, per dir così, all'indietro, alla ricerca di possibili strati pregaiani.

115 Nelson 1981, 418 ss.

116 Nelson 1981, 419. Per un concreto, istruttivo esempio di scontro tra due 'logiche', quella peculiare dell'approccio di Gaio e quella astratta rispondente ad un'aspettativa dell'interprete, in relazione alla conseguenzialità espressa da un *'itaque'* in Gai 2.84 rinvio a Falcone 2009a, 316 nt. 10 (v. a. *infra*, nt. 215).

117 Battaglia 2020, 232 ss.

118 Schulz 1946, 162 s. La maggior parte dei rilievi sono stati recepiti da Stanojevic 1989, 37 s.

119 Il fenomeno è richiamato da Schulz attraverso un rimando all'apposita segnalazione compiuta da Dernburg 1869 40 s. e da Krüger 1912, 209 nt. 55. Va, peraltro, aggiunto Glasson 1885, 146 nt. 1.

120 *Supra*, n. 3 su ntt. 65-69.

casi che vengono in questione[121] rivelano, piuttosto, tramite il confronto fra le relative coppie di testi, la cura di Gaio nell'organizzazione della scrittura (e, per tal via, si prestano ad escludere che il testo consista in una trascrizione di appunti presi dagli studenti o in un canovaccio del docente per le lezioni: *supra*, n. 3). Semmai, quel che può rilevare in ordine alla questione della natura e destinazione del testo non è il dato in sé delle duplicazioni di trattazioni, bensì il non aver Gaio compiuto un richiamo al fatto che la medesima materia era già stata considerata in un precedente passaggio: omissione che (a fronte di molti casi nei quali, invece, un rimando di questo tipo è compiuto)[122] si osserva del resto anche in altre occasioni[123]. Ebbene, il mancato compimento, in questi stessi tre casi come in altri sparsi nei *commentarii*, di raccordi e rinvii tra luoghi diversi mi pare che dimostri come Gaio non abbia sottoposto la scrittura a quella specifica operazione di revisione (*corrigere, emendare*) che precedeva la consegna di un testo per la pubblicazione[124]. Ma questa circostanza non è in sé conclusiva, giacché lascia sussistere sia l'ipotesi, qui caldeggiata, che fin dall'inizio Gaio non avesse programmato una pubblicazione del testo sia l'ipotesi di Schulz che Gaio quella revisione definitiva, semplicemente, non sia arrivato a compiere.

b) Si rivela insussistente già alla radice il difetto che si è voluto scorgere nell'articolazione dei paragrafi iniziali. Pur se si tratta di un passaggio notissimo, è opportuno averlo sott'occhio, almeno nelle affermazioni che direttamente qui interessano:

> Gai 1.1: *Omnes populi qui legibus et moribus reguntur partim suo proprio, partim communi omnium hominum iure utuntur: nam quod quisque*[125] *populus ipse sibi ius constituit, id ipsius proprium est uo-*

---

[121] Come si ricorderà, essi riguardano la nozione di '*agnati*' (§§ 1.156 e 3.10), la *in iure cessio hereditatis* (§§ 2.34-37 e 3.85-87) e l'incidenza della *litis contestatio* nei *iudicia legitima* e nei *iudicia imperio continentia* (§§ 3.181 e 4.106-107). Sono, invece, da escludere le coppie di testi costituite dai §§ 1.22 e 3.56 e dai §§ 2.86-96 e 3.163-167a addotte anch'esse da Dernburg e Krüger (e, *per relationem*, da Schulz). La prima coppia non rileva, in quanto nel § 3.56, relativo ai *bona Latinorum libertinorum*, Gaio stesso afferma che sta richiamando un'informazione fornita in precedenza ('*Quae pars iuris ut manifestior fiat, admonendi sumus, id quod alio loco diximus, eos, qui nunc Latini Iuniani dicuntur, olim ex iure Quiritium seruos fuisse, ...*'): il riferimento è, appunto, alla trattazione, purtroppo in parte perduta, del § 1.22 ('*** *homines Latini Iuniani appellantur: Latini ideo quia adsimulati sunt Latinis coloniariis; Iuniani ideo, quia per legem Iuniam libertatem acceperunt, cum olim servi viderentur esse*'). Quanto ai §§ 2.86-96 e 3.163-167a, essi, in realtà, hanno oggetti differenti, il primo gruppo di paragrafi riguardando le persone tramite le quali si possono *adquirere* le *res corporales*, il secondo le persone tramite le quali si può *adquirere* un'*obligatio* (cfr. Falcone 2011, 37 nt. 46; 2012, 153 s.).

[122] In generale, per una mappa dei rinvii da un luogo all'altro dei *commentarii* cfr. Quadrato 1979, 7 nt. 26.

[123] Per limitarmi ad alcuni esempi significativi, colpisce che i cenni di Gai 1.184 all'antica vigenza delle *legis actiones* e alla loro successiva abolizione come pure alla figura del *iudicium legitimum* non siano accompagnati da un rinvio ad un futuro approfondimento specifico che sarà compiuto sia sulla vicenda storica dell' antico modello processuale (Gai 4.30) sia sui *iudicia quae imperio continentur* (Gai 4.107-108); che la pur enfatica avvertenza, in Gai 2.40, della distinzione tra *dominium ex iure Quiritium* e *in bonis habere* non contenga alcuna segnalazione della circostanza che essa era già stata accennata "in un altro luogo" (e cioè, in Gai 1.54); o ancora, che Gaio nel precisare che per i *nomina arcaria* si configura una '*rei, non litterarum obligatio*', giacché '*numeratio pecuniae rei facit obligationem*' (Gai 3.131), non abbia compiuto un rimando alla già avvenuta segnalazione del collegamento tra *numeratio pecuniae* e *obligatio re* in occasione del discorso sulla *mutui datio* (Gai 3.90).

[124] Su questa operazione cfr., per tutti, Dorandi 2007, spec. 86 ss. Già Kübler 1935, XI, con la sua sensibilità insieme giuridica e filologica aveva osservato (contro l'orientamento storiografico che assumeva l'esistenza nel testo del Veronese di numerose glosse postgaiane): «Hunc librum non puto ab auctore [...] ad unguem elimatum fuisse. Erant commentarii scholastici [...] in usum discipulorum conscripti».

[125] La restituzione di questa prima parte del testo, compiuta sulla base di D. 1.1.9 e di I. 1.2.1, è unanimemente considerata sicura.

caturque ius ciuile, quasi ius proprium ciuitatis; quod uero naturalis ratio inter omnes homines constituit, id apud omnes populos peraeque custoditur uocaturque ius gentium, quasi quo iure omnes gentes utuntur. populus itaque Romanus partim suo proprio, partim communi omnium hominum iure utitur. quae singula qualia sint, suis locis proponemus. 2. Constant autem iura populi Romani ex legibus, plebiscitis, senatus consultis, constitutionibus principum, edictis eorum, qui ius edicendi habent, responsis prudentium. 3. Lex est, quod populus iubet atque constituit. plebiscitum est, quod plebs iubet atque constituit. ... 4. Senatus consultum est, quod senatus iubet atque constituit; idque legis uicem optinet, quamuis de ea re *fuerit quaesitum. 5. Constitutio principis est, quod imperator decreto uel edicto uel epistula constituit. nec umquam dubitatum est, quin id legis uicem optineat ... 6. Ius autem edicendi habent magistratus populi Romani.... 7. Responsa prudentium sunt sententiae et opiniones eorum, quibus permissum est iura condere. quorum omnium si in unum sententiae concurrunt, id, quod ita sentiunt, legis uicem optinet;... 8. Omne autem ius, quo utimur, uel ad personas pertinet uel ad res uel ad actiones. sed prius uideamus de personis.*

Come riferito, secondo Schulz in questo caso l'imperfezione consisterebbe nel fatto che Gaio ha iniziato l'opera con una rassegna delle fonti del diritto romano in generale (§ 2 '*Constant autem iura populi Romani ex...*'), per passare poi bruscamente al *ius privatum* (§ 8), come se il *ius publicum* non esistesse.

Ora, non si tratta di contestare il dato della mancanza di un riferimento, in questi paragrafi, alla sfera del *ius publicum* in quanto tale, che va mantenuto fermo.

Non può, infatti, dirsi fondata l'ipotesi[126] secondo cui nelle battute iniziali Gaio avrebbe fatto riferimento al *ius publicum* tramite le parole '*qui legibus et moribus reguntur*' e che queste parole, correlate all'affermazione '*partim suo proprio partim communi omnium hominum iure utuntur*', avrebbero echeggiato una dicotomia '*ius publicum-ius privatum*' la quale, nella sostanza, circolava già negli scritti ciceroniani e sarebbe poi stata fissata in modo esplicito nelle *institutiones* di Ulpiano.

Invero, da un lato, destano perplessità l'idea che Gaio avrebbe evocato il *ius publicum* in modo tanto criptico[127] e l'idea che egli avrebbe rinunciato ad esprimere il rapporto di quello con il *ius privatum* nella naturale forma di una chiara giustapposizione, per affidarlo, piuttosto, all'inserimento di una ermetica frasetta incidentale[128]; dall'altro lato, e soprattutto, questa ricostruzione soffre della mancanza di indizi: ché non soltanto, come è già stato da altri notato[129], il ragionamento con cui viene compulsato l'insieme dei §§ Gai 1.2-7 per giungere al convincimento che in Gai 1.1 *leges* e *mores* sarebbero menzionati quali cardini del *ius publicum* appare troppo sottile[130], ma altresì

---

[126] Sostenuta da Anselmo Aricò 1983, 571 ss.; 729 ss. (v. anche il rapido richiamo in Anselmo Aricò 1987, 107).

[127] Un'obiezione analoga è già stata formulata da Carcaterra 1984, 554 s. e da Guarino 1990, 448.

[128] La stessa Anselmo Aricò (*op. cit.*, 600) parla di «abissale implicitezza del discorso gaiano».

[129] Lombardi 1983, 135 s.; 140; Guarino 1997, 155 nt. *sub* 12.1.

[130] Mi limito a indicare, con l'ausilio delle stesse parole dell'Anselmo Aricò, il cuore di codesto ragionamento. Nella rassegna dei vari fattori di produzione dei *iura populi Romani* – impostata in ordine ad ognuno secondo una rappresentazione che appare come «una catena che dagli stessi *iura* risale alle loro fonti; da queste ai poteri normativi; dai poteri agli organi che ne sono titolari e da questi a delle norme che danno origine alla catena» (p. 591) – è dato constatare che, mentre *plebisscita, constitutiones principis, senatus consulta* e *responsa prudentium* sono accomunati dal fatto che per essi viene indicata una variamente graduata assimilabilità alla *lex*, invece le *leges* e gli *edicta eorum qui ius edicendi habent* sono accomunati dal fatto che «essi sono fonti di *ius* per il popolo romano

l'immaginato collegamento dell'incipit gaiano con talune formulazioni del *de legibus* ciceroniano, per un verso, e con la bipartizione *'ius publicum-ius privatum'* di Ulpiano, per altro verso, risulta sprovvisto di basi testuali[131].

direttamente in quanto *leges* ed *edicta*» e dal fatto che «Gaio non si preoccupa di fornire alcuna giustificazione formale della loro idoneità ad essere fonti di *iura populi Romani*» (p. 589). «Se ci chiediamo perché Gaio prescinda in questi due ultimi casi da tale giustificazione, la risposta verrà da sé: perché *leges* ed *edicta* non ne hanno bisogno, hanno quella giustificazione in se stessi, dacché la loro attitudine a creare norme vincolanti per tutto il popolo romano ha carattere originario. Un'originarietà che, come qualunque originarietà in diritto romano, non può aver per depositari e custodi altro che i *mores*» (p. 589). Di qui il passaggio conclusivo (p. 592): «Che Gaio [...] *in limine* alle sue *Institutiones* abbia davvero bipartito con intento sistematico il *ius*, separandone la parte cui l'opera è dedicata dalla parte che doveva restar fuori dai suoi limiti, è dimostrato dal fatto che nei paragrafi seguenti ricompare l'immagine sfocata di un diritto che vi si affaccia chiaramente dal di fuori del piano su cui si svolge il discorso e che questo diritto si presenta anch'esso, come il diritto escluso nella prima riga dell'opera, costituito sotto l'aspetto formale da *leges* e da *mores*». Altro spunto che dovrebbe indurre a riferire il binomio *leges-mores* di Gai 1.1 al *ius publicum* consiste nell'assenza dei *mores* «nell'elenco delle fonti del *ius proprium populi* Romani» (p. 580); tuttavia, questa assenza, come ammette la stessa Autrice (p. 580 nt. 39), rimarrebbe comunque enigmatica anche in siffatta prospettiva (per una possibile spiegazione della mancata considerazione dei *mores* v., peraltro, *infra*, nt. 137).

[131] Da un lato, il richiamo agli impieghi terminologico-concettuali presenti nel *corpus* ciceroniano, che dovrebbero far riconoscere una riproposizione, tra le righe dell'incipit gaiano, di una rappresentazione dicotomica *'ius publicum - ius privatum'* presente nel pensiero dell'Arpinate, non è concludente. Così, si è sostenuto (Anselmo Aricò 1983, 729) che nelle parole *'Omnes populi qui legibus et moribus reguntur'* riemergerebbe sia il riferimento a *leges* e *mores* di Cic. *leg.* 1.6.20 *'omnesque leges adcomodandae sunt ad illud civitatis genus, serendi etiam mores'* sia l'uso del passivo *'regi'* che compare in quel cenno del § 17 a *leges 'quibus civitates regi debeant'*, di cui l'affermazione del § 20 appena trascritta costituisce una precisazione. Tuttavia, è anzitutto da notare che il ragionamento in base al quale, nella ricostruzione in esame, sono valutati e combinati tra loro Gai 1.1 e Gai 1.2-7 è imperniato sui *mores* quali fonti del diritto (cfr., esplicitamente, p. 579 s.; ma v.a. il passaggio di p. 589 riportato nella nota precedente), laddove nel trascritto *leg.* 1.6.20 Cicerone chiama in causa i *mores* nella differente accezione di comportamenti animati da valori virtuosi, come si evince sia dall'uso del verbo *'serere'* (introdurre) all'interno dello stesso § 20 sia dai contenuti della successiva trattazione (dal § 21 fino alla conclusione del I libro) in cui Cicerone sviluppa considerazioni riguardanti la *natura hominis* (cfr., in particolare, i §§ 22, 24, 26, 28, 33, 35, 59-62) e le *virtutes* (cfr. specialmente i §§ 40-52 e 56-62; in una siffatta prospettiva si connota anche il riferimento ai *mores* nei §§ 26 e 27). Il fatto è che il cenno ai *mores* in *leg.* 1.6.20, costruito in realtà come autonomo e ulteriore rispetto al riferimento alle *leges* (... *serendi etiam mores* ...), riprendeva, appunto, il cenno alla *natura hominis* del § 17 *'natura enim iuris explicanda nobis est, eaque ab hominis repetenda natura, considerandae leges quibus civitates regi debeant'* (anche in altri luoghi ciceroniani, del resto, proprio nel quadro di un binomio *leges-mores* questi ultimi alludono a comportamenti virtuosi: cfr. i luoghi citati *infra*, in nt. 134). Ebbene, questa diversità di prospettiva in ordine all'accezione di *'mores'*, anziché contribuire a decifrare la breve relativa di Gai 1.1 in chiave di allusione al *ius publicum*, solleva, piuttosto, un problema di coerenza interna della complessiva argomentazione che dovrebbe fondare siffatta lettura. Quanto, poi, alla corrispondenza che si è voluta ravvisare tra il *'reguntur'* di Gai 1.1 e il *'regi'* di Cic. *leg.* 1.5.17 – la quale dovrebbe far credere che Gaio alludeva ai fattori dai quali *omnes populi* "sono retti" dal punto di vista dell'assetto pubblicistico –, il fatto stesso che *'regere'* al passivo ricorre anche in un passaggio come quello di Sall. *bell. Iug.* 18.3 *'neque moribus neque lege aut imperio quoiusquam regebantur'* mostra come non sia necessario ipotizzare l'esistenza di questa o quella specifica matrice documentale della scelta espressiva gaiana. Quest'ultima considerazione va ripetuta a proposito dell'altra pretesa eco ciceroniana nel complessivo incipit gaiano e che consisterebbe nell'impiego del verbo *'utuntur'* (... *partim suo proprio partim communi hominum iure utuntur* ...). Invero, che in alcuni luoghi ciceroniani si trovi espressa una prospettiva dell'*utilitas* con riguardo al diritto che regola le relazioni tra privati (p. 730, con implicito rinvio alle rilevazioni sull'*utilitas* nel pensiero ciceroniano compiute alle pp. 689 ss.) è circostanza insufficiente a far pensare ad una sua specifica influenza sull'impiego del verbo *'uti'* da parte di Gaio in chiave di voluta differenziazione rispetto al *'regi'* (che individuerebbe, invece, la contrapposta sfera del *ius publicum*): non solo perché nei luoghi ciceroniani in questione una contrapposizione dell'orizzonte dell'*utilitas* «alle *leges* e ai *mores* da cui

In realtà, al fine di decifrare le parole '*Omnes populi qui legibus et moribus reguntur*' non può a mio avviso prescindersi dal confronto, in genere curiosamente pretermesso, con il solo altro luogo dello stesso scritto gaiano nel quale viene menzionato il binomio *leges-mores* con riferimento ad un *populus*:

> Gai 1.91: *Item si qua mulier ciuis Romana praegnas ex senatus consulto Claudiano ancilla facta sit ob id, quod alieno seruo inuito et denuntiante domino eius* coierit, *conplures distinguunt et existimant, si quidem ex iustis nuptiis conceptus sit, ciuem Romanum ex ea nasci, si uero vulgo conceptus sit, seruum nasci eius, cuius mater facta esset ancilla.* 92. *Peregrina quoque si vulgo conceperit, deinde ciuis Romana* facta *tunc pariat, ciuem Romanum parit; si uero ex peregrino s e c u n d u m l e g e s m o r e s q u e p e r e g r i n o r u m conceperit, ita uidetur ex senatus consulto, quod auctore diuo Hadriano factum est, ciuem Romanum parere, si et patri eius ciuitas Romana donetur.*

Di primo acchito, potremmo intendere la locuzione '*leges moresque peregrinorum*' come indicante la complessiva organizzazione giuridica dei *peregrini*[132] e, da qui, concludere che anche il solo altro caso di abbinamento dei due termini, l'*incipit* di Gai 1.1 appunto, alluda a "tutti i popoli dotati di un'organizzazione giuridica", con diretta funzione preparatoria rispetto alla successiva suddivisione nelle due sfere del *ius proprium* e del *ius commune omnium hominum*. Tuttavia, un attento esame dei §§ 1.91-92 suggerisce una diversa lettura, che ritengo preferibile. Confrontando i due paragrafi, si osserva che la contrapposizione instaurata nel § 91 tra lo *status* giuridico di *servus* assunto dal '*vulgo conceptus*' e lo *status* di *civis Romanus* assunto dal soggetto concepito '*ex iustis nuptiis*' viene riproposta nel § 92 nei termini '*si vulgo conceperit* ... - *si vero secundum leges moresque peregrinorum conceperit* ...'. Dunque, nel complessivo discorso è presentata una specifica corrispondenza tra l'istituto ro-

le *civitates* devono essere rette» (p. 730) non è presente; e non solo perché, in realtà, nella produzione ciceroniana la semantica dell'*uti* non è riservata unicamente alla sfera del *ius privatum* (cfr. Cic. *dom.* 33 '*Nego potuisse iure publico, legibus iis, quibus haec civitas utitur, quemquam civem ulla eius modi calamitatem adficit sine iudicio*': in questo testo il *ius publicum* si identifica con *leges* rappresentate come oggetto di un *uti* e, per di più, il '*legibus uti*' viene imputato non già ai singoli *cives*, bensì alla *civitas* in quanto tale); ma altresì, prima ancora, perché '*iure uti*' costituisce una rappresentazione concettuale tradizionale, ben radicata e diffusa nella percezione e nella cultura romana, come dimostra il suo impiego già in Cato, *or. fragm.* 252 '*iure, lege, libertate, re publica communiter uti oportet*' e in Ter. *hec.*, prol. 2.3-4 '*sinite ..., eodem ut iure uti senem liceat quo iure sum usus adulescentior*', onde non è giustificato immaginare specifici rapporti di derivazione o ispirazione fra due testi per il fatto che entrambi la contengono.

Dall'altro lato, con riguardo al raffronto (p. 595 ss.) con il tenore della dicotomia tra *ius publicum* e *ius privatum* nelle *institutiones* ulpianee (D. 1.1.1.2 = I. 1.1.4: *Huius studii duae sunt positiones, publicum et privatum. Publicum ius est quod ad statum rei Romanae spectat, ius privatum quod ad singulorum utilitatem*), deve osservarsi che nessuno dei due elementi addotti dall'Autrice risulta conducente: non la comunanza di prospettiva tra l'"*utuntur*' di Gaio e l'*utilitas* menzionata da Ulpiano in relazione al *ius privatum*, per la ragione, poc'anzi segnalata, del diffuso radicamento, *ab antiquo*, della prospettiva del '*iure uti*'; e nemmeno l'impiego, da parte di Ulpiano, del termine '*status*' con riguardo al *ius publicum*, giacché questo termine, diversamente da come intende l'Autrice, non rivela una corrispondenza concettuale con il '*reguntur*' di Gaio, bensì esprime, nell'ambito della complessiva locuzione '*status rei Romanae*', la diversa idea di stabile assetto, solida consistenza e simili: cfr. Falcone 2006, 1173 ss.

[132] Un interessante esempio di impiego coevo del binomio in questa accezione è offerto da Gell. 16.13.5: ... *diuus Hadrianus in oratione, quam de Italicensibus, unde ipse ortus fuit, in senatu habuit, peritissime disseruit mirarique se ostendit, quod et ipsi Italicenses et quaedam item alia municipia antiqua, in quibus Vticenses nominat, cum suis m o r i b u s l e g i b u s q u e uti possent, in ius coloniarum mutari gestiuerint.*

mano delle *iustae nuptiae* e un tipo di unione riconosciuta presso i *peregrini* e assunta come conforme a *leges moresque*. Ora, posto che a fondamento della configurazione come *iustae nuptiae* è una valutazione di approvazione dal punto di vista delle concezioni di ordine etico-sociale e religioso – tant'è che lo stesso Gaio, elencando poco prima i casi in cui non è consentito contrarre *iustae nuptiae*, aveva qualificato quelle non ammesse come '*nefariae et incestae*'[133] –, la coppia *leges moresque* utilizzata per indicare lo speculare istituto straniero dovette alludere alle sfere del diritto e del costume[134]: dal che si desumerebbe una analoga prospettiva concettuale nelle parole '*omnes populi qui legibus et moribus reguntur*', le quali, pertanto, come già da altri sostenuto (pur senza riferimento a Gai 1.91-92), significherebbero in sostanza "tutti i popoli civili" (o civilizzati)[135]. A confortare, peraltro, questa interpretazione è la circostanza che la stessa, assumendo il segno '*mores*' come alludente, non già a pratiche consuetudinarie anch'esse costituenti *ius* (*non scriptum*), bensì alla diversa sfera del costume in giustapposizione alle regolamentazioni giuridiche ('*leges*' in senso generico), evita il contrasto, che sarebbe «assai curioso»[136], con la mancata menzione, subito dopo,

[133] Gai 1.59 e 64. Si tratta, notoriamente, di una doppia qualifica che allude ad un'azione riprovevole dal punto di vista morale e religioso: rinvio, per tutti, di recente, a Moreau 2002, 43 ss. e a Cusmà Piccione 2012, 197 ss., con bibl. Del resto, in relazione alle *nuptiae* tra Claudio e Agrippina, che Gaio menziona quale episodio che ha reso lecito *uxorem ducere* la nipote *ex fratre* (§ 1.62), Tacito riferisce che il censore intento a convincere i senatori ad approvare il proposito di Claudio segnalava l'opportunità di '*morem accommodare*' (*ann.* 12.6.3), mentre Claudio stesso, dal canto suo, il giorno delle nozze stabilisce che vengano eseguiti *piacula* (*ann.* 12.8.1).

[134] Secondo una prospettiva, questa sì (*supra*, nt. 131), che si riscontra anche in impieghi ciceroniani del binomio *leges-mores*: cfr. Cic. *off.* 2.15; *rep.* 1.2.2; 2.38; *leg.* 1.6.20; *ad Fam.* 9.2.5; *ad Att.* 2.19.3 (dalla valenza, che ricorre in questi brani, di '*mores*' come modelli di comportamenti virtuosi e degni di approvazione deriva la concettualizzazione '*civitates bene moratae*': cfr. Cic. *pro Mil.* 93; *de orat.* 1.19.85; *Brut.* 7; *Cato* 63).

[135] Cfr., con varietà di soluzioni terminologiche, Lombardi 1947, 106 e 123; David, Nelson 1954, 3; Nicosia 1997, 39 s.; Mainino 2010, 5 s. e nt. 19; Cannata 2012a, 259 = 2012b, 263); da ultimo, Corbino 2021, 160 nt. 99 ("popoli civili"); ma già la Glossa contrapponeva i *populi qui legibus et moribus reguntur* (D. 1.1.1.9) ai *sylvestres homines*. È significativo, in proposito, un riscontro quale Enn., *Euhem.* fr. 9 Vahlen '... *verum primum Iovem leges hominibus moresque condentem edicto prohibuisse, ne liceret eo cibo vesci*' e, soprattutto, Sen. *epist.* 117.6 '*nec ulla gens usquam est adeo extra leges moresque proiecta ut non aliquos deos credat*'.

Contro questa lettura non vale opporre (Anselmo Aricò 1983, 572 s.) la circostanza che l'impiego di lì a poco, nel § 3, di '*populus*' nel senso di '*universi cives*' mostra che il termine era già di per sé espressivo di una aggregazione civilizzata e che, quindi, l'aggiunta '*qui – reguntur*' sarebbe stata superflua. Invero, l'accezione di '*populus*' come '*universi cives*' nel § 3 si giustifica con il fatto che Gaio ha ormai circoscritto il discorso alla specifica realtà giuridica romana (§ 2 '*Constant autem iura populi Romani* ...') e con riferimento ad essa esplica, a proposito dei *plebiscita* nel loro rapporto con la *lex*, il significato tecnico di '*populus*' come '*universi cives*' per contrapporre questa totalità ai soli *plebeii*: '... *plebs autem a populo eo distat, quod populi appellatione uniuersi ciues significantur, connumeratis et patriciis; plebis autem appellatione sine patriciis ceteri ciues significantur ...; unde olim patricii dicebant plebiscitis se non teneri, quae sine auctoritate eorum facta essent; sed postea lex Hortensia lata est, qua cautum est, ut plebiscita uniuersum populum tenerent: itaque eo modo legibus exaequata sunt*'. E nemmeno è determinante obiettare (Anselmo Aricò 1983, 572 nt. 29) che già nello stesso § 1, subito dopo la frase di apertura, si riconosce una corrispondenza tra *populus* e *civitas* ('*quod quisque populus ipse sibi ius constitutit* ..., *quasi ius proprium civitatis*') e che, dunque, (anche) per questa ragione dagli *omnes populi* dovrebbero già intendersi direttamente escluse le comunità non "civili", senza, cioè, che fosse necessario aggiungere le parole '*qui – reguntur*': è agevole, infatti, osservare, restando all'interno dell'ipotesi interpretativa in questione e ribaltando la relazione logica tra i passaggi presenti nel § 1, che, una volta precisato in apertura che l'intera esposizione riguarderà i "popoli civili", a questi Gaio doveva ormai pensare quando scriveva '*quisque populus*' e ne assumeva la corrispondenza con l'entità-*civitas*.

[136] Cannata 2012a, 259 = 2012b, 263.

dei *mores* nel catalogo dei *iura* del *populus Romanus* (Gai 1.2-7)[137]. Nella connotazione "popoli civili", d'altra parte, Gaio ben poteva ricomprendere anche il fenomeno del raggiungimento di un'organizzazione giuridica, onde anche così intese le parole iniziali si presterebbero a preparare la successiva distinzione tra *ius proprium e ius commune omnium hominum*.

Piuttosto, il vizio dell'argomentazione schulziana in merito alle battute iniziali del testo risiede nella stessa ricostruzione dei contenuti del discorso ivi formulato, e segnatamente nel senso attribuito alla complessiva articolazione dei §§ 1-8. Invero, la tripartizione '*personae-res-actiones*' fissata nel § 8 non segna alcun (brusco) restringimento di ambito narrativo, nessun salto rispetto a quanto fino ad allora considerato dal giurista: la tripartizione attiene al diritto privato in perfetta continuità con la limitazione al diritto privato già compiuta, risalendo a ritroso lungo il testo, nella stessa partizione iniziale tra *ius proprium* e *ius commune omnium hominum* instaurata nel § 1[138]. E non "le fonti del diritto in generale" costituiscono oggetto dei §§ 2-7 – come, oltre a Schulz, tende per vero a considerare la generalità degli studiosi –, bensì gli elementi che compongono l'insieme di disciplinamenti e regimi del diritto privato romano ('*Constant autem iura populi Romani ex...*').

A quest'ultimo proposito va, infatti, osservato che già la definizione della *constitutio principis* (§ 5), con la quale si afferma, non che la *constitutio* è il *decretum* o l'*edictum* o l'*epistula*, bensì che la *constitutio* è «ciò che l'imperatore *constituit* t r a m i t e un decreto o un editto o un'epistola», mostra che Gaio ha in mente e definisce, anziché l'atto normativo in sé, inteso da un punto di vista formale ed esteriore, il contenuto dell'atto normativo. Il dato si irradia, facendone apprezzare l'analoga prospettiva contenutistica, sulle definizioni formulate nei precedenti §§ 3-4, nei quali la *lex*, il *plebiscitum* e il *senatusconsultum* sono, rispettivamente, '*quod populus-, quod plebs-, quod senatus iubet atque constituit*'[139]. Del resto, coerentemente con siffatta rappresentazione, il ricorso, in questi paragrafi, all'equiparazione alla *lex*[140] è concepito con diretto riferimento al concreto contenuto: l''*idque legis vicem optinere*' si lega al '*quod*' della locuzione '*quod (senatus, imperator) constituit*', così come, nel § 7, con riguardo al caso di uniformità delle *sententiae* dei giuristi si afferma in modo lampante e inequivoco '... *i d , q u o d*

137 Mancanza, in ordine alla quale – tenendo presente che il catalogo dei §§ 2-7 guarda al complessivo risultato della formazione storica del diritto privato (per tutti, Gallo 1993, 46; Vacca 2012, 82; lo dimostra, a tacer d'altro, la considerazione dei *plebiscita* nel § 3) e che, dunque, non può pensarsi ad una omissione legata ad una 'inattualità' dei *mores* quali fattori creativi ai tempi di Gaio (così, invece, ad es., Cannata, *loc. ult. cit.*; Gallo 2005, 10 s.) – mi pare condivisibile la spiegazione di quegli studiosi (De Zulueta 1953, 14; Guarino 1994b, 154; Cenderelli, Biscotti 2005, 35; Giaro 2007, 2236) che hanno ritenuto che, nella visione di Gaio, i *mores* sono per dir così assorbiti nell'attività di mediazione e ricezione rispetto agli stessi compiuta dai giuristi con la loro *interpretatio*. Il punto, peraltro, non può essere certo qui approfondito.

138 Sulla quale, dal punto di vista della cura compositiva di Gaio, cfr. *supra*, n. 3 su ntt. 43-45.

139 Fuori dai paragrafi iniziali, un riscontro significativo è offerto dall'espressione '*lex locum habet*' impiegata da Gaio con allusione al regime giuridico disposto da questa o quella legge, come è testualmente mostrato dal complessivo andamento di Gai 1.139, in cui l'espressione è riferita ora ad una *lex* ora ad un concreto contenuto di una *lex*: '*Nec tamen in hoc casu l e x A e l i a S e n t i a l o c u m h a b e t: itaque nihil requirimus, cuius aetatis sit is, qui manumittit et qui manumittitur; ac ne illud quidem, an patronum creditoremue manumissor habeat; ac ne n u m e r u s quidem l e g e F u f i a C a n i n i a f i n i t u s in his personis l o c u m h a b e t...*'. L'espressione '*locum habere*' compare anche in Gai 3.70 (con riferimento tanto ad una *lex* quanto ad un *senatusconsultum*) e in Gai 3.121a.

140 Sulla cui portata cfr. *infra*, n. 10.

ita sentiunt, legis uicem optinet'. Il che, a ben vedere, si pone in perfetta continuità con l'orizzonte contenutistico che era stato fissato subito prima, nelle battute d'esordio (§ 1), tramite la correlazione tra '*quod quisque populus ipse sibi ius constituit*' e '*quod uero naturalis ratio inter omnes homines constituit*'. Ebbene, tutto ciò implica che *leges, plebiscita, senatusconsulta* etc., dal momento che vengono considerati direttamente in termini contenutistici (di regimi, disciplinamenti, regole etc., in essi disposti), sono assunti da Gaio, ad un tempo, come fattori di produzione e come parti dalle quali risulta composto l'insieme dei *iura populi Romani*. Occorre, allora, prendere le distanze dalla diffusa presentazione di Gai 1.2-7 come un catalogo delle 'fonti del diritto': essa può adottarsi tutt'al più come semplice indicazione di comodo, ma con la consapevolezza che, se essa ben si attaglia alla logica del '*venire ex*' del testo papinianeo restituito in D. 1.1.7pr.[141], non corrisponde al punto di vista che orienta l'elencazione di Gaio[142].

Nei §§ 2-7, in sostanza, Gaio passa in rassegna subito e una volta per tutte le tipologie di disciplinamenti giuridici intorno ai quali avrebbe organizzato la trattazione nei quattro commentari, che, appunto, sono ricchissimi di richiami a *leges*[143], senatoconsulti, interventi imperiali, editto pretorio, posizioni giurisprudenziali[144]. Che, poi, il giurista si sia concentrato immediatamente sul *ius privatum*, senza compiere alcun cenno al *ius publicum* nemmeno per escluderlo dalla trattazione, è circostanza che, anziché portare a immaginare una mancata revisione dell'opera (né, per altro verso, a tacciare l'autore di trascuratezza o sciatteria), più semplicemente dovette apparire al giurista una scelta scontata in relazione al tipo di insegnamento al quale il testo si collegava[145].

c) Fuori misura è, altresì, il rilievo secondo cui Gaio soltanto nel I commentario e nella prima parte del II ha rispettato la promessa fatta nel § 1.1 di mostrare l'appartenenza dei singoli istituti al *ius civile* o al *ius gentium*[146] e, dimèntico di essa nella trattazione della materia ereditaria, l'ha poi ripresa «senza impegno» nella parte sulle obbligazioni, per trascurarla del tutto, infine, nel IV commentario[147].

---

141 Papin. 2 *def.*, D. 1.1.7pr. '*Ius autem civile est quod ex legibus, plebiscitis, senatus consultis, decretis principum, auctoritate prudentium venit*': cfr. Anselmo Aricò 1987, 109; Cerami 1996, 51 nt. 83, con bibl.

142 Nella quale, peraltro, può forse cogliersi un'eco di rappresentazioni tardorepubblicane quali quelle espresse in Auct. ad Her. 2.13.19: '*Constat* (sott. *ius*) *ex his partibus: natura, lege, consuetudine, iudicato, aequo et bono, pacto*'; Cic. *inv.* 2.65 '*ius ex quibus rebus constet, considerandum est*'; Cic. *top.* 5.28 '*ut si quis ius civile dicat id esse, in legibus, senatus consultis, rebus iudicatis, iuris peritorum auctoritate, edictis magistratuum, more, aequitate consistat*'.

143 Proprio di lì a poco, la prima concreta casella espositiva della trattazione sulle *personae* (Gai 1.13) si aprirà con il richiamo ad un profilo del regime giuridico della *lex Aelia Sentia*.

144 Mi pare che possa esser questa la (o almeno, una) risposta al quesito posto da Peppe 2012, 700: «qual è la finalità perseguita da Gaio nei §§ 2-7?».

145 Guarino 1990, 445 ss. È appena il caso di esplicitare che contro questa spiegazione non varrebbe rilevare che, invece, per un altro testo istituzionale, quello di Ulpiano, è attestata una fissazione preliminare di una dicotomia tra *ius publicum* e *ius privatum* (fissazione che, oltretutto, potrebbe aver avuto una precisa ragion d'essere di ordine politico, come mi è parso di poter suggerire in Falcone 2006, spec. 1183 ss.; 1193 ss.).

146 Gai 1.1 '... *populus itaque Romanus partim suo proprio, partim communi omnium hominum iure utitur. quae singula qualia sint, suis locis proponemus*'.

147 Schulz 1968, 290: «Nella introduzione il *ius civile* [...] è messo in antitesi al *ius gentium* [...] e l'autore promette che l'esposizione che segue ci dirà a quale dei due appartengano i diversi istituti giuridici. Egli mantiene la sua pro-

In effetti, il progressivo diradarsi delle segnalazioni circa l'appartenenza di un istituto giuridico ad uno dei due ambiti considerati in Gai 1.1[148]. anziché deporre nella direzione sostenuta da Schulz, può essere spiegato, in prospettiva opposta, quale espressione, ancora una volta, di consapevolezza di Gaio nell'organizzazione della scrittura, sol che si osservi che i riferimenti di volta in volta compiuti all'uno o all'altro dei due ambiti rivelano tutti una precisa ragion d'essere.

Così, le indicazioni di Gai 1.52 e di 1.55 sono tra loro coordinate per mostrare la differenza che si profila pur all'interno della categoria unitaria dei soggetti *in potestate* e che consiste nel fatto che la *potestas* sui *servi dominorum* si riscontra *apud omnes gentes*, mentre la *potestas* sui *liberi ex iustis nuptiis* è esclusiva dei *cives Romani*[149]; inoltre, il richiamo del § 52 al fatto che presso '*omnes gentes*' è dato osservare l'esistenza della *vitae necisque potestas* sui servi prepara e consente la forte puntualizzazione successiva (§ 53), secondo cui, grazie ad alcuni interventi di Antonino Pio, '*neque civibus Romanis neque ullis aliis hominibus, qui sub imperio populi Romani sunt*' è permesso di abusare ingiustificatamente del potere sui servi[150]; e ancora, la precisazione circa la 'romanità' della *patria potestas* assume specifico rilievo in vista dell'articolata trattazione sull'acquisto della condizione di *filius* in virtù del conseguimento della *civitas Romana* (§§ 65 ss.). Il cenno di Gai 1.108 in relazione alle *personae in manu*[151] va letto in chiave di ripro-

messa nel libro I e nella prima parte del libro II, ma sembra dimenticarla quando giunge al diritto ereditario; qui il *ius civile* diventa antitetico al *ius honorarium*. Egli ritorna alla sua intenzione primitiva nella trattazione sulle obbligazioni, ma la attua senza impegno: ci si sarebbe aspettato che egli dicesse almeno che la vendita, la permuta e la locazione appartenevano al *ius gentium*. Nel libro IV la promessa è una volta di più completamente dimenticata; *ius civile* è semplicemente il diritto privato che non è *ius honorarium*» (cfr. Schulz 1946, 163). Per vero, la rilevazione del fenomeno compiuta da Schulz non è precisa: da un lato, quali riscontri del mantenimento della promessa iniziale vengono citati (nt. 9) Gai 3.93 e 3.132, laddove, però, il profilo del dualismo tra *ius gentium* e *ius civile* che viene in questione nei due brani, e cioè l'applicabilità o meno di un istituto anche ai *peregrini*, è diverso rispetto a quello fissato in Gai 1.1 (come ben sottolineato, ad atro proposito, da Talamanca 1996, 273 ss.); dall'altro lato, manca, certo per una svista, una citazione di Gai 3.154 relativo alla *societas* consensuale (testo che, oltretutto, completa il cenno all'appartenenza di questa *societas* al *ius gentium* con un'affermazione, '*itaque inter omnes homines naturali ratione consistit*', che richiama da vicino le parole di Gai 1.1). Anche Führmann 1960, 106 e nt. 1 osserva che «Gaius hält sein Versprechen nur mangelhaft», ma senza trarne conclusioni in merito alla formazione del testo gaiano; analogamente Nörr 1972, 55 s., il quale ne trae conforto per il convincimento che il modo in cui presso i giuristi classici «das rechtstheoretische Interesse» trova espressione è «naiv». Quadrato 1979, 4, dal canto suo, giustifica questa evidenza testuale con l'idea che ci troveremmo di fronte ad un'opera «formatasi via via, potremmo dire quotidianamente, nell'esercizio di un'attività didattica svolta oralmente»: il che presuppone l'esistenza, per me non dimostrata (*supra*, n. 2 su ntt. 17-26), di un diretto rapporto tra il testo e il discorso svolto a lezione.

148 Un dato che, dal canto suo, Goria 1981, 255 nt. 57, tende a ridimensionare, osservando che, in realtà, «gl'istituti importanti per cui Gaio non avrebbe adempiuto la sua promessa sarebbero al massimo le successioni *ab intestato* e i *delicta*». È da precisare, però, che anche il tema della successione testamentaria è privo di riscontri, dal momento che in Gai 2.110 e 214 i riferimenti alla *ratio civilis* e, rispettivamente, alla *civilis iuris regula*, richiamati dallo studioso torinese, sono da leggere, piuttosto, in chiave di contrappunto rispetto al regime eccezionale introdotto da costituzioni imperiali (in prosecuzione di un discorso iniziato nel § 109).

149 È eloquente la simmetria con la quale Gaio ha congegnato le indicazioni dei §§ 1.52 e 55: '*In potestate itaque sunt serui dominorum. quae quidem potestas iuris gentium est: nam apud omnes peraeque gentes animaduertere possumus dominis in seruos uitae necisque potestatem esse*' – '*Item in potestate nostra sunt liberi nostri, quos iustis nuptiis procreauimus. quod ius proprium ciuium Romanorum est (fere enim nulli alii sunt homines, qui talem in filios suos habent potestatem, qualem nos habemus)*'.

150 Cfr. *infra*, n. 8 nt. 362 *in fine*.

151 '*Nunc de his personis uideamus, quae in manu nostra sunt. quod et ipsum ius proprium ciuium Romanorum est*'.

posizione rispetto a quello sui *liberi in potestate* del § 55, come rivela l'*'et'* nella locuzione *'quod et ipsum ius proprium ciuium Romanorum est'*: Gaio vuole appositamente sottolineare siffatta natura anche di questa ipotesi di sottoposizione personale rispetto a quella dei *servi*. Quanto alla *mancipatio* (Gai 1.119), la segnalazione *'quod et ipsum ius proprium ciuium Romanorum est'*, da un lato, contribuisce alla caratterizzazione in tal senso anche delle *personae in mancipio*[152], dall'altro lato, in funzione di una descrizione apposita e dettagliata di questo rito (dopo il brevissimo cenno compiuto nel § 113), contraddistingue quest'ultimo rispetto all'operazione-*venditio*[153], in sé non esclusiva dei *cives Romani*. La segnalazione che la tutela degli *impuberes* è *'naturali rationi conueniens'* (§ 1.189) serve a Gaio per far risaltare, per diretto contrasto, il fatto che, invece, alla base della tutela delle *feminae perfectae aetatis* non vi è alcuna *'pretiosa ratio'* (§ 190)[154]. La precisazione 'retrospettiva' del § 2.65 ha il ruolo di introdurre, agganciandoli alla *traditio*, le (ulteriori) modalità di acquisto fondate sulla *naturalis ratio* (§§ 66-79)[155]. Infine, il riferimento al *ius gentium* in Gai 3.154 ha il preciso scopo di contrapporre la *societas* fino ad allora illustrata rispetto ad un *aliud genus societatis* proprio dei *cives Romani*[156].

Per quanto precede non sorprende, né autorizza conclusioni in merito a compiutezza o meno del testo, la circostanza che mancano ulteriori riferimenti là dove, pure, essi sarebbero potuti, teoricamente, comparire. Ad esempio, Gaio avrebbe potuto premettere, in tema di *hereditates quae obveniunt ex testamento* (§ 2.100), che il *testamentum* in sé è istituto presente presso tutte le *gentes* (arg. ex Gai 1.189)[157]: ma, il giurista, come nell'intera trattazione sugli acquisti *per universitatem*, ha ritenuto di puntare, piuttosto, su un contrappunto che appariva didatticamente più efficace e, direi, imposto dalla materia stessa, e cioè quello tra *ius civile* (o *ius legitimum*) e assetti derivanti da costituzioni imperiali, senatoconsulti, editto del pretore[158]; così come, del resto, sempre *ratione materiae* Gaio ha impostato il settore delle *actiones* sul dualismo *ius civile*-editto pretorio (ritenendo, al contempo, superfluo e poco significativo precisare che gli schemi verbali oggetto di trattazione costituivano, ciascuno e nel loro insieme, *ius proprium civium Romanorum*)[159]. Quanto, infine, alla specifica critica di Schulz circa l'assenza

---

[152] "Contribuisce", in quanto nei §§ 117 (*'Omnes igitur liberorum personae, ... quae in potestate parentis sunt, mancipari ab eo ... possunt'*) e 118 (*'Idem iuris est in earum personis quae in manu sunt'*) Gaio informa trattarsi di persone *in potestate parentum* o *in manu*, per le quali, come si è visto, egli aveva già espresso la caratterizzazione come *'ius proprium civium Romanorum'* (nei §§ 1.55 e 108).

[153] Gai 1.119 *'Est autem mancipatio, ut supra quoque diximus, imaginaria quaedam uenditio: quod et ipsum ius proprium ciuium Romanorum est ...'*.

[154] Si noti la correlazione apposita instaurata tra le affermazioni dei §§ 189 e 190 e, come nei §§ 1.52 e 55, la perfetta simmetria fra i due membri di essa: *'Sed inpuberes quidem in tutela esse omnium ciuitatium iure contingit; quia id naturali rationi conueniens est, ut ...'* – *'Feminas uero perfectae aetatis in tutela esse fere nulla pretiosa ratio suasisse uidetur...'*.

[155] Gai 2.65. *Ergo ex his, quae diximus, adparet quaedam naturali iure alienari, qualia sunt ea, quae traditione alienantur, quaedam ciuili; nam mancipationis et in iure cessionis et usucapionis ius proprium est ciuium Romanorum. 66. Nec tamen ea tantum, quae traditione nostra fiunt, naturali nobis ratione adquiruntur, ...*

[156] Come si osserva attraverso l'originale gaiano conservato in PSI. 1182 : *supra*, n. 4 su nt. 99.

[157] '... *nec fere ulla ciuitas est, in qua non licet parentibus liberis suis inpuberibus* testamento *tutorem dare ...*'.

[158] A partire dalla circostanza che la descrizione, nei §§ 2.103-108, della *'diligens observatio'* circa le forme del testamento librale, per le quali Gaio parlerà complessivamente di *'iuris civilis regula'* (§ 114), è subito seguita dall'informazione riguardante l'introduzione, da parte di *constitutiones principum*, di un regime speciale per i militari (§ 2.109).

[159] In un analogo ordine di idee De Zulueta 1953, 13 ha osservato: «That the whole law of inheritance and of actions was iuris civilis hardly needed to be stated».

di un richiamo al *ius gentium* in relazione alla compravendita, alla permuta e alla locazione («ci si sarebbe aspettato che egli dicesse almeno che la vendita, la permuta e la locazione appartenevano al *ius gentium*»), essa è emblematica di una mancata considerazione della circostanza, più su appositamente segnalata[160], che Gaio ha selezionato e orientato le informazioni in funzione della particolare angolazione descrittiva di volta in volta assunta: alla luce di questa circostanza appare chiaro che in relazione alle tre suddette operazioni non vi era esigenza alcuna di un cenno alla riferibilità al *ius gentium*, dato che, come si dirà più avanti, le relative trattazioni erano immediatamente ed esclusivamente concentrate, in chiave cautelare, su questioni attinenti al *pretium* e alla *merces*[161].

d) E ancora, risulta inadeguata la denuncia della mancata trattazione specifica di comodato, deposito e pegno[162]. Già la circostanza che questi tre contratti sono ripetutamente considerati nei *commentarii*, e talvolta, soprattutto il comodato e il deposito, con informazioni di notevole significato[163], rende assai difficile immaginare una distrazione o dimenticanza da parte di Gaio, in sede di composizione o di successive revisioni del testo. Ma, soprattutto, è rivelatrice una indicazione che proviene dall'illustrazione sulla *mutui datio*:

> Gai 3.90: *Re contrahitur obligatio uelut mutui datione; mutui autem datio proprie in his fere rebus contingit, quae res pondere, numero, mensura constant, qualis est pecunia numerata, uinum, oleum, frumentum, aes, argentum, aurum; quas res aut numerando aut metiendo aut pendendo in hoc damus, ut accipientium fiant et quandoque nobis non eaedem, sed aliae eiusdem naturae reddantur. unde etiam mutuum appellatum est, quia quod ita tibi a me datum est, ex meo tuum fit.*

---

160 *Supra*, n. 3.

161 Cfr. *infra*, n. 6, su ntt. 238-242.

162 Mancanza per la quale Schulz (1946, 161 = 1968, 289) ha, per parte sua, prospettato due possibili spiegazioni: ma l'una, e cioè l'eventualità che Gaio «non avesse ancora scritto su questo argomento nel suo proprio manoscritto» quando questo giunse a pubblicazione postuma, solleva l'interrogativo sul perché, curiosamente, il giurista, pur avendo direttamente in mente, come si vedrà subito, almeno il comodato e il deposito nel congegnare l'illustrazione sul mutuo, avrebbe però rimandato la redazione di una esposizione apposita ad un momento successivo; l'altra, e cioè l'eventualità che «questa parte della sua lezione non si trovasse quando giunse a pubblicazione postuma», è di quelle che si sottraggono ad una possibilità di valutazione critica.

163 Si pensi al richiamo – unico riferimento a questo profilo nell'intero testo gaiano (Falcone 2009, 319; 2011, 29 nt. 31) – al criterio di responsabilità che caratterizza il comodatario e il depositario (§§ 3.206-207), o alla segnalazione dell'esistenza, per il deposito e per il comodato, di un'*actio in ius ex fide bona* accanto all'*actio in factum* (§§ 4.47; 60; 62), la quale rivela che Gaio era a conoscenza dell'avvenuto riconoscimento civilistico di questi due istituti, o ancora alla presenza del *iudicium depositi* all'interno di un elenco di azioni assunte dal giurista come aventi a fondamento fattispecie qualificate '*contractus*' (§ 4.182: *Quibusdam iudiciis damnati ignominiosi fiunt, velut furti, vi bonorum raptorum, iniuriarum, item pro socio, fiduciae, tutelae, mandati, depositi. sed furti aut vi bonorum raptorum aut iniuriarum non solum damnati notantur ignominia, sed etiam pacti, ut in edicto praetoris scriptum est; et recte. plurimum enim interest, utrum ex delicto aliquis an ex contractu debitor sit*). Per altri cenni cfr. Gai 2.50 (vendita, da parte dell'erede, di *res commodata* o *deposita* al defunto ed erroneamente ritenuta *res hereditaria*); 3.196-197 (deposito e comodato, in tema di configurazione di *furtum*); 4.33 (*actio commodati* menzionata come esempio di *actiones 'quae sua vi ac potestate valent'*); 4.59 (*actio depositi* e *commodati*, menzionate in relazione al *falsum demonstrare* nella *formula*). Quanto al pegno, cfr. Gai 2.60 (cenno al caso di *fiducia contracta cum creditore pignoris iure*); 2.64 (esempio di *non dominus* che può *alienare*: '*item creditor pignus ex pactione, quamvis eius ea res non sit*'); 3.200 (in materia di *furtum suae rei*); 3.204 (in ordine alla spettanza al creditore pignoratizio dell'*actio furti*).

Due dati testuali meritano attenzione: l'avverbio '*proprie*' nella descrizione dell'oggetto del *dare* da parte del mutuante e il particolare modo in cui è indicato l'oggetto del *reddere* da parte del mutuatario. Con riguardo al primo dato, credo abbiano visto giusto Nelson e Manthe nell'affermare che l'uso di '*proprie*' è sollecitato dal fatto che era radicata *ab antiquo* una promiscuità terminologico-concettuale tra '*mutuum*' e '*commodare*' (o '*utendum dare*'), sia nel senso che il termine '*mutuum*' era utilizzato anche per indicare il prestito d'uso, sia nel senso inverso che l'espressione '*utendum dare*' si trovava applicata anche ad operazioni di mutuo[164]: di fronte a questa commistione terminologico-concettuale, Gaio avrebbe precisato quale fosse l'oggetto del mutuo in senso proprio. Quanto, poi, alla puntualizzazione concernente l'oggetto da restituire, '*quas res* [...] *in hoc damus ut accipientium fiant et quandoque nobis n o n e a e d e m, s e d a l i a e e i u s d e m n a t u r a e reddantur*', essa dovette esser stata compiuta pensando alla diversa fattispecie del comodato e del deposito, nella quale il *reddere* riguardava, invece, la stessa cosa che era stata consegnata: Gaio, cioè, dovette porsi nel medesimo ordine di idee che avrebbe, in seguito, suggerito l'analoga ed esplicita osservazione di Paolo '*Mutuum damus recepturi non eandem speciem quam dedimus (alioquin commodatum erit aut depositum), sed idem genus*' (Paul. 28 *ad ed.*, D. 12.1.2pr.). La riprova della consistenza di questi due indizi è data dalla parallela trattazione sul mutuo nelle *res cottidianae*,[165] la quale, in una con l'apparizione di una illustrazione apposita del comodato e del deposito, è modificata giusto in relazione ad ambedue i punti in questione: da un lato, scompare l'avverbio '*proprie*', dall'altro lato, la precisazione sulle cose da restituire non è più articolata secondo la contrapposizione '*non eaedem, sed aliae eiusdem naturae*'. L'indicazione che si ricava da queste risultanze testuali[166] e alla quale poc'anzi accennavo è che Gaio ha organizzato la descrizione della *mutui datio* avendo direttamente in mente anche (e almeno) le diverse figure del comodato e del deposito[167]. Ebbene, questa indicazione proveniente dalla stessa *sedes materiae* delle *obligationes re*, unitamente al dato dei ripetuti riferimenti, qua e là, al comodato e al deposito, porta ad assumere che l'assenza di una illustrazione apposita di queste due figure si deve ad una consapevole scelta omissiva di Gaio, il quale, mentre ha implicitamente tenuto presente, *per differentiam*, questi contratti nel congegnare la descrizione del mutuo, ha però deliberatamente rinunciato a trattarli *ex*

---

164 Nelson, Manthe 1999, 81, i quali, però, si basano su fonti tarde. Sono più probanti testi quali, ad es., Plaut. *Persa* 115-117 e 127-128; Sen. *ben.* 7.5.5; *epist.* 26.8; Paul. 10 *ad ed.*, D. 3.6.2: da un lato, quelli letterari risalgono ad un'epoca precedente a Gaio, dall'altro lato, quello di Paolo attesta la promiscuità in questione anche in ambiente giurisprudenziale (e ancora successivamente all'epoca di Gaio).

165 Gai. 2 *rer. cott.*, D. 44.7.1.2: ... *mutui autem datio consistit in his rebus, quae pondere numero mensurave constant... quas res in hoc damus, ut fiant accipientis, postea alias recepturi eiusdem generis et qualitatis*.

166 Curiosamente, con la riferita eccezione di Nelson, Manthe limitatamente all'uso di '*proprie*' in Gai 3.90, le due peculiarità testuali di questo paragrafo e il confronto con il diverso tenore della corrispondente trattazione delle *res cottidianae* sono generalmente trascurati in dottrina: cfr., da ultimo, Wegmann Stockerbrand 2017, 125 ss. e gli studiosi ivi richiamati alle ntt. 55-65.

167 Con il che, evidentemente, ritengo con la dottrina maggioritaria che il '*velut*' dell'incipit '*Re contrahitur obligatio uelut mutui datione*' sia da intendere come presentazione di un esempio e non come indicazione tassativa: cfr. la letteratura citata da Saccoccio 2002, 488 ntt. 48-50 (anch'egli orientato in tal senso). Non convince la recentissima proposta di Wegmann Stockerbrand 2017, 131 s. di intendere la particella come avente al contempo funzione tassativa, se riferita ad una "vertragliche Realobligation", ed esemplificativa, se riferita ad una "Realobligation im Allgemeinen".

professo – deduzione che si estende legittimamente anche al *pignus*, del quale pure, come segnalato, non mancano riferimenti sparsi nei *commentarii*[168].

Per quale ragione, poi, Gaio abbia compiuto questa scelta, è interrogativo per il quale potrebbe proporsi una risposta già restando all'interno del complessivo testo gaiano. Segnatamente, lasciando da canto le diverse spiegazioni finora suggerite in dottrina, a mio avviso non accoglibili[169], e cercando, piuttosto, di tener presente – secondo un canone interpretativo

---

[168] *Supra*, nt. 163.

[169] L'ipotesi, formulata da Maschi 1971, 731 ss.; 743 s.; 1973, 249 s., secondo cui vi sarebbe stata una decurtazione ad opera di un copista, si espone a una duplice obiezione: non solo in questo caso non si trattava di elementi narrativi storici, che un copista avrebbe potuto eventualmente elidere in quanto ritenuti di scarso interesse (così Saccoccio 2002, 487 e nt. 47), ma l'individuazione del presupposto stesso che avrebbe indotto il *librarius* ad eliminare i riferimenti agli altri tre contratti, e cioè il preteso restringimento della categoria dell'*obligatio re contracta* in epoca postclassica, si risolve in un circolo vizioso (cfr., infatti, il passaggio di Maschi 1971, 725, in cui, a proposito della sostituzione, in *Gai epit.* 2.8.1, di '*quoties*' al '*velut*' di Gai 3.90, lo studioso afferma che essa è indice di «fedeltà alle idee dell'epoca e queste si riflettono nel ms. Ver. di Gaio, abbreviato, come io ritengo» – aggiungasi che l'omissione, da parte dell'epitomatore, del discorso sulla *solutio indebiti* potrebbe spiegarsi, anziché in chiave di contrazione postclassica della categoria, come scelta suggerita dalla difficoltà presente già nel testo gaiano in ordine alla considerazione della *solutio indebiti* come *obligatio* 'consistente' *ex contractu*).

L'idea di una confinazione tematica, da parte di Gaio, alle sole *causae obligationum* riconosciute dal *ius civile* (ad es., Arangio-Ruiz 1935, 72; Pastori 1954, 111; 1986, 28 s.), oltre ad essere ingiustificata nel presupposto di fondo secondo cui, in generale, Gaio avrebbe preso in considerazione solamente gli istituti civilistici, urta contro l'informazione che fornisce lo stesso Gaio (§§ 4.47 e 4.59) circa l'esistenza di una tutela anche con azioni civili *ex fide bona* per il deposito e il comodato.

Contro l'ipotesi, poi, che Gaio abbia voluto rinunciare ad appesantire una trattazione elementare con una segnalazione delle differenze tra i il mutuo e gli altri tre contratti, relative agli effetti traslativi e al tipo di tutela processuale (cfr., in passato, Karlowa 1901, 601 s.; Affolter 1897, 532; Kübler 1910, 497; di recente, Quadrato 1979, 77 s.), basta leggere la corrispondente trattazione delle *res cottidianae*, conservata in D. 44.7.1.2-6 e in I. 3.14, per constatare con quanta facilità e semplicità i predetti elementi di distinzione avrebbero potuto essere descritti da Gaio; per non dire, poi, che una considerazione esplicita anche delle altre figure sarebbe stata in linea con il fatto che Gaio non disdegna di impostare illustrazioni *per differentiam*, anzi ricorre ad esse come efficace strategia espositiva, e anche con specifico riguardo alle *obligationes ex contractu*: si considerino la presentazione delle *obligationes consensu contractae* in chiave di contrappunto rispetto a quelle *verbis* e a quelle *litteris* nei §§ 3.136-137, la trattazione sulla diversità di *condicio* di *sponsores*, *fideipromissores* e *fideiussores* nei §§ 3.118-123, le puntualizzazioni in tema di *obligationes litteris contractae* nei §§ 3.131-133, la differenziazione fra mandato e locazione quanto al discrimine della gratuità in chiusura di § 3.162 (per questi riscontri cfr. *infra*, n. 6).

Quanto all'eventualità che Gaio avesse seguito una tradizionale concezione giurisprudenziale dell'*obligatio re contracta* come scaturente da un trasferimento di cosa in proprietà (Rotondi 1922, 40 s.; Biondi 1953, 80; Pugliese 1986, 584 s.; 588 s.), un punto debole consiste nella mancata considerazione della *fiducia*, nella quale, come nel mutuo e nella *solutio indebiti*, viene in questione un passaggio di *res* in proprietà e per la quale, pure, lo stesso Gaio in un luogo precedente aveva parlato di '*contrahere*' (Gai 2.60 '*cum fiducia contrahitur aut cum creditore pignoris iure aut cum amico, quo tutius nostrae res apud eum essent...*'). A giustificare quest'ultima omissione mi pare che non potrebbe invocarsi né una difficoltà di congegnare, in una esposizione elementare, una succinta prospettazione delle numerose ed eterogenee applicazioni della *fiducia* (così Oertmann 1890, 107; Maschi 1971, 693; Fuenteseca 1994, 419 ss.; Noordraven 1999, 140 ss.), ben potendo Gaio limitarsi ad un cenno esemplificativo, né una immaginata accentuazione, nel pensiero gaiano, più del *pactum fiduciae* che del passaggio di proprietà quale elemento obbligante (è la spiegazione proposta, ad es., da Buckland 1931, 256 s.; Cannata 1970, 67; Pugliese 1986, 599; Talamanca 2001, 283; verso di essa avevo mostrato una certa apertura in Falcone 2017, 121 nt. 170).

E ancora, all'idea secondo cui, addirittura, comodato, deposito e pegno non si troverebbero illustrati accanto alla *mutui datio* in quanto essi, in realtà, sarebbero stati considerati dai giuristi classici come contratti consensuali (Cannata 2008, 109 s., a detta del quale la collocazione tra le *obligationes re contractae* che si riscontra nelle *res cottidianae* deriverebbe da un maldestro fraintendimento dell'autore di quest'opera, che Cannata ascrive ad epoca

più volte rimarcato – gli specifici punti di vista e i filtri informativi di Gaio, è possibile supporre che ad indurre il giurista a concentrarsi, nella *sedes materiae*, esclusivamente sulla *mutui datio* e sulla *datio* di un *non debitum* sia stato quel ricorrente puntamento di attenzione su vicende di passaggio della proprietà che si riscontra, nei *commentarii*, in occasione di riferimenti alle obbligazioni da atto lecito.

Con riguardo all'apposita *sedes materiae* delle obbligazioni, si considerino i seguenti riscontri: è sull'impegno a '*dare*' che Gaio incentra le ampie trattazioni relative alle *stipulationes inutiles* (cfr. in particolare Gai 3. 97; 99; 100; 102; 103-103a), agli *adstipulatores* (cfr. Gai 3.112 e 113) e ai garanti personali (cfr. Gai 3.119; 121; 122; 124); a proposito della *transscriptio a re in personam*, egli assume quale oggetto del *debere* trasfuso nella scrittura la *pecunia-pretium* o la *pecunia-merces* o la *pecunia-lucrum* societario (Gai 3.129 '*... id, quod tu ex emptionis causa aut conductionis aut societatis mihi debeas*'); il regime degli acquisti in favore del titolare di *nudum ius Quiritium* è illustrato (§§ 3.166-167a) con riferimento alle sole ipotesi del *mancipio accipere* e di uno *stipulari* avente ad oggetto un *dare*; nel § 3.175 si fa riferimento alle '*res, quae pondere, numero, mensura constant*' quali oggetti di una *damnatio* di *dare* tramite *legatum*; l'illustrazione della *novatio* (§§ 176-179) è impostata interamente su un *debere* avente ad oggetto un trasferimento in proprietà (§ 176 '*Praeterea novatione tollitur obligatio, veluti si quod tu mihi debeas, a Titio dari stipulatus sim...*'); infine, ruota su un *dare rem* il discorso relativo alla *litis contestatio* (§§ 3.189-181). Al di fuori della parte riguardante le obbligazioni, si osservano i seguenti riscontri: Gaio accenna (§§ 2.59-60) al *contrahere fiduciam* nel contesto di un discorso sui modi di acquisto del *dominium* (*usucapio* e *usureceptio*); imposta il discorso sulla capacità di *alienare* delle donne e dei pupilli senza l'intervento del tutore sulla fattispecie del *mutuam pecuniam dare* e sul *solvere* l'obbligazione di ritrasferire la proprietà della somma ricevuta (§§ 2.80-85); menziona lo *stipulari* accanto al *mancipio accipere* e al ricevere attraverso *traditio* in relazione all'acquisto in proprietà tramite sottoposti (§ 2.87).

Questa caratteristica considerazione per tali vicende, come potrebbe aver determinato il rilievo che Gaio assegna proprio al passaggio in proprietà nella descrizione delle due figure considerate[170], così potrebbe, al contempo, aver portato il giurista ad omettere una trattazione

postclassica), è sufficiente opporre, già da sola, la circostanza che lo stesso Gaio palesemente congegna l'elencazione dei quattro contratti consensuali nel § 3.135 come senz'altro esaustiva (cfr. già Falcone 2011, 18 nt. 3).

Per prese di posizione ulteriori rinvio a Saccoccio 2002, 485 ss., la cui personale ricostruzione, peraltro, mi pare presentare un problema di coordinamento tra un'ammissione del valore esemplificativo di '*velut*', con cui Gaio avrebbe lasciato intendere l'esistenza di altre figure, e la formulazione dell'ipotesi circa un allargamento della categoria compiuto solo nelle *res cottidianae* con la ricomprensione di comodato, deposito e pegno (p. 489, 507 e 513).

170 Invero, a ben vedere, l'intera esposizione sulla *mutui datio* consiste unicamente nella sottolineatura che la *res* oggetto dell'operazione negoziale vien data in proprietà. Non soltanto Gaio richiama esplicitamente l'attenzione su questo aspetto, ricorrendo peraltro ad una costruzione prolettica ('*in hoc damus, ut accipientium fiant*') particolarmente efficace a tal fine; ma aggiunge la spiegazione etimologica '*ex meo tuum fit*', la quale tanto più rimarca il dato del trasferimento della proprietà in quanto è collocata in chiusura di discorso; e la stessa indicazione che più direttamente concerne la *res* ('*mutui datio ... in his rebus contingit, quas res pondere, numero, mensura constant, qualis est pecunia* rell.') è, in realtà, direttamente funzionale all'indicazione del modo in cui si realizza il passaggio di dominio: '*quas res aut numerando aut metiendo aut pendendo in hoc damus, ut accipientium fiant...*'. Quanto, poi, alla *datio* di un *non debitum* (§ 91), è palese che la relativa trattazione viene organizzata come prolungamento rispetto a quella concernente la *mutui datio*: '*... nam proinde ei condici potest* SI PARET EUM DARE OPORTERE, *ac si mutuum accepisset ...*'.

apposita per operazioni contrattuali (comodato, deposito e pegno) che codesto trasferimento non comportavano. Ma, come accennato, si tratta di una spiegazione che guarda il dato della mancata illustrazione dei tre contratti alla luce dei contenuti e dei caratteri del complessivo testo pervenutoci. Si vedrà più avanti che questa spiegazione può coordinarsi con un altro tipo di lettura, che inquadra la scelta di Gaio in una ulteriore, più ampia prospettiva[171].

e) Infine, nemmeno la presenza del verbo '*quaeritur*' privo di successivo riscontro impone il tipo di lettura prospettato da Schulz.

In effetti, i casi nei quali Gaio si limita a scrivere '*quaeritur*' lasciando "inesplorata" la questione sono ben nove (Gai 2.90; 94; 95; 3.119; 122; 143; 144; 172; 4.125), a fronte di quattordici casi, nei quali, invece, questa forma verbale è seguita da un riferimento alle diverse posizioni giurisprudenziali o, almeno, dalla segnalazione dell'avvenuto prevalere di un indirizzo.[172] Ebbene, il numero non trascurabile rende, a mio avviso, poco credibile che si tratti di accenni rimasti accidentalmente privi di esplicitazione a causa di una mai completata opera di revisione del testo e, per converso, rende verosimile che siamo in presenza, ancora una volta, di una consapevole scelta di Gaio, il quale, nei casi in questione, avrà ritenuto sufficiente la semplice segnalazione del fatto in sé che un determinato punto è incerto o controverso.

Una scelta che, in effetti, per la maggior parte di queste ricorrenze (sette su nove) può apparire senz'altro giustificabile in relazione all'economia dei rispettivi contesti espositivi. E invero: 1) e 2) nel quadro della rassegna dei casi in cui si realizza un *adquiri per alios*, in Gai 2.90 e 94 Gaio potrebbe aver ritenuto bastevole indicare (anziché protagonisti e posizioni del dibattito) la motivazione di fondo dell'incertezza circa la capacità delle persone *in manu*, *in mancipio* e dei servi in usufrutto ad essere strumenti di acquisto del possesso e cioè il fatto che essi stessi non sono oggetto di *possessio*; 3) lo stesso può ritenersi con riguardo all'incertezza circa l'acquistabilità del possesso *per extraneam personam*, menzionata in Gai 2.95); 4) in vista del confronto tra le figure di garanti personali, l'obiettivo di far risaltare che il *fideiussor* può aggiungersi '*omnibus obligationibus*', anche a quelle *naturales* (§ 3.119a), trova uno strumento adeguato nel semplice cenno al fatto che, invece, la possibilità di intervento di uno *sponsor* o di un *fideipromissor* per le obbligazioni assunte da un servo o da un peregrino era discussa (§ 119); 5) e 6) in ordine alla *locatio-conductio* (Gai 3.143 e 144), la mera presenza di un '*quaeritur*' ben potrebbe spiegarsi con il fatto che i punti controversi ripropongono quelli che Gaio aveva subito prima esaminato in modo analitico, con richiami alle contrapposte posizioni giurisprudenziali, in materia di *emptio-venditio*, giusta la notazione d'esordio '*Locatio et conductio similibus regulis constituitur*' (§ 142): tant'è che, laddove Gaio si occupa di punti controversi ulteriori rispetto a quelli già affrontati in tema di compravendita, fa seguire costantemente il '*quaeritur*' da una descrizione dei termini del dibattito (§§ 3.145; 146; 147); 7) infine, in tema di ammissibilità di una *acceptilatio pro parte* (§ 3.172) il cenno potrebbe non aver avuto seguito in quanto si trattava di una incertezza ormai superata ('*quaesitum est*').

---

[171] *Infra* n. 6, su nt. 289.

[172] Gai 2.79; 200; 2.212; 244; 3.71; 87; 133; 141; 145; 146; 147; 167a; 168; 4.78.

Come per l'assenza, poc'anzi considerata sub *d*), di illustrazione dei contratti reali diversi dal mutuo, anche in questo caso la proposta di spiegazione or ora formulata assume come riferimento la scrittura gaiana in sé presa[173]; ma, come si dirà più avanti, il fenomeno qui considerato potrebbe leggersi anche in un'altra ottica[174], la quale, peraltro, potrebbe giustificare anche gli altri due casi di richiami alla controversialità senza ulteriore esplicitazione.

---

[173] Restando all'interno dell'orizzonte di osservazione costituito dal testo gaiano, pensano che il giurista avrebbe ritenuto sufficiente a fini didattici la semplice segnalazione del fatto che un determinato punto era controverso anche Schwarz 1951, 214 s. (e ivi nt. 53 con specifico riferimento all'inutilizzabilità della semplice segnalazione '*quaeritur*' per giudicare della completezza o meno del testo gaiano); Hackl 1980, 410; da ultimo, Mantovani 2018, 208 s.

[174] *Infra*, n. 6 su nt. 291.

6. Una destinazione esoterica[175]

Se quelli fin qui considerati tra i dati addotti da Schulz lasciano impregiudicata la questione che ci occupa, diversamente stanno le cose per la mancanza di una *praefatio*.

Invero, conformemente a quanto avveniva nelle opere di natura tecnica di altri settori[176], le quali erano accompagnate da un discorso introduttivo che rimane al di qua della specifica trattazione e che descrive la ragion d'essere, la natura o il senso e la finalità del testo che segue[177], anche gli scritti giurisprudenziali destinati alla pubblicazione dovevano esser preceduti da un discorso prefatorio. Certo, i riscontri non sono numerosi, a causa della generale opera di selezione e scomposizione effettuata dai compilatori giustinianei; ma quel che ci è pervenuto offre un materiale sufficiente a postulare l'osservanza di questo *topos* anche nella letteratura giurisprudenziale.

Il caso più noto è costituito dall'introduzione all'opera *ad legem duodecim tabularum* di Gaio[178], che tanto più rileva in quanto deriva proprio dal nostro giurista:

> Gai. 1 *ad l. XII tab.*, D. 1.2.1: *Facturus legum uetustarum interpretationem necessario prius ab urbis initiis repetendum existimaui, non quia uelim uerbosos commentarios facere, sed quod in omnibus rebus animaduerto id perfectum esse, quod ex omnibus suis partibus constaret: et certe cuiusque rei potissima pars principium est. deinde si in foro causas dicentibus nefas ut ita dixerim uidetur esse nulla praefatione facta iudici rem exponere: quanto magis interpretationem promittentibus inconueniens erit omissis initiis atque origine non repetita atque illotis ut ita dixerim manibus protinus materiam interpretationis trac-*

[175] Mutuo la qualifica dall'affermazione di Führmann 1956, 356 «vielleicht waren die Institutionen sowie di R(es) C(ottidianae) esoterische, nur für den Gebrauch der Schulangehörigen bestimmte Werke», nonché dall'intitolazione del più volte richiamato scritto di Liebs '*Esoterische römische Rechtsliteratur*'.

[176] Cfr., per tutti, Janson 1964; Santini, Scivoletto 1990; 1992; 1998.

[177] Un bell'esempio che si è avuto modo di incrociare (a proposito del significato di '*commentarius*') è costituito dalla *praefatio* del *de aquaeductu urbis Romae* di Frontino: cfr. *supra*, n. 1 su nt. 35.

[178] Rinvio, per tutti, allo studio specifico di Albanese 1995, 5 ss. = 2006, 253 ss.

tare? namque nisi fallor istae praefationes et libentius nos ad lectionem propositae materiae producunt et cum ibi uenerimus, euidentiorem praestant intellectum.

Ma in aggiunta a questo, sono attestati estratti di prefazioni anche per il *de excusationibus* di Modestino[179]:

Modest. 1 *excus.*, D. 27.1.1pr.: Ἐρέννιος Μοδεστῖνος Ἐγνατίῳ Δέξτρῳ. Συγγράψας σύγγραμμα, ὡς ἐμοὶ δοκεῖ, χρησιμώτατον, ὅπερ παραίτησιν ἐπιτροπῆς καὶ κουρατορίας ὠνόμασα, τοῦτό σοι πέπομφα. 1. Ποιήσομαι δὲ ὡς ἂν οἷός τε ὦ τὴν περὶ τούτων διδασκαλίαν σαφῆ, ἀφηγούμενος τὰ νόμιμα τῇ τῶν Ἑλλήνων φωνῇ, εἰ καὶ οἶδα δύσφραστα εἶναι αὐτὰ νομιζόμενα πρὸς τὰς τοιαύτας μεταβολάς. 2. Προσθήσω δὲ τῇ τῶν λεγομένων διηγήσει αὐτὰ τὰ τῶν νόμων ῥήματα, εἴ που καὶ τούτου δεηθείην, ἵνα τήν τε τῶν λεκτέων καὶ τὴν τῶν ἀναγνωστέων χρῆσιν ἔχοντες τὸ ὁλόκληρον τοῖς δεομένοις καὶ τὴν ὠφέλειαν παρασχώμεθα[180];

per il *de assis distributione* di Volusio Meciano[181]:

Maec. *assis distrib.* (Hultsch, Metrologic. scriptorum reliquiae, II, p. 61): *Saepenumero, Caesar, animadverti aegre ferentem te, quod assis distributionem et in heredum institutione et in aliis multis necessariam ignotam haberes. Quare ne tam exigua res ingenium tuum ullo modo moraretur, cum partes ipsas tum vocabula et notas proponendas existimavi; et deprehendes distributionem quidem partium infinitam, oppido autem quam exigua vocabula et notas;*

per il *de gradibus et adfinibus* di Paolo[182]:

Paul. *l. sing. de grad. et adfin. et nomin. eor.*, D. 38.10.10pr.: *Iuris consultus cognatorum gradus et adfinium nosse debet, quia legibus hereditates et tutelae ad proximum quemque adgnatum redire consuerunt: sed et edicto praetor proximo cuique cognato dat bonorum possessionem: praeterea lege iudiciorum publicorum contra adfines et cognatos testimonium inuiti dicere non cogimur;*

e per il *de adulteriis liber singularis* di Paolo[183]:

Paul. *l. sing. de adulteriis*, Coll. 4.2.1: *Brevem interpretationem de adulteriis coercendis facturus per ipsa capita ire malui ordinemque legis servare.*

---

[179] Su questa *praefatio* cfr. Pellicciari 1978, 39 ss.; Masiello 1983a, 435 ss.; 1983b, 19 ss.; Mantovani 2019a, 537 ss.; Viarengo 2021, 41 ss.; Maffi 2021, 48 ss.

[180] Per comodità del lettore, riporto la traduzione presente in Schipani 2011: «Erennio Modestino a Egnazio Destro. Avendo scritto un'opera, come a me sembra, utilissima, che ho intitolato 'Delle giustificazioni dalla tutela e dalla curatela', te l'ho inviata. In verità, esporrò un insegnamento chiaro, per quanto possibile, su questo argomento, enunciando le disposizioni in lingua greca, anche se mi è noto che esse sono poco adatte a traduzioni del genere. Aggiungerò, per l'illustrazione dei commenti, le parole stesse delle leggi, se si darà il caso che anche questo sia utile, di modo che, con la disponibilità sia delle cose da dire sia di quelle da recitare, offriamo a quanti ne hanno bisogno una trattazione completa e utile».

[181] Cfr. Fiorucci 2011, 250 ss.; Mantovani 2019b, 177 ss.

[182] Cfr. il contributo di Mantovani citato alla nt. prec.

[183] Masiello 1983a, 436; 1983b,19 s.

6. Una destinazione esoterica

Questa documentazione scampata all'oblio[184] e relativa a scritti di Meciano, Paolo, Modestino e dello stesso Gaio, è sufficiente a far risaltare, per contrasto, la mancanza di un proemio nel testo didattico gaiano[185]. Si tratta di un elemento che, a mio giudizio, si presta a suggerire che il testo non sia stato concepito da Gaio in vista di una sua pubblicazione[186].

---

[184] Masiello, *locc. ult. citt.* ha considerato come *praefatio* anche il frammento del *de officio praefecti praetorio liber singularis* di Carisio, conservato in D. 1.11.1pr.-2: '*Breuiter commemorare necesse est, unde constituendi praefectorum praetorio officii origo manauerit. ad uicem magistri equitum praefectos praetorio antiquitus institutos esse a quibusdam scriptoribus traditum est. nam cum apud ueteres dictatoribus ad tempus summa potestas crederetur et magistros equitum sibi eligerent, qui adsociati participales curae ad militiae gratia secundam post eos potestatem gererent: regimentis rei publicae ad imperatores perpetuos translatis ad similitudinem magistrorum equitum praefecti praetorio a principibus electi sunt. data est plenior eis licentia ad disciplinae publicae emendationem. His cunabulis praefectorum auctoritas initiata in tantum meruit augeri, ut appellari a praefectis praetorio non possit. nam cum ante quaesitum fuisset, an liceret a praefectis praetorio appellare et iure liceret et extarent exempla eorum qui prouocauerint: postea publice sententia principali lecta appellandi facultas interdicta est. credidit enim princeps eos, qui ob singularem industriam explorata eorum fide et grauitate ad huius officii magnitudinem adhibentur, non aliter iudicaturos esse pro sapientia ac luce dignitatis suae, quam ipse foret iudicaturus. Subnixi sunt etiam alio priuilegio praefecti praetorio, ne a sententiis eorum minores aetate ab aliis magistratibus nisi ab ipsis praefectis praetorio restitui possint*'. Sennonché, queste affermazioni non si pongono al di qua della trattazione, come accade nelle *praefationes* in senso proprio della letteratura tecnica (ivi inclusi i riscontri giurisprudenziali richiamati nel testo), che sono esterne e prodromiche rispetto ai contenuti dell'opera, ma costituiscono già parte integrante della trattazione: viene, infatti, tracciata una storia della figura dei *praefecti praetorio*, del prestigio e delle prerogative connessi al loro *officium*.

La stessa circostanza impedisce di considerare (con Fressura, Mantovani 2018, 657 nt. 121) come "*praefatio*" la sezione delle *institutiones* marcianee che contiene le famose citazioni di Demostene e di Crisippo sul νόμος: Marcian. 1 *inst.*, D. 1.3.2: '*Nam et Demosthenes orator sic definit:* τοῦτό ἐστι νόμος, ᾧ πάντας ἀνθρώπους προσήκει πείθεσθαι διὰ πολλά, καὶ μάλιστα ὅτι πᾶς ἐστι νόμος εὕρημα μὲν καὶ δῶρον θεοῦ, δόγμα δὲ ἀνθρώπων φρονίμων, ἐπανόρθωμα δὲ τῶν ἑκουσίων καὶ ἀκουσίων ἁμαρτημάτων, πόλεως δὲ συνθήκη κοινή, καθ' ἣν ἅπασι προσήκει ζῆν τοῖς ἐν τῇ πόλει. *sed et philosophus summae stoicae sapientiae Chrysippus sic incipit libro, quem fecit* περὶ νόμου· ὁ νόμος πάντων ἐστὶ βασιλεὺς θείων τε καὶ ἀνθρωπίνων πραγμάτων· δεῖ δὲ αὐτὸν προστάτην τε εἶναι τῶν καλῶν καὶ τῶν αἰσχρῶν καὶ ἄρχοντα καὶ ἡγεμόνα, καὶ κατὰ τοῦτο κανόνα τε εἶναι δικαίων καὶ ἀδίκων καὶ τῶν φύσει πολιτικῶν ζῴων, προστακτικὸν μὲν ὧν ποιητέον, ἀπαγορευτικὸν δὲ ὧν οὐ ποιητέον'. Anche in questo caso, infatti, siamo in presenza della parte iniziale della vera e propria trattazione, la quale doveva aprirsi con un discorso dedicato, fra l'altro, alla nozione o alle accezioni di *ius*, al *ius naturale* (cui sembra indirizzare almeno la citazione di Crisippo) e al rapporto tra *ius civile* e *ius honorarium* (cfr. D. 1.1.8; D. 1.1.12 e D. 1.3.2).

Quanto, poi, al testo conservato in I. 1.1.2 (*His generaliter cognitis et incipientibus nobis exponere iura populi Romani ita maxime videntur posse tradi commodissime, si primo levi ac simplici, post deinde diligentissima atque exactissima interpretatione singula tradantur. alioquin si statim ab initio rudem adhuc et infirmum animum studiosi multitudine ac varietate rerum oneraverimus, duorum alterum aut desertorem studiorum efficiemus aut cum magno labore eius, saepe etiam cum diffidentia, quae plerumque iuvenes avertit, serius ad id perducemus ad quod leniore via ductus sine magno labore et sine ulla diffidentia maturius perduci potuisset*) – che con ogni verosimiglianza deriva dalle *res cottidianae*: cfr. Ferrini 1901, 330 s.; Mantovani 2018, 224 nt. 80; Falcone 2021, 220 ss. – la sua considerazione quale *praefatio* dell'opera (Mantovani 2018, 222 ss.) rinsalderebbe, certo, la documentazione disponibile; ma è più probabile, a mio avviso, che essa si trovasse dopo alcune notazioni già facenti parte della trattazione: rinvio a Falcone 2021a, 222 ss. Su questo testo cfr. anche *infra*, in nt. 292.

[185] A dispetto di una certa diffusa tendenza (per la quale non è necessario addurre specifiche citazioni) a parlare in termini di *praefatio* o proemio o prologo a proposito di Gai 1.1 o, addirittura, di Gai 1.1-7.

[186] Già Nelson 1981, 74 s. e nt. 110 ha considerato la mancanza di *praefatio* "das schwerwiegendste Indiz" in favore di una non destinazione del testo alla pubblicazione; ma si è limitato a segnalare, per contrasto, unicamente la *praefatio* del commentario di Gaio alle XII Tavole, suscitando, in tal modo, la tiepida accoglienza dell'argomento da parte di Honoré in sede di recensione (Honoré 1990, 469). Ha richiamato la mancanza di *praefatio* (insieme, però, con le pretese tracce di oralità del discorso: *supra*, nt. 18), da ultimo, anche Wibier 2014, 364.

Certo, a tutto concedere e volendo mettere in conto ogni variabile, si potrebbe anche prospettare l'eventualità che, invece, i quattro *commentarii* gaiani fossero, originariamente, preceduti da una *praefatio* e che questa sia caduta nel corso della tradizione che ha portato alla versione conservata nel ms. veronese o che sia stata direttamente omessa da parte del copista del Veronese stesso. Tuttavia, nella medesima direzione di non-concepimento per una pubblicazione orienta un altro elemento di notevole rilievo (e il convergere dei due dati rafforza l'attitudine probatoria di ciascuno di essi): un elemento in ordine al quale, per la sua natura e per il fatto di concernere l'intera scrittura gaiana, non è certo immaginabile un'imputazione alla trasmissione manoscritta. Alludo alla forma del testo, e precisamente alla lingua e allo stile, sì come sono stati ben messi in luce da uno specialista quale Nelson.

Nel fondamentale lavoro *Überlieferung, Aufbau und Stil von Gai Institutiones*, questo studioso, forte della competenza filologica e dell'assidua frequentazione della scrittura gaiana (allora già tradottasi nell'edizione commentata di metà del testo svolta in collaborazione con David), ha offerto una doviziosa rassegna[187] di esempi di "täglich Sprachgebrauch"; di riscontri di una certa *nonchalance* nell'applicazione di regole di grammatica e nella costruzione del periodo; di anacoluti; di abbondanze e pleonasmi; di ellissi di varia natura. E sulla base di siffatte, numerose evidenze ha potuto concludere che Gaio "non ha considerato la cura per l'aspetto esteriore del testo come la sua preoccupazione più importante"[188].

Ebbene, la deduzione che ritengo di dover trarre dalla presenza delle "stilistische Unvollkommenheiten" e "sprachlichen Unebenheiten" è – in linea con il dato della mancanza di *praefatio* – che Gaio non ha voluto scrivere un testo destinato ad essere pubblicato[189], bensì ha messo a punto un materiale didattico finalizzato ad una mera fruizione da parte dei suoi studenti; e che la pubblicazione di questo materiale sia avvenuta su iniziativa di uno dei suoi stessi allievi o magari di un *magister iuris* al quale il testo potrebbe esser pervenuto indipendentemente da una personale frequenza delle lezioni di Gaio[190].

Questa ipotesi di un'originaria destinazione esoterica, mette appena conto esplicitare, non contrasta con la presenza nei *commentarii* di una serie di elementi riguardanti l'architettura compositiva – e cioè: distinzioni e classificazioni (congegnate ora espressamente ora implicitamente in chiave di *divisiones*), enumerazioni, definizioni, differenziazioni, formule di

---

[187] Nelson 1981, 397 ss.

[188] Nelson 1981, 410.

[189] Nelson 1981, 422 nt. 27 parla di "Vorlesungsheft für Studenten" (superando la più cauta posizione di Nelson 1968, 170 nt. 1, in cui questa configurazione era prospettata come semplice eventualità in alternativa all'ipotesi di Schulz). Più di recente, anche Manthe 2000, 185 ha richiamato l'uso "einer wenig gehobenen Umgangssprache" per assumere il testo di Gaio come non congegnato dal giurista per la pubblicazione; ma pensando, a differenza dello studioso olandese, ad una trascrizione della lezione orale da parte di uno studente ("Nachschrift einer Vorlesung"); da ultimo, però, lo stesso studioso ha prospettato l'alternativa tra "Autorexemplar" e "Nachschrift einer Vorlesung" (Manthe 2004, 13).

[190] Oltre a Nelson e a Manthe, nel senso di una pubblicazione avvenuta su iniziativa non gaiana si sono variamente pronunziati, successivamente a Schulz 1946, 162 ss. (= 1968, 289 ss.), anche Wieacker, 1960, 187 s; Liebs 1976, 229 s.; 1997, 192; 2008, 45; Honoré 1990, 469. L'altrui iniziativa 'editoriale' è collocata da Schulz e, dubitativamente, da Wieacker e da Liebs in un tempo successivo alla morte di Gaio; in realtà, nulla impedisce di pensare ad una realizzazione avvenuta mentre Gaio era ancora in attività. Ad ogni modo, la più antica coordinata cronologica di cui disponiamo consiste nella circolazione del testo in ambiente egiziano intorno al 200 d.C., giusta la datazione di P. Oxy. XVII 2103 (contenente, com'è noto, alcuni paragrafi del IV commentario: 4.57; 4.68-72a).

avvio e di transizione, rinvii interni, riepiloghi e annunci di argomenti – che possono ricondursi al modello del cd. 'manuale sistematico'[191]: si tratta, infatti, di una presenza che, semplicemente, conferma quella accuratezza di strategia narrativa, già più su segnalata[192], con la quale Gaio ha calibrato e distribuito le varie informazioni nella mappa della scrittura.

Piuttosto, v'è da chiedersi se l'ipotesi di un materiale didattico destinato dal giurista alla cerchia degli studenti non possa essere completata e precisata meglio. Pur con tutte le cautele del caso, a me sembra che un tentativo in tal senso possa essere compiuto.

Al riguardo, un primo spunto di riflessione potrebbe trarsi dalla circostanza che in tre luoghi dei *commentarii* compare il verbo '*videbimus*' non seguito dallo svolgimento della questione sollevata:

> Gai 2.121: *Quod sane quidem ad masculorum testamenta pertinere certum est; item ad feminarum, quae ideo non utiliter testatae sunt, quod uerbi gratia familiam non uendiderint aut nuncupationis uerba locutae non sint: an autem et ad ea testamenta feminarum, quae sine tutoris auctoritate fecerint, haec constitutio pertineat, uidebimus*[193];

> Gai 3.116: *Sponsor ita interrogatur:* IDEM DARI SPONDES? *fidepromissor ita:* IDEM FIDEPROMITTIS? *fideiussor ita:* IDEM FIDE TVA ESSE IVBES? *uidebimus de his autem, quo nomine possint proprie adpellari, qui ita interrogantur:* IDEM DABIS? IDEM PROMITTIS? IDEM FACIES?[194];

> Gai 3.202: ... *Sed si quid per lasciuiam et non data opera, ut furtum committeretur, factum sit, uidebimus, an utilis actio dari debeat, cum per legem Aquiliam, quae de damno lata est, etiam culpa puniatur.*

I tre luoghi in esame esauriscono gli impieghi di questa forma verbale e ciò rende ai miei occhi difficile da ammettere che, per un'assai curiosa coincidenza, Gaio fosse ogni volta incorso in una distrazione al momento della scrittura o in occasione di successive revisioni della stessa[195]. La coincidenza di tre casi su tre apparirebbe oltremodo singolare anche in un'ottica di incidente meccanico di copiatura. Né ricorrono i presupposti per immaginare che la mancanza di trattazione della questione (pur) preannunciata con il *videbimus* si debba ad una volontaria cancellazione da parte di una mano successiva, giacché nessuno dei tre casi riguarda informazioni di carattere meramente storico o erudito.

---

[191] Su questo modello ellenistico, penetrato nella produzione scientifica romana a partire dal I secolo a.C., mi limito a richiamare le classiche pagine di Führmann 1960, 104 ss. e quelle, recentissime, di Romano 2020, 174 ss., ove sono precisati (178 ss.; 194 ss.) gli elementi or ora elencati nel testo.

[192] *Supra*, nn. 2 e 4 sub *e*).

[193] La *constitutio* in questione è il rescritto di Antonino Pio richiamato nel § precedente: '*Sed uideamus, an etiam si frater aut patruus extent, potiores scriptis heredibus habeantur; rescripto enim imperatoris Antonini significatur eos, qui secundum tabulas testamenti non iure factas bonorum possessionem petierint, posse aduersus eos, qui ab intestato uindicant hereditatem, defendere se per exceptionem doli mali*'.

[194] Da leggere in connessione con il § precedente: '*Pro eo quoque, qui promittit, solent alii obligari, quorum alios sponsores, alios fidepromissores, alios fideiussores appellamus*'.

[195] Secondo la lettura di Schulz 1946, 162 s. (= 1968, 290), il quale, come segnalato, adduce la presenza di questi impieghi di '*videbimus*' quale ulteriore difetto dell'opera.

Stando così le cose, si fa strada l'ipotesi che la spiegazione sia da cercare al di fuori dei *commentarii*. In una prospettiva di questo tipo si è già mosso Quadrato, il quale ha supposto che con il '*videbimus*' Gaio avrebbe rinviato «ad opere da studiarsi in corsi superiori a quello istituzionale, che potrebbero essere state già composte in passato (come quelle alle quali si fa riferimento in Gai 1.188, 3.33 e 3.54), o ad opere future, corrispondenti ad un'attività ulteriore di insegnamento»[196]. Sennonché, pur condividendo il convincimento di fondo, secondo cui il '*videbimus*' si proietta all'esterno dei *commentarii*, a me pare che verso una spiegazione differente orientino le seguenti due circostanze: da un lato, gli impieghi di questa forma verbale in altre opere gaiane sono sempre seguiti da una soluzione della questione posta[197]; dall'altro lato, nel caso del § 2.121 Gaio lascia, sì, in sospeso la questione introdotta dal '*videbimus*', ma, subito dopo averla enunciata, indugia appositamente a precisarne i termini, puntualizzando che l'incertezza oggetto di programmata considerazione si pone solo in ordine ad una determinata ipotesi:

> Gai 2.122: *Loquimur autem de his scilicet feminis, quae non in legitima parentum aut patronorum tutela sunt, sed [de his] quae alterius generis tutores habent, qui etiam inuiti coguntur auctores fieri. alioquin parentem et patronum sine auctoritate eius facto testamento non summoueri palam est*[198].

Ebbene, queste due circostanze suggeriscono, a mio avviso, che la forma verbale in esame esprimeva un rinvio non a corsi successivi, bensì a trattazioni dello stesso tema assai più contigue temporalmente e, direi, funzionalmente. Credo che la soluzione più naturale sia pensare alle lezioni orali relative allo stesso corso in relazione al quale Gaio ha approntato i *commentarii*.

Un altro spunto di riflessione potrebbe provenire da un elemento di assai più ampia e generale gittata, che attiene ad una caratterizzazione di fondo della comunicazione didattica e sul quale, proprio per questa estensione, è comunque opportuno soffermarsi specificamente, anche al di là del risvolto che, a mio avviso, si potrebbe riconoscere in ordine alla destinazione del testo. Questo elemento consiste nel tipo di approccio del discorso che possiamo qualificare come operativo-cautelare.

Mi riferisco al fatto che, se già lungo il I commentario è ben riconoscibile, come è stato efficacemente osservato, «la tendenza di Gaio a rappresentare i singoli istituti non per quello che sono in sé e per sé considerati, ma dal punto di vista di ciò che si deve fare per renderli

[196] Quadrato 1979, 20 (per uno spunto cfr., già, Reinach 1950, VIII s.). In particolare, lo studioso barese ha ipotizzato che gli specifici luoghi ai quali il '*videbimus*' rinvia sarebbero contenuti, rispettivamente, nel commento all'*edictum* con riguardo a Gai 2.221 (p. 23), nel commento all'*edictum provinciale* o nella monografia sulle *obligationes verbis* con riguardo a Gai 3.116 (p. 25), nel commento all'*edictum provinciale* con riguardo a Gai 3.202 (p. 29).

[197] Cfr. Gai. 10 *ad ed. prov.*, D. 18.1.35.4; Gai. *l. sing. ad formulam hypothecariam*, D. 20.6.7.1; Gai. *ad ed. praet. urb. tit. de lib. causa*, D. 40.12.25.2. Su questi luoghi del Digesto – curiosamente, non segnalati da David, Nelson 1960, 339, i quali, pure, hanno affrontato appositamente la questione del significato di '*videbimus*' – cfr. Quadrato 1979, 17 ss.

[198] Questa precisazione, peraltro, rende ancor più improbabile l'eventualità che la mancata trattazione della questione posta con il '*videbimus*' del § precedente sia da imputare ad una distrazione da parte di Gaio.

concretamente operanti nella realtà, e quindi di esplicare la loro funzione»[199], una declinazione più marcatamente cautelare di siffatto punto di vista 'dinamico' si incontra nel II commentario e nello scomparto del III dedicato alle *obligationes ex contractu*, nei quali ad assumere il ruolo di autentico filo conduttore e criterio selettivo è un puntamento di attenzione sulle operazioni negoziali, sulle corrette modalità da osservare, sull'efficacia o meno della loro utilizzazione[200].

È opportuno richiamare di seguito le evidenze testuali di siffatta opzione narrativa di Gaio[201].

Con riguardo al II commentario e alla sezione del III sulle *obligationes ex contractu* è già eloquente la frequenza di segnalazioni circa il '*valere*' o '*non valere*' di un atto o di uno schema verbale, il suo '*vires habere*' o '*non habere*', il suo esser stato compiuto '*iure*' o '*non iure*', '*recte*' o '*non recte*', '*utiliter*' o '*inutiliter*' (locuzioni che alludono, tutte, al profilo dell'efficacia, predicando il compiuto dispiegarsi o meno degli effetti propri di un atto o di uno schema verbale e, in definitiva, il configurarsi o meno come giuridicamente sussistente, in connessione con l'osservanza o il mancato rispetto di determinati requisiti o assetti)[202] – segnalazioni spesso affidate ad enunciato del tipo ... *potest* (*possumus*, *posse*), ... *non potest*[203], e a volte accompagnate

---

[199] Zannini 1981, 367 ss. (le parole trascritte sono a p. 368). Questi gli esempi addotti dallo studioso con riguardo al I commentario: Gaio non dice, in chiave dogmatica e astratta, che l'*adoptio* è un modo di acquisto della *patria potestas*, ma che sono in nostra potestà anche coloro che adottiamo; non dice cosa è l'*adoptio*, ma come si compie; non descrive cosa è la *manus* dal punto di vista dei rapporti sostanziali, bensì concentra il discorso sulla *conventio in manum*; non elabora una nozione astratta di *tutela*, ma tratta delle persone che sono sottoposte a tutela e delle modalità con le quali sono istituiti i vari tipi di tutori. Uno spunto nel senso dell'assunzione di un punto di vista dinamico era già in Puchta 1829, 118 ss. = 1851, 224 ss., ripreso da Tondo 2005, 639.

[200] Falcone 2009a, 313 ss.; 2011, 28 ss. Per una possibile ascendenza di questo aspetto del discorso didattico gaiano cfr. *infra*, n. 10 su ntt. 436-437.

[201] La rassegna che segue costituisce una rielaborazione e un approfondimento di quanto segnalato in Falcone 2009a.

[202] Per '*valere/non valere*' cfr. Gai 2.114-115; 119; 124; 131; 144; 151; 218; 244; 270; 281; 289; 3.93; 100; 103; per '*vim, vires habere*' cfr. 2.144; 229; 244; 3.140. Per '*iure*' cfr. 2.108; 120; 144; 145; 146; 147; 148; 151; 3.36; per '*recte*' cfr. Gai 2.85; 106; 109; 132; 196; 218; 232; 238; 244-245; 3.107; 111; 158-159 e 161; 172; per '*utiliter / inutiliter*' e '*utilis/inutilis*' cfr. 2.118; 121; 123; 147; 196; 197; 198; 210; 211; 212; 218; 220; 222; 229; 232; 235; 238; 241; 244; 248; 249; 261; 269; 3.97; 98; 99; 100; 102; 103; 104; 158; 176; 181. Quale riscontro esplicito dell'equipollenza tra le suddette locuzioni basti citare il seguente passaggio di Gai 2.244: ... *Sabinus et Cassius sub condicione recte legari, pure non recte, putant; licet enim vivo testatore possit desinere in potestate heredis esse, ideo tamen inutile legatum intellegi oportere, quia quod nullas uires habiturum foret, si statim post testamentum factum decessisset testator, hoc ideo ualere, quia uitam longius traxerit, absurdum esset* ...

[203] Particolarmente limpide, con riferimento alla prospettiva dell'efficace utilizzabilità o meno di un atto, sono le seguenti attestazioni: Gai 2.229-232 '*Ante heredis institutionem inutiliter legatur, scilicet quia testamenta uim ex institutione heredis accipiunt, ... Pari ratione nec libertas ante heredis institutionem dari potest. Nostri praeceptores nec tutores eo loco dari posse existimant: sed Labeo et Proculus tutorem posse dari, ... Post mortem quoque heredis inutiliter legatur, id est hoc modo:* CVM HERES MEVS MORTVVS ERIT, DO LEGO, AUT DATO. *ita autem recte legatur:* CVM HERES MEVS MORIETVR, *quia non post mortem heredis relinquitur, sed ultimo uitae eius tempore. rursum ita non potest legari:* PRIDIE QVAM HERES MEVS MORIETVR; *quod non pretiosa ratione receptum uidetur*'; Gai 2.269 '*Nam ecce per fideicommissum* <...> *heredis relinqui potest: cum alioquin legatum* <...> *inutile sit*'; Gai 2.270a 'Item legatum codicillis *relictum non aliter ualet, quam si a testatore confirmati fuerint, ...; fideicommissum uero etiam non confirmatis codicillis relinqui potest*'; Gai 3.100 '*Denique inutilis est talis stipulatio, si quis ita dari stipuletur:* POST MORTEM MEAM DARI SPONDES? ... *Rursum ita stipulari non possumus:* PRIDIE QVAM MORIAR, *aut* PRIDIE QVAM MORIERIS, DARI SPONDES?'; Gai 3.172 '*Item quod debetur, pro parte recte soluitur; an autem in partem acceptilatio fieri possit, quaesitum* est'; Gai 3.181 '*Unde fit, ut si legitimo iudicio debitum petiero, postea de eo ipso iure agere non possim, quia inutiliter intendo* DARI MIHI OPORTERE, *quia litis contestatione dari oportere desiit, ...*'. Ma cfr. altresì Gai 3.93-94; 3.104-107; 3.112-113; 3.157-158; 4.4.

da esplicite correlazioni instaurate tra l'assetto o comportamento che si raccomanda di osservare e le conseguenze negative in caso di mancata osservanza[204].

Ma quel che è particolarmente rilevante ai nostri fini è il fatto che non di rado le informazioni e le questioni riflettenti un punto di vista operativo ed un interesse di stampo cautelare costituiscono l'esclusivo contenuto del discorso concernente un determinato tema.

Così, dopo che già l'incipit del II commentario – Gai 2.1: Superiore commentario exposuimus[205] *de iure personarum. modo videamus de rebus, quae vel in nostro patrimonio sunt vel extra nostrum patrimonium habentur* – ha fissato a mo' di coordinata programmatica dell'intera trattazione *de rebus* la precisazione che quest'ultima avrà come punto di riferimento il fenomeno della circolazione delle *res*, le quali, in un determinato momento e in forza di una concreta vicenda, o "sono presenti nel nostro *patrimonium*" o "si trovano fuori dal nostro *patrimonium*"[206]; e dopo che il campo di osservazione è stato ristretto progressivamente alle cose che, per loro natura, sono nella disponibilità dei privati (Gai 2.2-11)[207]; Gaio organizza i contenuti dell'intreccio tematico fra le classificazioni '*res corporales-incorporales*' e '*res mancipi-res nec mancipi*' appositamente in vista dell'indicazione di quali atti devono essere compiuti per poter trasferire efficacemente il *dominium* sulle *res corporales* o la titolarità delle *res incorporales* (§§ 18-39)[208].

---

[204] Cfr. Gai 2.115-116: *Non tamen, ut iure ciuili ualeat testamentum, sufficit ea obseruatio, quam supra exposuimus de familiae uenditione et de testibus et de nuncupatione.* Sed *ante omnia requirendum est, an institutio heredis sollemni more facta sit; nam aliter facta institutione nihil proficit familiam testatoris ita uenire testesque ita adhibere* et ita *nuncupare testamentum*; Gai 2.118: *Obseruandum praeterea est, ut si mulier, quae in tutela est, faciat testamentum, tutore auctore facere debeat: alioquin inutiliter iure ciuili testabitur*; Gai 2.123 '*Item qui filium in potestate habet, curare debet, ut eum uel heredem instituat uel nominatim exheredet; alioquin si eum silentio praeterierit, inutiliter testabitur ...*'; Gai 2.185-187: *Sicut autem liberi homines, ita et serui tam nostri quam alieni heredes scribi possunt. Sed noster seruus simul et liber et heres esse iuberi debet, id est hoc modo:* STICHVS SERVVS MEVS LIBER HERESQVE ESTO, *uel:* HERES LIBERQVE ESTO. *Nam si sine libertate heres institutus sit, etiamsi postea manumissus fuerit a domino, heres esse non potest, quia institutio in persona eius non constitit; ideoque licet alienatus sit, non potest iussu domini noui cernere hereditatem*; Gai 2.261 '*... hoc solum obseruandum est, ne plus quisquam rogetur aliis restituere, quam ipse ex testamento ceperit; nam quod amplius est, inutiliter relinquitur*'.

[205] Integrato sulla base di I. 2.1pr.

[206] Questo è il senso della notazione '*quae – habentur*', e non già la fissazione di una classificazione '*res in patrimonio*' - '*res extra patrimonium*' che avrebbe entificato due gruppi di cose staticamente individuate in base ad una loro qualità intrinseca (l'essere astrattamente suscettibili o insuscettibili di far parte del *patrimonium* dei privati): cfr. Busacca 1981, 93 ss.; Genovese 2007, 2133 ss.; Falcone 2012, 157 ss.

[207] Gai 2.2. *Summa itaque rerum diuisio in duos articulos diducitur: nam aliae sunt diuini iuris, aliae humani.* 3. *Diuini iuris sunt* ... 9. *Quod autem diuini iuris est, id nullius in bonis est: id uero, quod humani* iuris est, plerumque alicuius in bonis est; potest autem et nullius in bonis esse: nam res hereditariae, antequam aliquis heres existat, nullius in bonis sunt *** (*vv. fere 8*) *e domino.* 10. *Hae autem quae humani iuris sunt,* aut publicae sunt *aut priuatae.* 11. *Quae publicae sunt, nullius uidentur in bonis esse; ipsius enim uniuersitatis* esse creduntur. *priuatae sunt, quae singulorum hominum* sunt.

[208] Cfr. Falcone 2011, 32 (con bibl. in nt. 36); 2012, 137; 150 ss.; 161 s. Vale la pena di richiamare, nell'essenziale, i passaggi di questa complessiva articolazione. Essa si apre con l'indicazione della '*magna differentia*' tra *res mancipi* e *nec mancipi*, consistente nel fatto che le *res nec mancipi* si trasferiscono in proprietà con la semplice *traditio* «purché siano *corporales* e perciò suscettibili di *traditio*» (§ 19), mentre per le *res mancipi* occorre la *mancipatio* o la *in iure cessio* (la cui modalità viene descritta nel § 24; per la *mancipatio* si rimanda, nel § 23, al '*superior commentarius*'), ché se, invece, di una *res mancipi* non viene fatta *mancipatio* né *in iure cessio* ma semplice *traditio*, il trasferimento della proprietà si avrà solo tramite l'usucapione (§ 26). A questo punto, il discorso torna sulle *res incorporales*: nei §§ 28-39 Gaio mostra se e quali operazioni negoziali già viste per il trasferimento delle *res corporales* possa valere

Già da solo, questo scomparto espositivo appare, per più versi, davvero emblematico dell'incidenza e delle implicazioni del tipo di approccio operativo-cautelare.

Intanto, la sua complessiva articolazione interna mostra come anche la fissazione di griglie sistematiche, che di primo acchito potrebbe far pensare più ad un interesse di natura teorica e dogmatizzante, può essere in realtà funzionale alla costruzione di un messaggio operativo-cautelare. Da questo punto di vista, le classificazioni '*res corporales-incorporales*' e '*res mancipi-nec mancipi*', con il loro approdare nella illustrazione sulle modalità di circolazione idonee per i diversi tipi di *res*, vanno accostate a riscontri quali: la tripartizione '*heredes necessarii - sui et necessarii - extranei*', la cui descrizione sfocia in un discorso sulla facoltà, per gli *extranei*, di *adire* o meno l'*hereditas* e sulle particolarità dell'atto della *cretio* (Gai 3.152-173); la bipartizione tra *actiones in rem* e *actiones in personam*, i cui dati puramente descrittivi di Gai 4.2-3 preparano il terreno ad una puntualizzazione circa il "non potersi" utilizzare lo schema '*si paret dare oportere*' per richiedere una *res* di cui si è già proprietari (§ 4)[209]; o, ancora, la dicotomia tra *iudicia legitima* e *iudicia imperio continentia*, la quale si articola in una preliminare indicazione dei tratti che distinguono esteriormente le due tipologie

anche per le *res incorporales*. In particolare, come nel § 19 Gaio aveva detto che le *res nec mancipi* si trasferiscono con semplice *traditio* «purché siano *corporales* e perciò suscettibili di *traditio*», così il § 28 ha il seguente contenuto: «Che le *res incorporales* non siano suscettibili di *traditio* è cosa manifesta». E la trattazione prosegue con la precisazione che le servitù urbane possono essere oggetto solo di *in iure cessio*, mentre quelle rustiche possono essere oggetto anche di *mancipatio* (§ 29); con l'avvertenza che l'usufrutto ammette solo la *in iure cessio*, l'esame degli effetti di una *in iure cessio* compiuta dallo stesso usufruttuario e la precisazione che per i fondi provinciali si possono costituire diritti corrispondenti a usufrutto e servitù tramite *pacta et stipulationes*: §§ 30-33); con l'affermazione che anche l'*hereditas* è suscettibile esclusivamente di *in iure cessio* e la descrizione degli effetti patrimonialistici della *in iure cessio hereditatis* (§§ 34-37); e infine, con l'avvertenza che le *obligationes* non ammettono nessuno dei predetti modi con i quali si trasferiscono *res corporales*, dovendosi piuttosto ricorrere o ad una novazione o all'intervento del cessionario come rappresentante processuale (§§ 38-39).

Il punto di vista cui si allude nel testo è espresso, in questi passaggi, dalla presenza di segnalazioni quali: '*in iure cedendo ... efficit, ut*'; '*nihil agi*'; (§ 2.30) '*id efficere potest*' (§ 31); '*in iure cedendo ... alii nihil agit*' (§ 34); '*nullo eorum modo, ... id efficere possum; sed opus est, ut ...*' (§ 38); '*...non poteris ..., sed debes*' (§ 39).

[209] Gai 4.1 Superest, ut de actionibus loquamur. et si quaeramus, *quot genera actionum sint, uerius uidetur duo esse, in rem et in personam. nam qui IIII esse dixerunt ex sponsionum generibus, non animaduerterunt quasdam species actionum inter genera se rettulisse. 2. In personam actio est, qua agimus, quotiens* litigamus *cum aliquo, qui nobis uel ex contractu uel ex delicto obligatus est, id est, cum intendimus* DARE FACERE PRAESTARE OPORTERE. *3. In rem actio est, cum aut corporalem rem intendimus nostram esse aut ius aliquod nobis competere, ... 4. Sic itaque discretis actionibus, certum est non posse nos rem nostram ab alio ita petere*: SI PARET EUM DARE OPORTERE; *nec enim quod nostrum est nobis dari potest, cum scilicet id dari nobis intellegatur, quod* ita datur, ut *nostrum fiat; nec res, quae* nostra iam est, *nostra amplius fieri potest* rell. (su cui Falcone 2003a, 11 e 70 ss.). Che l'indicazione '*non posse*' nel corpo del rilievo '*certum est non posse nos rem nostram ab alio ita petere ...*' chiami in causa la prospettiva dell'efficacia (conformemente ad un impiego ricorrente: *supra*, nt. 203) è mostrato dal fatto che la *ratio* argomentativa '*nec enim - fieri potest*' è la stessa che in Gai 3.99 fonda la qualifica '*inutilis*' di una *stipulatio*: '*Praeterea inutilis est stipulatio, si quis ignorans rem suam esse dari sibi eam stipuletur; quippe quod alicuius est, id ei dari non potest*'.

Per vero, si è sostenuto (Silla 2011, 13 s.) che le notazioni di Gai 4.4 sarebbero state compiute allo scopo di «convincere e spiegare perché si debba preferire la bipartizione rispetto alla quadripartizione» (scil. dei *genera actionum*, indicati nel § 1). Sennonché, lo stesso modo con cui è costruito il discorso, con l'incipit '*Sic itaque discretis actionibus*' (in cui l'ablativo assoluto è accompagnato dall'avverbio '*itaque*'), mostra in modo inequivoco che la bipartizione '*actiones in rem - actiones in personam*' viene assunta come acquisito dato di partenza, rispetto al quale il '*certum est non posse nos* rell.' descrive una conseguenza e non già un elemento addotto a sostegno probatorio (che, oltretutto, si rivelerebbe poco opportuno, dal momento che lo stesso Gaio proseguiva il discorso del § 4 segnalando la possibilità di agire contro i ladri sia con un'*actio in rem* sia con un'*actio* formulata in termini di '*si paret eos dare oportere*').

di *iudicia* (Gai 4.103-105) seguita, poi, dalla illustrazione del diverso regime in merito al *posse/non posse 'de eadem re agi'* alla luce della diversa *conceptio* dell'*intentio* (§§ 106-107)[210].

In secondo luogo, è significativo il dato negativo della mancata ricomprensione del *dominium* nell'elenco delle *res incorporales*. Anziché derivare, come si è sovente ritenuto, da una presunta concezione romana della proprietà come "incorporata" nella (o "identificata" con la) cosa materiale che ne costituisce oggetto[211] – spiegazione ostacolata da alcuni significativi richiami di Gaio alla *proprietas* giusto all'interno dei paragrafi in questione[212] –, questa assenza è, più semplicemente, un portato dell'angolazione espositiva adottata da Gaio e cioè dell'attenzione apposita per le appropriate modalità di circolazione delle *res*: invero, come la considerazione delle *res corporales*, accanto a quelle *incorporales*, quali entità patrimoniali oggetto di circolazione doveva con ogni naturalezza far sì che le cose materiali venissero in questione in quanto cose in proprietà, così l'inquadramento del *dominium* tra le *res quae tangi non possunt* è stato evitato in quanto avrebbe comportato una contraddizione tra il fatto che la proprietà delle *res nec mancipi* si trasmette per semplice *traditio* e il fatto che, però, la *traditio* stessa non può applicarsi ad una *res incorporalis*[213]. Si tratta, dunque, di un esempio dell'incidenza che il peculiare punto di vista operativo-cautelare del discorso determina sugli specifici contenuti dello stesso e, più in particolare, sui concreti termini di un impianto sistematizzante.

E ancora, un esempio del già richiamato fenomeno di selezione delle informazioni in funzione del particolare contesto e 'taglio' narrativo è offerto dal discorso sul trasferimento di *res nec mancipi* tramite *traditio* svolto nei §§ 2.19-20: '*Magna autem differentia est inter mancipi res et nec mancipi. Nam res nec mancipi ipsa traditione pleno iure alterius fiunt, si modo corporales sunt et ob id recipiunt traditionem. Itaque si tibi uestem uel aurum uel argentum tradidero siue ex venditionis causa siue ex donationis siue quauis alia ex causa, statim tua fit ea res, si modo ego eius dominus sim*'. Mi riferisco, propriamente, alla circostanza che Gaio, esemplificando con riguardo a qualsiasi *causa* di acquisto, inclusa la *causa venditionis*, non solo non accenna al regime riconosciuto dalle XII Tavole, secondo cui le cose '*... venditae ... et traditae non aliter emptori adquiruntur, quam si is venditori pretium solverit vel alio modo satisfecerit*' (I. 2.1.41), ma, di più, parla tout-court di effetto traslativo immediato della *traditio*: '*statim tua res fit, si modo ego eius dominus sim*'. Si ritiene generalmente che quest'ultima indicazione sollevi un problema di compatibilità con l'esistenza del predetto regime decemvirale (e, ancor più, con la circostanza che il riferito

---

[210] Il testo di Gai 4.106-107 è trascritto *supra*, in nt. 68. Attraverso il confronto con le affermazioni di Gai 3.181 (riportato *ibid.*) si può osservare la corrispondenza tra '*non posse agere*' e '*inutiliter intendere*'.

[211] Affolter 1897, 374 ss.; Girard 1924, 264; Bonfante 1926, 9 s. (= 1966, 12 s.); Betti 1942, 354 nt. 10; Albanese, 1949, 389 s.; Villey 1949, 429 s.; Pugliese 1951, 252 ss. (= 1985, 240 ss.); Biondi 1959, 1014; Grosso 1974, 43; Gioffredi 1980, 252; Cursi 2004, 182; Romeo 2010, 72 e 77 nt. 156; Brutti 2011, 264; Turelli 2012, 8 s.

[212] Segnatamente, Gaio contrappone la *nuda proprietas* e l'*usufructus* sotto il profilo dei poteri o situazioni giuridiche spettanti ai rispettivi titolari; e, addirittura, assume la *proprietas*, anziché la cosa corporale, quale oggetto della *mancipatio* (*... in mancipanda proprietate ...*)! Cfr., rispettivamente, Gai 2.30: *Usufructus in iure cessionem tantum recipit: nam dominus proprietatis alii usumfructum in iure cedere potest, ut ille usumfructum habeat et ipse nudam proprietatem retineat. ipse usufructuarius in iure cedendo domino proprietatis usumfructum efficit, ut a se discedat et conuertatur in proprietatem; alii uero in iure cedendo nihilo minus ius suum retinet: creditur enim ea cessione nihil agi*; e Gai 2.33: *Quod autem diximus usumfructum in iure cessionem tantum recipere, non est temere dictum, quamuis etiam per mancipationem constitui possit eo, quod in mancipanda proprietate detrahi potest; non enim ipse usufructus mancipatur, sed cum in mancipanda proprietate deducatur, eo fit, ut apud alium usufructus, apud alium proprietas sit* (cfr. Falcone 2012, 163 s.).

[213] Stolfi 2006, 142; 2019, 77; Falcone 2012, 165.

testo di I. 2.1.41 con ogni verosimiglianza è stato formulato dallo stesso Gaio, nelle *res cottidianae*), problema che ci si è sforzati in vario modo di risolvere[214]. Ma in realtà l'ellittica indicazione di Gai 2.19-20 si giustifica con la circostanza che il giurista ha come unico e diretto obiettivo quello di mettere a fuoco la '*magna differentia*' che intercorre tra *res nec mancipi* e *res mancipi* quanto agli atti che ne consentono la circolazione e, in quest'ottica, di evidenziare la sufficienza-idoneità della *traditio* in sé a trasferire subito il dominio di una *res nec mancipi* (... *Itaque* ... *statim tua fit ea res, si modo ego eius dominus sim*) in contrapposizione alla necessità di attendere, invece, il compimento del *tempus usucapionis* qualora la *traditio* sia applicata a *res mancipi* (cfr. Gai 2.26, mutilo, ma dall'inequivoco incipit '*Quodsi neque mancipata neque in iure cessa sit res mancipi*'): in funzione di questo specifico ed esclusivo puntamento di attenzione sulla *traditio* in sé, considerata in chiave di differenziazione collegata al tipo di oggetto (*res nec mancipi* e *corporalis*), Gaio poteva dire che l'immediatezza di effetto traslativo si verificava in relazione a qualsiasi *causa*, senza dover avvertire di eventuali particolarità di regime delle operazioni (tra esse, la *venditio*) per le quali l'atto traslativo soleva compiersi.

Il discorso sull'*alienare* da parte dei *pupilli* e delle *feminae* senza l'*auctoritas tutoris* (§§ 2.80-85) è interamente impostato su riferimenti ad atti che è o non è possibile compiere (ben 9 sono le indicazioni improntate sul verbo *posse*) e sulle conseguenze di tali atti: trasferimento o meno del dominio, efficace costituzione o meno di una *obligatio* (§§ 81-82), concludente esperibilità di un'*actio*, utilizzabilità di una *exceptio* (§§ 82 e 84); possibilità o meno di '*recte solvere*' (§§ 84-85)[215].

La complessiva materia delle '*hereditates quae ex testamento obveniunt*' rivela l'angolazione operativo-cautelare già attraverso le stesse tematiche affrontate: formalità dei vari tipi di testamento, anche in chiave di evoluzione storica (§§ 2.101-108); possibilità di evitare la '*diligens observatio*' di queste formalità (§ 109); *testamenti factio*, quale condizione perché un testamento '*valeat*' (§§ 110-114); requisiti formali da rispettare in relazione alla *heredis institutio* (§§ 115-117); limiti e presupposti di efficacia di un testamento fatto dalla donna *sine tutoris auctoritate* (§§ 118-122); requisiti formali e operatività della *exheredatio* (§§ 123-132), essa stessa considerata nell'ottica cautelare dell'efficacia del testamento[216]; casi nei quali il testamento *rumpitur* (§§ 133-146); *bonorum possessio secundum tabulas* (§§ 147-150), eplicitamente presentata quale

---

[214] Per tutti, in tempi recenti, cfr. Viaro 2011, 197 ss.; Roncati 2015, 83 ss.

[215] Gai 2.80. *Nunc admonendi sumus neque feminam neque pupillum sine tutoris auctoritate rem mancipi alienare posse; nec mancipi uero feminam quidem posse, pupillum non posse.* 81. *Ideoque si quando mulier mutuam pecuniam alicui sine tutoris auctoritate dederit, quia facit eam accipientis, cum scilicet pecunia res nec mancipi sit, contrahit obligationem.* 82. *At si pupillus idem fecerit, quia non facit accipientis sine tutoris auctoritate pecuniam, nullam contrahit obligationem: unde pupillus uindicare quidem nummos suos potest, sicubi extent, id est eos petere,* <...> 83. *At ex contrario omnes res tam mancipi quam nec mancipi mulieribus et pupillis sine tutoris auctoritate solui possunt, quoniam meliorem condicionem suam facere eis etiam sine tutoris auctoritate concessum est.* 84. *Itaque si debitor pecuniam pupillo soluat, facit quidem pecuniam pupilli, sed ipse non liberatur, quia nullam obligationem pupillus sine tutoris auctoritate dissoluere potest, quia nullius rei alienatio ei sine tutoris auctoritate concessa est.* 85. *Mulieri uero etiam sine tutoris auctoritate recte solui potest: nam qui soluit, liberatur obligatione, quia res nec mancipi, ut proxume diximus, a se dimittere mulieres etiam sine tutoris auctoritate possunt.*

La mancata considerazione della peculiare prospettiva cautelare che regge anche questa sezione espositiva e, più particolarmente, il mancato apprezzamento della portata concettuale della qualificazione '*recte (solvere)*' ha determinato la grave critica mossa alla genuinità dei §§ 2.83-84 da parte di Solazzi 1934, 323 (= 1972, 293): rinvio a Falcone 2009a, 316 nt. 10.

[216] Come mostra l'avvio della trattazione in Gai 2.123 '*Item qui filium in potestate habet curare debet, ut eum vel heredem instituat vel nominatim exheredet: alioquin si eum silentio praeterierit, inutiliter testabitur* ...'.

rimedio ad una carenza di efficacia del testamento[217]; possibilità di *infirmare* un testamento '*iure factum*' (§§ 151-151a); tripartizione '*heredes necessarii - sui et necessarii - extranei*', impostata, come detto, in funzione di un discorso sulla libertà, per gli *extranei*, di *adire* o meno l'*hereditas* e sulle peculiarità della *cretio* (§§ 152-173); indicazioni sui requisiti formali della *substitutio* (§§ 174-184), anche con esplicite avvertenze circa la modalità più sicura (§ 181)[218]; requisiti formali ed effetti della *heredis institutio* di un servo (§§ 185-190).

Quanto al tema dei *legata* (§§ 2.191-245), l'approccio in esame, puntato sul profilo dell'operazione negoziale, come ha influenzato la stessa collocazione dell'istituto in coda alla trattazione sul *testamentum* (anziché tra i modi di acquisto di singole *res*)[219], così ha modellato i concreti contenuti dell'articolata trattazione, la quale è interamente dedicata alle specificità formali dei diversi tipi di *legatum*, ai loro effetti e al confronto tra questi, alla rassegna dei casi nei quali una *res* è '*recte*', '*utiliter*' o '*inutiliter*' *legata*. Analogamente, il tema dei fedecommessi universali (§§ 2.246-259), dopo la raccomandazione che la *rogatio* venga preceduta da una *heredis institutio*, senza la quale il testamento sarebbe '*inutile*' (§ 248), e dopo l'indicazione dei *verba* precativi utilizzabili (§§ 249-250), ha come ossatura la descrizione del regime delle cautele adibite per l'erede e per il beneficiario del fedecommesso, dall'originario meccanismo delle *stipulationes* agli interventi dei senatoconsulti Trebelliano e Pegasiano (§§ 252-259); mentre l'illustrazione dei fedecommessi riguardanti *res singulae* si articola principalmente intorno alla segnalazione delle differenze, sul piano dell'utilizzabilità o meno, rispetto ai legati.

È di tutta evidenza, poi, che l'intero settore relativo alle *obligationes ex contractu* ha come primario oggetto di osservazione il compimento degli atti obbliganti[220]: di essi si indicano i requisiti necessari per la corretta conclusione, l'elemento discriminante tra la sussistenza e la non-sussistenza, cioè tra l'efficacia e la non-efficacia, le differenze tra un tipo e l'altro di schema negoziale. Di fatto, l'illustrazione sui singoli contratti si esaurisce in siffatte informazioni, restando fuori dal raggio di attenzione profili connessi alle prestazioni dovute dalle parti, ai criteri di responsabilità, alla tutela processuale[221].

---

217 Cfr. Gai 2.147: *Non tamen per omnia inutilia sunt ea testamenta, quae vel ab initio non iure facta sunt vel iure facta postea inrita facta aut rupta sunt. Nam si septem testium signis signata sint testamenta, potest scriptus heres secundum tabulas bonorum possessionem petere ...*

218 '*... Sed longe tutius est utrumque genus substitutionis separatim in inferioribus tabulis consignari ...*'.

219 Cfr. le affermazioni di Gai 2.97 e 2.191.

220 Il che si traduce, al livello terminologico, nel ricorso al segno '*obligatio*' anche per indicare l'atto che fa nascere il rapporto obbligatorio: Gai 3.92-93; 131; 134; 136; 137 (forse, anche Gai 3.128; 135 e 170, segnalati da Dumont 1963, 10): cfr. Falcone 2009a, 318 nt. 14. Al di fuori dello specifico ambito delle *obligationes* cfr. la designazione dell'*aditio hereditatis* come '*obligatio*' in Gai 2.35-36 (trascritto *supra*, in nt. 66).

221 Invero, l'assai generico cenno al contenuto del rapporto obbligatorio che compare nel § 3.137 '*... in his contractibus alter alteri obligatur de eo, quod alterum alteri ex bono et aequo praestare oportet ...*' è direttamente funzionale a far emergere la differenza, sul piano degli effetti, rispetto ad altri atti obbliganti: '*cum alioquin in verborum obligationibus alius stipuletur alius promittat et in nominibus alius expensum ferendo obliget, alius obligetur*'; e i ripetuti riferimenti al '*mandati teneri*' e all''*actionem habere/non habere*' nei §§ 3.155-156, 160 e 161 dipendono, da un lato, dall'iniziale impostazione in chiave di alternativa tra casi nei quali il *mandatum* '*consistit*' (e cioè, l'atto-*obligatio* '*contrahitur*') e casi nei quali il *mandatum* è '*supervacuum*', dall'altro lato, dall'attenzione dedicata alle conseguenze della morte di una delle parti e dell'eccesso di mandato. Quanto ai criteri di responsabilità, un richiamo ad essi è compiuto solo in occasione della trattazione del *furtum*, al fine di mostrare in quali circostanze è il *dominus* che ha interesse ad agire con l'*actio furti* (§§ 3.206-207).

Così la trattazione sul mutuo (§ 3.90)[222] si risolve in una precisazione sulla *datio*, la quale si compie secondo le modalità del *numerare*, del *pendere* e del *metiri*[223] in vista del raggiungimento di un determinato effetto giuridico ('... *quas res aut numerando aut pendendo aut metiendo in hoc damus ut accipientium fiant* ...').

Nel § 3.91, dopo l'iniziale informazione secondo cui '*re obligatur*' anche colui che riceve da parte di chi *solvit per errorem*, Gaio fa confluire l'accostamento della fattispecie alla *mutui datio* nella questione, di natura cautelare, dell'efficacia della *datio* compiuta nelle mani di un pupillo o di una donna *sine tutoris auctoritate*[224]; ed esprime perplessità circa l'inquadramento della fattispecie tra le *obligationes ex contractu*[225] in ragione di una circostanza che attiene al profilo del risultato al quale (nelle intenzioni del *dans*) deve condurre l'operazione (e non già, come si tende a ricostruire, in ragione di una circostanza di ordine dogmatico quale l'inesistenza di una *conventio*).

La trattazione sulla *stipulatio* è imperniata sulla indicazione-prescrizione delle parole che è possibile o meno utilizzare (§§ 3.92-95) e sull'ampia, articolata rassegna dei casi in cui una *stipulatio* è '*inutilis*', '*non valet*', '*non habet vigorem*' (§§ 97-109).

L'illustrazione sull'intervento dell'*adstipulator* (§§ 3.110-114) è interamente condotta in chiave cautelare: dall'affermazione che il debitore '*recte solvit*' nei suoi confronti (§§ 111) alla precisazione che l'*adstipulator* '*potest*' utilizzare *verba* diversi da quelli usati dallo stipulante (§ 112), dalla segnalazione che '*potest*' *minus*, ma non anche *plus adstipulari* (§ 113) alla menzione del *ius singulare* che si osserva in relazione ai sottoposti, con la connessa indicazione di quando un sottoposto *nihil agit*, e cioè compie un atto che non ha efficacia, o, invece, *agit aliquid* (§ 114).

Analogamente, con riguardo alle stipulazioni di garanzia (§§ 3.115-127) Gaio, dopo avere indicato i relativi *verba*, richiama il maggiore ambito applicativo delle stesse rispetto all'intervento dell'*adstipulator*, che presenta come espediente a fronte di un caso di *stipulatio* '*inutilis*'[226]; quindi, precisa che lo *sponsor* e il *fideipromissor* possono essere "aggiunti" solo in relazione alle *obligationes verborum*, e anche qualora il promittente avesse concluso *stipulationes* prive di efficacia, e che esiste una disputa giurisprudenziale circa l'utilizzabilità di *sponsor* e *fideipromissor* per il caso di *obligatio* assunta da un servo o da un peregrino[227]; contrappone a questi dati due circostanze che attengono al *fide-*

---

[222] Il testo è trascritto *supra*, n. 5 sub *d*).

[223] Per il *numerare* e il *pendere* quali particolari 'modalità' del *dare* cfr. Gai 2.122 '... *qui dabat olim pecuniam non numerabat sed appendebat*'.

[224] '... *Unde quidam putant pupillum aut mulierem, cui sine tutoris auctoritate non debitum per errorem datum est, non teneri condictione, non magis quam mutui datione* ...'.

[225] '... *Sed haec species obligationis non videtur ex contractu consistere, quia is qui solvendi animo dat magis distrahere vult negotium quam contrahere*'.

[226] Gai 3.117 '... *adstipulatorem vero fere tunc solum adhibemus, cum ita stipulamur, ut aliquid post mortem nostram detur*. <...> *stipulando nihil agimus, adhibetur adstipulator, ut is post mortem nostram agat* ...'. L'esplicita qualificazione di questa *stipulatio* come '*inutilis*' è in Gai 3.100.

[227] Gai 3.119 '... *illi quidem nullis obligationibus accedere possunt nisi uerborum, quamuis interdum ipse, qui promiserit, non fuerit obligatus, uelut si* mulier *aut pupillus sine tutoris auctoritate aut quilibet post mortem suam dari promiserit. at illud quaeritur, si seruus aut peregrinus spoponderit, an pro eo sponsor aut fidepromissor obligetur*....'. Per queste ipotesi di *stipulationes* cfr. Gai 3.110; 107; 108.

iussor[228] e precisamente il fatto che costui può essere aggiunto '*omnibus obligationibus*' e cioè '*siue re siue uerbis siue litteris siue consensu contractae fuerint obligationes*'[229], e che non importa se l'*obligatio* sia *civilis* o *naturalis*, con la conseguenza che[230], diversamente che per le altre due figure di garanti, è pacifica la possibilità di aggiungere un *fideiussor* ad un'*obligatio* assunta dal servo; e prosegue, poi, fino al termine della trattazione con un'articolata rassegna di elementi discretivi e di elementi comuni alle tre figure di garanti, che attengono, tutti, alle possibilità o ai limiti di applicazione, alla maggiore o minore onerosità delle rispettive posizioni e ai connessi interventi normativi in ausilio.

Gli scarni resti della trattazione sulle *obligationes uno loquente* (§ 3.95a)[231] e il corrispondente brano dell'*Epitome*[232] lasciano agevolmente riconoscere che Gaio, dopo aver descritto la peculiarità del mancato scambio 'interrogazione-risposta', segnalava le possibilità di applicazione della *dotis dictio*, con un richiamo all'esclusiva utilizzabilità di questo schema negoziale da parte del debitore della *mulier* e la necessità, per un soggetto diverso, di '*communi iure obligari*'.

L'intero discorso sulle *obligationes litteris* (§§ 3.128-134) è, a ben considerarne l'interno intreccio, funzionale alla segnalazione di quali siano quelle che obbligano anche i *peregrini* e cioè, in sostanza, possano essere utilizzate da costoro[233]; e contiene al suo interno (§ 131), sempre nella suddetta prospettiva, una puntualizzazione circa la differenza tra la *condicio* dei *nomina arcaria* e quella dei *nomina trascripticia*, fondata sulla operazione obbligante (la *numeratio pecuniae*, in un caso, la scrittura di *litterae*, dall'altro)[234].

---

228 Gai 3.119a: *Fideiussor uero omnibus obligationibus, id est siue re siue uerbis siue litteris siue consensu contractae fuerint obligationes, adici potest.* at *ne illud quidem interest, utrum ciuilis an naturalis obligatio sit, cui adiciatur; adeo quidem, ut pro seruo quoque obligetur, siue extraneus sit, qui a seruo fideiussorem accipiat, siue ipse dominus in id, quod sibi debeatur.*

229 Sui confini di questa contrapposizione, e in particolare sulla portata dell'aggettivo '*omnis*' come collegato esclusivamente al precedente '*nullae obligationes*' e non anche al successivo dualismo '*civilis-naturalis obligatio*', cfr., lucidamente, Longo 1995, 95.

230 Concordo con Longo 1995, 81 ss. circa il significato della locuzione '*adeo quidem ut*' come significante "con la conseguenza che", "per cui", "e quindi". Non reputo, invece, decisiva l'alternativa tra una restituzione '*at*' o '*ac*' prima delle parole '*ne illud quidem interest, utrum ciuilis an naturalis obligatio sit, cui adiciatur*' (su cui Longo 1995, 92 ss.) ai fini della loro interpretazione e del loro rilievo nel quadro della complessiva architettura del discorso.

231 'Sunt et *aliae obligationes* – 7 vv. – *corporal* – 3½ vv. – *si debitor mulieris iussu eius, dum ... doti dicat quod debet: alius autem obligari* hoc *modo non potest. Et ideo si quis alius* – ½ v. – communi *iure obliga* – 1 v. –'.

232 *Gai epit.* 2.9.3: *Sunt et aliae obligationes, quae nulla praecedenti interrogatione contrahi possunt, id est, ut si mulier siue sponso uxor futura, siue iam marito, dotem dicat. Quod tam de mobilibus rebus, quam de fundis fieri potest. Et non solum in hac obligatione ipsa mulier obligatur, sed et pater eius, et debitor ipsius mulieris, si pecuniam, quam illi debebat, sponso creditricis ipse debitor in dotem dixerit. Hae tantum tres personae nulla interrogatione praecedente possunt dictione dotis legitime obligari. Aliae uero personae, si pro muliere dotem uiro promiserint, communi iure obligari debent, id est, ut et interrogata respondeant, et stipulata promittant.*

233 Gai 3.128: *Litteris obligatio fit ueluti in nominibus transscripticiis* ... 131. *Alia causa est eorum nominum, quae arcaria uocantur. in his enim rei, non litterarum obligatio consistit, quippe non aliter ualent, quam si numerata sit pecunia; numeratio autem pecuniae rei facit obligationem.* ... 132. *Unde* non *proprie dicitur arcariis nominibus etiam peregrinos obligari, quia non ipso nomine, sed numeratione pecuniae obligantur; quod genus obligationis iuris gentium est.* 133. *Transscripticiis uero nominibus an obligentur peregrini, merito quaeritur, quia quodam modo iuris ciuilis est talis obligatio; quod Neruae placuit. Sabino autem et Cassio uisum est, si a re in personam fiat nomen transscripticium, etiam peregrinos obligari; si uero a persona in personam, non obligari.* 134. *Praeterea litterarum obligatio fieri uidetur chirografis et syngraphis, ... quod genus obligationis proprium peregrinorum est.*

234 Con la conseguenza che 'non *proprie dicitur arcariis nominibus etiam peregrinos obligari*', giacché l'elemento obbligante riferibile al *ius gentium* è, in questo caso, la precedente *numeratio pecuniae*: Gai 3.132 (cfr. nt. prec.), su cui Nelson, Manthe 1999, 213 s.

Nella breve cornice introduttiva sui contratti consensuali[235] Gaio precisa che '*sufficit*' che le parti si siano accordate, senza che sia richiesta alcuna *proprietas verborum* o *scripturae*, cioè senza che occorra alcun requisito particolare dell'atto obbligante (§ 3.136), traendone l'implicazione che, a differenza delle *verborum obligationes*, le operazioni in esame possono compiersi *inter absentes*[236]; e aggiunge che, diversamente da quanto avviene in caso di *verborum obligatio* e di *nomina transcripticia*, "*his contractibus*" si producono effetti obbligatori a carico di tutte le parti (§ 3.137)[237].

In tema di compravendita[238], Gaio esordisce con la precisazione che l'operazione può dirsi compiuta in presenza di un *convenire de pretio*, sebbene il *pretium* non sia stato ancora versato (§ 3.139); avverte, quindi, che il *pretium* "deve" essere *certum* affinché l'accordarsi possa senz'altro '*habere vim*', essendo, invece, controversa l'efficacia di un accordo che rimetta la determinazione del *pretium* ad un soggetto diverso dal venditore e dal compratore (§ 140); e infine, avverte che il *pretium* "deve" consistere in *pecunia numerata*, essendo dibattuta la configurazione come *emptio-venditio* di un'operazione che preveda l'impiego, come *pretium*, di cose diverse dalla *pecunia numerata* (§ 141). Si tratta di una segnalazione di *regulae*[239] che assicurano un risultato negoziale inequivoco in quanto unanimemente riconosciuto e ammesso dai giuristi, laddove la loro mancata osservanza espone l'operazione a difformità di vedute e a conseguenze che vanno dall'inefficacia dell'atto posto in essere al suo configurarsi quale atto di altro tipo[240].

In materia di *locatio-conductio* Gaio, in una prima parte della trattazione, segue da vicino la traccia del discorso sull'*emptio-venditio*, precisando che è incerta la configurazione quale *locatio-conductio* di un accordo che preveda una mercede non '*certa*' o espressa in una *res* di-

---

235 Gai 3.135. *Consensu fiunt obligationes in emptionibus et uenditionibus, locationibus conductionibus, societatibus, mandatis.* 136. *Ideo autem istis modis consensu dicimus obligationes contrahi, quod neque uerborum neque scripturae ulla proprietas desideratur, sed sufficit eos, qui negotium gerunt, consensisse. unde inter absentes quoque talia negotia contrahuntur, ueluti per epistulam aut per internuntium, cum alioquin uerborum obligatio inter absentes fieri non possit.* 137. *Item in his contractibus alter alteri obligatur de eo, quod alterum alteri ex bono et aequo praestare oportet, cum alioquin in uerborum obligationibus alius stipuletur alius promittat et in nominibus alius expensum ferendo obliget alius obligetur.*

236 Laddove dal '*sufficit consensisse*' di Gai 3.136 i moderni interpreti si impegnano a trarre conseguenze di ordine dogmatico circa la concezione (gaiana e non solo) del *contractus*.

237 *Supra*, nt. 221.

238 Gai 3.139. *Emptio* et uenditio contrahitur, *cum de pretio conuenerit, quamuis nondum pretium numeratum sit ac ne arra quidem data fuerit* ... 140. *Pretium autem certum esse debet. nam alioquin si ita inter nos conuenerit, ut quanti Titius rem aestimauerit, tanti sit empta, Labeo negauit ullam uim hoc negotium habere; cuius opinionem Cassius probat. Ofilius et eam emptionem et uenditionem* esse putauit (?); *cuius opinionem Proculus secutus est.* 141. *Item pretium in numerata pecunia consistere debet.* nam *in ceteris rebus an pretium esse possit, ... ualde quaeritur. nostri praeceptores putant etiam in alia re posse consistere pretium; unde illud est, quod uulgo putant per permutationem rerum emptionem et uenditionem contrahi, eamque speciem emptionis uenditionisque uetustissimam esse ...; diuersae scholae auctores dissentiunt aliudque esse existimant permutationem rerum, aliud emptionem et uenditionem; ... sed ait Caelius Sabinus ...*'. Sulla possibile integrazione '*esse putavit*', o altra simile, del § 140 rinvio a Falcone 2015, 39 nt. 1.

239 La considerazione, da parte di Gaio, delle due affermazioni '*Pretium certum esse debet*' (§ 140) e '*Pretium in numerata pecunia consistere debet*' (§ 141) come '*regulae*' si desume dall'esordio della successiva e correlata esposizione in tema di locazione: Gai 3.142 '*Locatio autem et conductio similibus regulis* constituitur (?)'.

240 Su tutto ciò rinvio a Falcone 2015, 39 ss., spec. 53 ss.

versa dalla *pecunia* (§§ 3.142-144)[241]; quindi, a conferma della *familiaritas* tra *locatio conductio* ed *emptio venditio* (§ 145), si sofferma su alcune incertezze interpretative e divergenze di posizioni in merito alla riconducibilità di un accordo all'uno o all'altro dei due schemi negoziali (§§ 146-147)[242].

Il discorso sulla *societas*, dopo un generico accenno a varie tipologie, affronta la '*magna quaestio*' circa la possibilità di costituire una *societas* con un particolare accordo sulla ripartizione dei profitti e delle perdite (§ 3.149)[243]; prosegue con l'indicazione di casi nei quali la *societas* '*manet*' o '*solvitur*' (§§ 151-154); e si conclude con la nota contrapposizione tra la *societas* che si contrae *nudo consensu*, da un lato, e il *consortium ercto non cito* e la *societas* che si poteva contrarre tra *extranei* '*certa legis actione*' ad imitazione del *consortium*, dall'altro (§§ 154-154b)[244].

La trattazione sul *mandatum* inizia con la precisazione che il *mandatum* '*consistit*', '*contrahitur*', cioè si configura come atto che produce effetto obbligatorio, se è '*nostra gratia*' o '*aliena gratia*' e non anche se è '*tua gratia*' (§§ 155-156). L'esposizione prosegue con l'esame di altre ipotesi nelle quali il mandato '*non contrahitur*' (§ 157) e cioè è '*inutile*' (§ 158; l'equivalenza tra queste indicazioni concettuali è rivelata dall''*item*' che lega i due paragrafi). Gaio considera, quindi, un paio di casi nei quali un *mandatum* costituito efficacemente (*recte*) '*evanescit*', '*solvitur*' (§§ 159-160); nonché le conseguenze che, qualora un soggetto *cui recte mandaverim, egressus fuerit mandatum*, si producono dal punto di vista della possibilità di *agere* da parte dell'uno come dell'altro contraente (§ 161)[245]. Infine chiude l'illustrazione, con particolare risalto[246], la fissazione della differenza tra l'operazione-*mandatum* e l'operazione-*locatio* in relazione all'assenza di una remunerazione (§ 162).

La maggior parte della trattazione sull'acquisto di posizioni creditorie tramite terze persone (§§ 3.163-167a) è incentrata sugli effetti di una determinata operazione negoziale: nel § 166 Gaio riferisce l'opinione di alcuni giuristi, per i quali il servo non acquista al titolare di

---

241 Gai 3.142. *Locatio autem et conductio similibus regulis* constituitur (?); *nisi enim merces certa statuta sit, non videtur locatio et conductio contrahi*. 143. *Unde si alieno arbitrio merces permissa sit, ... quaeritur, an locatio et conductio contrahatur* ... 144. Item *si rem tibi utendam dederim et invicem aliam rem utendam acceperim, quaeritur an locatio et conductio contrahatur*.

Su queste affermazioni nel loro complesso nonché sul valore del '*non videtur*' del § 142 come esprimente mancanza di oggettiva evidenza cfr. Falcone 2015, 51 s., ove si sottolineano le implicazioni in ordine alla logica del discorso concernente l'*emptio-venditio*.

242 Gai 3.146. *Item si gladiatores ea lege tibi tradiderim, ut in singulos, qui integri exierint, pro sudore denarii* XX *mihi darentur, in eos uero singulos, qui occisi aut debilitati fuerint, denarii mille, quaeritur, utrum emptio et uenditio an locatio et conductio contrahatur*. .... 147. *Item quaeritur, si cum aurifice mihi conuenerit, ut is ex auro suo certi ponderis certaeque formae anulos mihi faceret et acciperet uerbi gratia denarios* CC, *utrum emptio et uenditio an locatio et conductio contrahatur*. ... Su queste dispute cfr., ultimamente, la specifica indagine di Longo 2019.

243 Sulla *quaestio* cfr. per tutti, in tempi recenti, Santucci 2014, 331 ss.; Sciortino 2019, 89 ss.; Starace 2020, 1 ss.

244 Merita un'apposita segnalazione il ricorso, nel § 154b, ad una rappresentazione in termini di possibilità operative: '*Alii quoque, qui volebant eandem habere societatem, poterant id consequi apud praetorem certa legis actione*'. Analoga costruzione è adottata in Gai 2.31 '... *in prouincialibus praediis siue quis usumfructum siue ius eundi agendi ... ceteraque similia iura constituere uelit, pactionibus et stipulationibus id efficere potest*'; in Gai 2.38 '... *quod mihi ab aliquo debetur, id si uelim tibi deberi, nullo eorum modo, quibus res corporales ad alium transferuntur, id efficere possum; sed opus est, ut*...'; e in Gai 3.169 '*quod enim ex verborum obligatione tibi debeam, id si velis mihi remittere, poterit sic fieri, ut*...'.

245 Sulla presentazione del *mandatum* quale contratto che comporta l'esposizione per entrambe le parti ad un esperimento processuale cfr. Falcone 2009a, 323 nt. 32.

246 Sulla portata della locuzione '*in summa*' (con la quale si apre l'informazione in esame) cfr. *supra*, su ntt. 47-58, ove è anche trascritto il testo di Gai 3.162.

nudum ius Quiritium nemmeno se inserisca il nome di questo nel formulario della *stipulatio* e della *mancipatio*; nel § 167 informa che, in caso di inserimento nel formulario, da parte del *servus communis*, del nome di uno dei comproprietari, l'acquisto si produce solo in favore di quest'ultimo; e richiama, infine, una disputa tra le due scuole in merito al prodursi o meno del medesimo effetto in presenza di un *iussum* di uno solo tra i comproprietari (§ 167a)[247].

La prospettiva operativo-cautelare si riconosce, infine, anche nella trattazione sui cd. modi di estinzione delle *obligationes*[248]. Così, nel § 3.168 Gaio non dice *sic et simpliciter*, in chiave dogmatica, che l'*obligatio tollitur* tramite la *solutio*, bensì '*solutione eius quod debeatur*', allo scopo apposito di avvertire che, invece, è incerta l'efficacia pienamente liberatoria del *solvere* '*aliud pro alio*'[249]. Con riguardo all'*acceptilatio*[250] Gaio avverte (§ 3.170) che essa è utilizzabile solo per le *obligationes verbis*, laddove per le altre si può efficacemente ricorrere all'espediente del *deducere in stipulationem* (sulla cui base compiere, poi, *acceptilatio*); afferma che la *mulier sine tutoris auctoritate* non può compiere *acceptilatio*, mentre può essere destinataria di una efficace *solutio* (§ 171)[251]; precisa, infine, che, mentre ciò che è dovuto *pro parte* '*recte solvitur*', è discusso '*an in partem acceptum fieri possit*' (§ 172). La *solutio per aes et libram* è illustrata con apposita attenzione per gli schemi verbali che devono essere utilizzati e per gli ambiti di applicazione degli stessi (§§ 174-175). La *novatio* è considerata sotto il profilo del rischio di '*amittere*' o '*perdere rem*': già in apertura di trattazione (§ 176), l'istituto è presentato come uno strumento da utilizzare con accortezza, avvertendo Gaio che la *prior obligatio* '*tollitur*' anche se la *posterior* sia '*inutilis*' ('*quo casu rem amitto*: *nam prior debitor liberatur et posterior obligatio nulla est*')[252]; e la questione del '*perdere rem*' è al centro dell'articolato discorso concernente l'ipotesi in cui l'*aliquid novi* consiste nell'aggiunta di una condizione (§

[247] Gai 3.166. ... *qui nudum ius Quiritium in seruo habet, licet dominus sit, minus tamen iuris in ea re habere intellegitur quam usufructuarius et bonae fidei possessor. nam placet ex nulla causa ei adquiri posse, adeo ut, etsi nominatim ei dari stipulatus fuerit seruus mancipioue nomine eius acceperit, quidam existiment nihil ei adquiri.* 167. *Communem seruum pro dominica parte dominis adquirere certum est, excepto eo, quod uni nominatim stipulando aut mancipio accipiendo illi soli adquirit, uelut cum ita stipuletur:* TITIO DOMINO MEO DARI SPONDES? *aut cum ita mancipio accipiat:* HANC REM EX IURE QUIRITIUM LUCII TITII DOMINI MEI ESSE AIO, EAQUE EI EMPTA ESTO HOC AERE AENEAQVE LIBRA. 167a. *Illud quaeritur,* an *quod nomen domini adiectum efficit, idem faciat unius ex dominis iussum intercedens. nostri praeceptores proinde ei, qui iusserit, soli adquiri existimant, atque si nominatim ei soli stipulatus esset servus mancipiove quid accepisset; diversae scholae auctores proinde utrisque adquiri putant, ac si nullius iussum intervenisset.*

[248] Sulla non rispondenza di questa categorizzazione al punto di vista adottato da Gaio cfr. *infra*, n. 12; sulla collocazione di questa sezione espositiva cfr. *infra*, n. 8 su ntt. 368-371.

[249] Gai 3.168: *Tollitur autem obligatio praecipue solutione eius, quod debeatur. unde quaeritur, si quis consentiente creditore aliud pro alio soluerit, utrum ipso iure liberetur, quod nostris praeceptoribus placuit, an ipso iure maneat obligatus, sed aduersus petentem per exceptionem doli mali defendi debeat, quod diuersae scholae auctoribus uisum est.*

[250] Presentata nel § 3.169, in termini di 'possibilità operativa': *supra*, insieme con altri riscontri di questa rappresentazione.

[251] La contrapposizione tra i due casi era già stata congegnata, sempre in ottica cautelare, in Gai 2.85 (*supra*, nt. 215).

[252] Gai 3.176: *Praeterea nouatione tollitur obligatio ueluti si quod tu mihi debeas, a Titio dari stipulatus sim; nam interuentu nouae personae noua nascitur obligatio et prima tollitur translata in posteriorem, adeo ut interdum, licet posterior stipulatio inutilis sit, tamen prima nouationis iure tollatur, ueluti si quod mihi debes, a Titio post mortem eius uel a muliere pupilloue sine tutoris auctoritate stipulatus fuero; quo casu rem amitto; nam et prior debitor liberatur, et posterior obligatio nulla est. non idem iuris est, si a seruo stipulatus fuero; nam tunc* prior *proinde adhuc obligatus tenetur, ac si postea a nullo stipulatus fuissem.*

3.179)[253]. Con riferimento alla *litis contestatio*, infine, Gaio precisa in quali casi una nuova *intentio* viene congegnata '*inutiliter*', nel senso che il creditore '*ipso iure agere non potest*', e in quali casi, invece, il creditore '*agere potest*' ma '*summoveri debet*' tramite lo strumento dell'*exceptio* (§ 3.181)[254].

Questo stesso tipo di approccio caratterizza anche il IV commentario.

Rinviando, per un'approfondita registrazione delle evidenze testuali e per la loro analitica interpretazione, ad un'apposita disamina svolta anni addietro[255], basterà qui richiamare i punti essenziali e alcuni riscontri di particolare rilievo.

Un primo punto consiste in ciò, che il filo conduttore dell'intera trattazione *de actionibus* è dato da una considerazione delle *actiones* stesse quali schemi verbali, *conceptiones verborum*.

Si considerino, in proposito, le seguenti circostanze.

Le due sole distinzioni impostate in modo diretto ed esplicito sulla figura dell'*actio* – '*actiones in rem-actiones in personam*' (Gai 4.2-4); '*actiones quae ad legis actionem exprimuntur-actiones quae sua vi ac potestate constant*' (Gai 4.10) – sono congegnate con riferimento alla *conceptio verborum*[256]. Lo

[253] Gai 3.179: *Quod autem diximus, si condicio adiciatur, nouationem fieri, sic intellegi* oportet, *ut ita dicamus factam nouationem, si condicio extiterit; alioquin si defecerit, durat prior obligatio. sed uideamus, num is, qui eo nomine agat, doli mali aut pacti conuenti exceptione possit summoueri, quia uidetur inter eos id actum, ut ita ea res peteretur, si posterioris stipulationis exstiterit condicio. Seruius tamen Sulpicius existimauit statim et pendente condicione nouationem fieri, et si defecerit condicio, ex neutra causa agi posse* et *eo modo rem perire; qui consequenter et illud respondit, si quis id, quod sibi L. Titius deberet, a seruo fuerit stipulatus, nouationem fieri et rem perire, quia cum seruo agi non posset.* sed *in utroque casu alio iure utimur. nec magis his casibus nouatio fit, quam si id, quod tu mihi debeas, a peregrino, cum quo sponsus communio non est,* SPONDES *uerbo stipulatus sim.*

[254] Il testo è riportato *supra*, in nt. 203, quale esempio della concettualizzazione '*non posse*' in chiave cautelare.

[255] Falcone 2003a, *passim* e spec.: 8 ss., per la considerazione delle *actiones* quali schemi verbali; 62 ss., per la declinazione in senso strumentale; 81 ss., per la prospettiva cautelare.

[256] L'intero blocco dei §§ 2-4 è trascritto *supra*, in nt. 209. In Gai 4.2 l'*actio in personam* è presentata come uno strumento da utilizzare in certe circostanze («è *in personam* l'*actio* con la quale agiamo contro qualcuno che è a noi obbligato *ex contractu* o *ex delicto*») e questo strumento viene individuato tramite i *verba* dell'*intentio*: '*id est, cum intendimus* DARE FACERE PRAESTARE OPORTERE'; la prospettiva non muta con riguardo all'*actio in rem* (§ 3), come è rivelato, pur in mancanza di una citazione dei *verba*, dall'identica articolazione '*in rem actio est, ... cum intendimus...*'. Questa prospettazione del dualismo '*actiones in rem - actiones in personam*' dal punto di vista del tenore dell'*intentio* è confermata dai rilievi svolti nel § 4, che si pongono come immediato svolgimento e proiezione della distinzione subito prima fissata ('*Sic itaque discretis actionibus ...*': cfr. *infra*, nt. 264): non solo Gaio, per indicare lo strumento dell'*agere*, del quale si esclude la praticabilità, ricorre, nuovamente, ad una *conceptio verborum* ('*non posse nos rem nostram ab alio ita petere* SI PARET EUM DARE OPORTERE'), ma, poco oltre, nel quadro dello stesso ragionamento, impiega '*actio*' come significante senz'altro un determinato schema verbale: '*receptum est, ut ... fures etiam hac actione teneantur:* SI PARET EOS DARE OPORTERE'. La *conceptio verborum*, cioè, non è più (soltanto) l'elemento centrale dell'*actio*, è essa stessa '*actio*'.

Quanto all'equivalenza tra '*actio*' e *conceptio verborum* nella contrapposizione tra *actiones* che '*ad legis actionem exprimuntur*' e *actiones* che '*sua vi ac potestate constant*' (Gai 4.10), essa è già rivelata dall'impiego in sé di '*exprimere*', che nel manuale gaiano è costantemente utilizzato in relazione a *verba* (Gai 3.76; 3.93; 4.64; 4.114; 4.182; per altri riscontri nel *corpus* gaiano cfr. D. 30.65.1; 35.1.69; 35.2.81.2; 44.6.3; 45.3.28.3); e trova conferma nel dettato del § 33 '*Nulla autem formula ad condictionis fictionem exprimitur. Sive enim pecuniam sive rem aliquam certam debitam nobis petamus, eam ipsam* DARI NOBIS OPORTERE *intendimus; nec ullam adiungimus condictionis fictionem. Itaque simul intellegimus eas formulas, quibus pecuniam aut rem aliquam nobis* DARI OPORTERE *intendimus, sua vi ac potestate valere. Eiusdem naturae sunt actiones commodati, fiduciae, negotiorum gestorum et aliae innumerabiles*', in cui la discriminante tra i due tipi di *formulae* è con evidenza fatta risiedere nel dato squisitamente formale dell'inserimento o meno di una *fictio*: '*nec ullam adiungimus ... fictionem*'.

stesso dicasi con riguardo alla presentazione delle '*actiones quas in usu veteres habuerunt*' (§ 11) e dello strumento vigente ai tempi di Gaio, il '*litigare per concepta verba*' (§ 30)[257].

L'intera trattazione sull'*agere* formulare (§§ 31-114) è una successione di questioni legate ai segmenti del testo della *formula*, per lo più affrontate con apposita attenzione per il dettato formale e per la tecnica del *concipere verba*. In particolare: Gaio si occupa di *fictiones* di *legis actio* inserite nella *formula* (§§ 31a-33); seguono quindi le '*alterius generis fictiones*' (§§ 34-38); la rassegna delle *partes formularum* (§§ 39-44); la distinzione tra *intentio in ius* e *in factum* (§§ 45-47); l'esame del possibile tenore della *condemnatio* (§§ 48-52); il tema del *plus concipere*, concernente l'*intentio*, la *condemnatio* e la *demonstratio* (§§ 53-60); la *compensatio*, anch'essa in relazione alla *conceptio* della *formula* (§§ 61-69; nella lacuna che precede Gaio dovette occuparsi di altre limitazioni della condanna legate al tenore della *formula*); l'approfondimento sulle azioni adiettizie (§§ 69-75) e l'esame della nossalità (§§ 75-81), entrambi collegati al tenore della *condemnatio*; il dualismo *agere/accipere iudicium 'nostro nomine-alieno nomine'*, in funzione del modo di congegnare l'*intentio* e la *condemnatio* nel loro reciproco rapporto (§§ 82-87); l'innesto, sul precedente dualismo, delle *satisdationes* (§§ 88-102)[258]; la distinzione tra *iudicia imperio continentia* e *iudicia legitima*, in vista della riproponibilità dell'*actio* a seconda del tenore dell'*intentio* (§§ 103-109); infine, il tema della '*satisfactio post litem contestatam*', ultima questione connessa alla *conceptio* della *formula* (§ 114)[259].

---

[257] È notevole, al riguardo, la circostanza che le spiegazioni alternative che Gai 4.11 fornisce della locuzione '*legis actiones*' – '*Actiones, quas in usu veteres habuerunt, legis actiones appellabantur, vel ideo, quod legibus proditae erant, quippe tunc edicta praetoris, quibus complures actiones introductae sunt, nondum in usu habebantur, vel ideo, quia ipsarum legum verbis accommodatae erant et ideo immutabiles proinde atque leges observabantur*' – hanno per oggetto il termine '*actiones*', del quale quella locuzione è un'appellativo: '*actiones ... legis actiones appellabantur, vel ideo, quod ...*'. Tenendo conto di ciò, mentre l'affermazione '*actiones legibus proditae erant*' potrebbe attagliarsi anche ad '*actio*' nel senso di complessivo strumento di tutela, la seconda spiegazione risulta determinante, in quanto mostra che Gaio sta parlando di '*actiones*' che erano '*accommodatae legum verbis*' e che '*immutabiles observabantur*'. È indubbio che il richiamo all'immutabilità dell'*actio* si riferisce, in ragione del contesto in cui è inserito, esclusivamente al profilo della pronunzia del formulario (e non anche al rispetto dell'apparato gestuale): infatti, da un lato, il rilievo sull'immutabilità costituisce l'esplicitazione ('*et ideo*') delle parole precedenti, le quali riguardano i *verba* ('*legum verbis accommodatae erant*'), dall'altro lato, è solo alla pronunzia dei *verba* che attiene l'esempio subito dopo addotto per mostrare l'aspetto della immutabilità (perdita della lite a seguito della menzione della parola '*vites*' anziché '*arbores*'). Da ciò appare chiaramente che il termine '*actiones*' con cui Gaio apre il discorso del § 11 è utilizzato come significante senz'altro 'schemi verbali', 'formulari'.

Quanto allo strumento che si sostituisce alle antiche *actiones*, Gaio (§ 30) parla direttamente di '*concepta verba*' ('*Sed istae omnes legis actiones paulatim in odium venerunt: ... per legem Aebutiam et duas Iulias sublatae sunt istae legis actiones, effectumque est, ut per concepta verba, id est per formulas, litigaremus*'). Al qual proposito sembra significativo il fatto che la complessiva affermazione '*per concepta verba litigaremus*', che fa coincidere il nuovo strumento con gli stessi *verba*, non ripropone una indicazione stereotipa e tecnica (del tipo '*per concepta verba agere*', omologa alla locuzione tecnica '*lege agere*'): il ricorso al verbo atecnico '*litigare*' indica che siamo di fronte ad un'autonoma scelta linguistico-concettuale di Gaio, la quale denota, dunque, una voluta e consapevole raffigurazione come schemi verbali delle *actiones* 'in uso' ai suoi tempi.

[258] Sul diretto collegamento con il dualismo *agere/accipere iudicium 'nostro nomine-alieno nomine'* quale ragione del fatto che le *conceptiones- satisdationes* sono considerate all'interno dell'articolato scomparto riguardante le *formulae* (anziché esternamente ad esso, come accade per le *exceptiones* e per le *praescriptiones*), cfr. Falcone 2003a, 54 ss.

[259] Cfr. anche *infra*, n. 8, su ntt. 323-324.

L'*exceptio* e la *praescriptio*, quali oggetti di trattazione, vengono assunte come *conceptiones* a sé stanti rispetto alla *formula*[260].

Gli *interdicta* sono esplicitamente presi in considerazione quali '*formulae et verborum conceptiones*' (§ 139). Una presentazione, questa, tanto più significativa in quanto la trattazione immediatamente precedente[261], non solo era puntellata dalla trascrizione di una pluralità di schemi verbali, ma insisteva sull'uso del termine '*formula*' ('*ita nobis formulam esse propositam, ut praescriptio inserta sit formulae loco demonstrationis*') e, per di più, si chiudeva con le parole '*deinde formula subicitur*': uno stato di cose che costringe ad immaginare un impiego deliberato e consapevole, subito dopo, della descrizione degli interdetti quali '*formulae et verborum conceptiones*'.

Infine, e soprattutto, non solo gli istituti di cui Gaio si occupa in scomparti autonomi della trattazione – *actiones in rem* e *in personam*; *legis actiones*; *formulae*; *satisdationes*; *exceptiones*; *praescriptiones*; *interdicta* – sono tutti, da un punto di vista ontologico, *conceptiones verborum*, ma altresì la complessiva trama dell'esposizione è assunta consapevolmente da Gaio quale sequenza di *conceptiones verborum*, come mostrano, ai due estremi della stessa, la precisazione del § 11 '*actiones, quas in usu veteres habuerunt*'[262] e la precisazione § 139 '*formulae et verborum conceptiones, q u i b u s i n e a r e u t i t u r, interdicta decretave vocantur*'[263].

Un secondo punto è costituito dalla circostanza che le *conceptiones verborum* vengono rappresentate quali strumenti da utilizzare per il raggiungimento di un determinato risultato e che, in questa prospettiva, esse vengono assunte dal punto di vista della loro efficacia, utilità, concludenza. Significativamente, anche questo profilo dell'efficacia e operatività delle *conceptiones verborum* caratterizza le due sole distinzioni espressamente

---

[260] Ciò è mostrato dalle stesse clausole di avvio del discorso: '*Sequitur, ut de exceptionibus dispiciamus*' (§ 115), che assegna alle *exceptiones* un'apposita casella espositiva a sé stante; '*Videamus etiam de praescriptionibus*' (§ 130).

[261] Gai 4.136. *Item admonendi sumus, si cum ipso agamus qui incertum promiserit, ita nobis formulam esse propositam, ut praescriptio inserta sit formulae loco demonstrationis hoc modo:* IUDEX ESTO. QUOD A. AGERIUS DE N. NEGIDIO INCERTUM STIPULATUS EST, CUIUS REI DIES FUIT, QUIDQUID OB EAM REM N. NEGIDIUM A. AGERIO DARE FACERE OPORTET *et reliqua*. 137. *Si cum sponsore aut fideiussore agatur, praescribi solet in persona quidem sponsoris hoc modo:* EA RES AGATUR, QUOD A. AGERIUS DE L. TITIO INCERTUM STIPULATUS EST, QUO NOMINE N. NEGIDIUS SPONSOR EST, CUIUS REI DIES FUIT; *in persona vero fideiussoris:* EA RES AGATUR, QUOD N. NEGIDIUS PRO L. TITIO INCERTUM FIDE SUA ESSE IUSSIT, CUIUS REI DIES FUIT; *deinde formula subicitur.*

[262] Il testo è trascritto *supra*, in nt. 257. L'inequivoca accezione di 'schemi verbali' che in questo § 11 caratterizza il termine '*actiones*' si proietta, tramite la relativa '*quas in usu veteres habuerunt*', sull'intera rassegna successiva di strumenti processuali in uso ai tempi del giurista.

[263] Gai 4.139 '*Certis igitur ex causis praetor aut proconsul principaliter auctoritatem suam finiendis controuersiis interponit. quod tum maxime facit, cum de possessione aut quasi possessione inter aliquos contenditur; et in summa aut iubet aliquid fieri aut fieri prohibet. formulae autem et uerborum conceptiones, quibus in ea re utitur, interdicta decretaue uocantur*'. In effetti, Gaio non dice «gli interdetti sono *formulae et verborum conceptiones* di cui il pretore si serve in certi casi», bensì, dopo aver raffigurato l'ambito di applicazione più ricorrente, afferma: «le *formulae* e le *verborum conceptiones* di cui *i n e a r e* il pretore si serve si chiamano interdetti». Questo andamento del discorso assume come punto di partenza e di riferimento logico-tematico le *formulae et verborum conceptiones*: "quelle che vengono utilizzate per questa ipotesi si chiamano interdetti", è il senso della notazione gaiana. Il che fa intendere che i vari istituti che fino a quel punto avevano costituito altrettanti temi della trattazione erano stati anch'essi considerati da Gaio in quanto schemi verbali. In sostanza, le *formulae et verborum conceptiones* si configurano quasi come un *genus*, al quale è ricondotta la *species* degli *interdicta*.

e direttamente calibrate sulle *actiones*, quelle fissate, come sappiamo, in Gai 4.2-4 e in Gai 4.11[264].

Un terzo e ultimo punto consiste in ciò, che anche la rappresentazione di tipo strumentale in tema di *actiones* confluisce in un intendimento e in un approccio di stampo cautelare, nel senso che le informazioni appaiono orientate verso una prospettazione dei limiti, delle conseguenze, dei vantaggi e dei rischi connessi all'impiego degli strumenti- *conceptiones verborum*.

Questa orientazione si constata, ad esempio, nella segnalazione di quale *formula* sia più adeguata per raggiungere un determinato obiettivo[265]; nel suggerimento a ricorrere ad una determinata *conceptio* piuttosto che ad un'altra[266]; nell'ampio e articolato spazio dedicato alla questione del *plus/minus ponere* da parte dell'attore[267] (motivato dal fatto che Gaio assume l'attore, anziché il pretore, come il soggetto che congegna la *formula* per il caso specifico)[268]; nella stessa ripetuta sottolineatura (Gai 4.11 e 4.30) dell'eventualità, nel *lege agere*, di perdere la lite anche per un errore formale di minima entità, con probabile contrapposizione implicita al ben diverso regime del *plus/minus ponere* nell'*agere per formulas*[269]; nell'insistita presenza di riferimenti al configurarsi o meno di un *periculum*, inteso sia come rischio di perdita della lite[270] sia come esposizione ad una *poena* connessa allo svolgimento dell'*agere*[271]; nella centralità del *periculum-poena* nella trattazione sugli *interdicta*, che, già evidente nella presentazione iniziale dell'istituto[272], costituisce l'ossatura e la stessa ragion d'essere dell'approfondita illustrazione del cd. *agere ex interdicto*[273]; nella presenza nonché nella particolare posizione del tema delle sanzioni per le liti temerarie (§§ 171-182)[274].

Orbene, una prima implicazione che la connotazione operativo-cautelare della complessiva comunicazione gaiana offre con riguardo alla questione, che ci sta occupando, della natura

[264] Con riguardo alla distinzione '*actiones in rem - actiones in personam*' viene in questione la circostanza che essa trova sbocco e completamento nella puntualizzazione del § 4 '*Sic itaque discretis actionibus, certum est n o n p o s s e nos rem nostram ab alio ita petere*: SI PARET EUM DARE OPORTERE; rell.' (cfr. *supra*, nt. 256 e, per il profilo dell'efficacia evocato dal sintagma '*non posse*', *supra*, nt. 203). Con riguardo all'altra distinzione, è sintomatico il fatto che la locuzione '*sua vi ac potestate constare*' del § 11 viene riproposta nel § 33, ma con la variante '*sua vi ac potestate valere*' ('*Nulla autem formula ad condictionis fictionem exprimitur. ... Itaque simul intellegimus eas formulas, quibus pecuniam aut rem aliquam nobis* DARI OPORTERE *intendimus, sua vi ac potestate valere* rell. ...'), posto che, come si è visto (*supra*, nt. 202) il verbo '*valere*', come pure l'equivalente locuzione '*vim, vires habere*', esprime la prospettiva dell'efficacia: in sostanza, il profilo della consistenza, espresso dal verbo '*constare*', combacia con quello della rilevanza pratica in ordine al prodursi di effetti.

[265] Gai 4.74-74a.

[266] Gai 4.131-131a, ove il confronto, in ottica cautelare, tra schemi formulari diversamente congegnati, costituisce il perno della trattazione sulla *praescriptio*.

[267] Gai 4.53-60.

[268] Arg. ex Gai 3.224; 4.35; 41; 53; 57; 68; 86; 139: cfr. Falcone 2003a, 87 ss.

[269] Falcone 2003a, 104 ss.

[270] Gai 4.52-57; 68.

[271] Gai 4.13-14; 17a; 94; 162-165; 167-168; 172.

[272] Gai 4.141: *Nec tamen cum quid iusserit fieri aut fieri prohibuerit, statim peractum est negotium, sed ad iudicem recuperatoresue itur et ibi editis formulis quaeritur, an aliquid aduersus praetoris edictum factum sit uel an factum non sit, quod is fieri iusserit. et modo cum poena agitur modo sine poena: cum poena, uelut cum per sponsionem agitur, sine poena, uelut cum arbiter petitur; et quidem ex prohibitoriis interdictis semper per sponsionem agi solet, ex restitutoriis uero uel exhibitoriis modo per sponsionem, modo per formulam agitur, quae arbitraria uocatur.*

[273] Cfr. Gai 4.162-168: Falcone 2003a, 121 ss.

[274] Falcone 2003a, 141 ss.

del testo pervenutoci consiste in ciò, che, ove si tenga conto della peculiare angolazione narrativa, si può apprezzare la confinazione tematica interna e, segnatamente, il dato dell'assenza di trattazioni apposite su determinati argomenti.

Talché, ad esempio, rispetto ai complessivi contenuti del testo la mancanza di una illustrazione specifica sulla dote – uno dei "difetti", si ricorderà, indicati da Schulz[275] – è un dato che può essere accostato, poniamo, all'assenza di una esposizione *ex professo* di un altro istituto importante quale l'usufrutto.

Invero, come l'usufrutto viene esclusivamente preso in considerazione da Gaio nel quadro del coordinamento tra le distinzioni '*res mancipi - nec mancipi*' e '*res corporales - incorporales*' dal punto di vista della circolazione delle stesse, con la conseguenza che, al posto di una informazione specifica e di natura dogmatica e astratta sull'istituto (nozione o definizione, descrizione dei contenuti del *ius utendi fruendi* o dei poteri del suo titolare), incontriamo: un richiamo alla *in iure cessio* quale modalità di costituzione dell'usufrutto con una distinzione tra un impiego di *in iure cessio* efficace e uno improduttivo di effetti, quindi, l'indicazione della modalità di costituzione dell'usufrutto sui fondi provinciali e infine una precisazione volta a coordinare tra loro l'affermata esclusiva utilizzabilità della *in iure cessio* e la possibilità di ricorrere al '*deducere usumfructum*' in seno ad una *mancipatio*[276]; così l'unica informazione sulla dote avente un certo respiro (e non, come in altri luoghi, la natura di semplice cenno)[277] attiene al compimento di un'operazione negoziale: come si è visto, Gaio si sofferma sulla *dotis dictio* quale esempio di atto obbligante concluso *verbis* (3.95a), in ordine al quale egli,

---

[275] *Supra*, n. 5. Su questa assenza cfr., assai di recente, con difformità di vedute, Stagl 2014, 313 ss.; 2018, 582 ss.; 2019, 153 ss.; e Varvaro 2016, 413 ss.; 2018, 245 ss. A mio avviso, le riserve di Varvaro nei confronti della ricostruzione dello studioso tedesco (a detta del quale l'assenza si spiegherebbe con un ipotizzato configurarsi del regime della dote quale *ius singulare* e con un rimando di Gaio ad una successiva trattazione in un apposito *liber singularis de re uxoria*) sono condivisibili; non lo stesso può dirsi, invece, per il suggerimento (Varvaro 2016, 414 s.) che, in alternativa alle spiegazioni prospettate da Schulz in chiave di incompiutezza di scrittura gaiana, l'assenza della dote possa giustificarsi, come nel caso del *consortium ercto non cito*, pensando ad un'amputazione subìta dal testo gaiano tra il suo confezionamento e la data del ms. veronese: v'è da considerare, infatti, che, diversamente dal *consortium*, la dote non era un istituto divenuto ormai non più attuale (cfr., ad altro proposito, la giusta osservazione di Saccoccio 2002, 487 nt. 47).

[276] Gai 2.30. *Ususfructus in iure cessionem tantum recipit: nam dominus proprietatis alii usumfructum in iure cedere potest, ut ille usumfructum habeat et ipse nudam proprietatem* retineat. *ipse usufructuarius in iure cedendo domino proprietatis usumfructum efficit, ut a se discedat et conuertatur in proprietatem; alii uero in iure cedendo nihilo minus ius suum retinet: creditur enim ea cessione nihil agi.* 31. *Sed haec scilicet in Italicis praediis ita sunt, quia et ipsa praedia ... in iure cessionem recipiunt. alioquin in prouincialibus praediis si ... quis usumfructum ... constituere uelit, pactionibus et stipulationibus id efficere potest; quia ne ipsa quidem praedia mancipationem aut in iure cessionem recipiunt.* 32. *Sed cum ususfructus et hominum et ceterorum animalium constitui possit, intellegere debemus horum usumfructum etiam in prouinciis per in iure cessionem constitui posse.* 33. *Quod autem diximus usumfructum in iure cessionem tantum recipere, non est temere dictum, quamuis etiam per mancipationem constitui possit eo, quod in mancipanda proprietate detrahi potest; non enim ipse ususfructus mancipatur, sed cum in mancipanda proprietate deducatur, eo fit, ut apud alium ususfructus, apud alium proprietas sit.*

[277] Come avviene in Gai 1.178 e 180 (possibilità di *petere tutorem 'dotis constituendae causa'*); 2.63 (limitazione dell'*alienandi potestas* del *maritus* rispetto al *dotale praedium*, quale ipotesi di mancanza di *alienandi potestas* pur in capo a chi sia *dominus*); 3.125 (menzione del credito *dotis nomine* quale uno dei casi per i quali è possibile, *ex lege Cornelia, satis accipere in infinitum*); 4.44 (un esempio di *formula praeiudicialis* è quella con la quale *quaeritur quanta dos sit*); 4.62 (semplice menzione, nell'elenco dei *bonae fidei iudicia*, dell'*actio rei uxoriae*); 4.151 (esempio di *accessio possessionis* rilevante ai fini della tutela interdittale: '*Sed in* UTRUBI *interdicto non solum sua cuique possessio prodest, sed etiam alterius, quam iustum est ei accedere, uelut eius, cui heres extiterit, eiusque, a quo emerit uel ex donatione aut dotis nomine acceperit*').

oltre a menzionare la peculiare modalità *uno loquente*, punta l'attenzione sulla possibilità o meno di efficace utilizzazione[278-279].

Parimenti, per addurre un altro esempio assai vistoso concernente una materia ulteriore, ove si tenga presente il fatto che Gaio ha impostato il IV commentario su una considerazione, in chiave strumental-cautelare, delle *actiones* come 'schemi verbali', non sorprende la mancanza di un discorso apposito sulla *cognitio extra ordinem* – pur distintamente evocata in Gai 2.278-279[280] e pur costituente, al tempo di Gaio, il modello processuale statisticamente predominante nell'àmbito complessivo dell'impero romano[281] –, sol che si consideri che questo modello processuale, com'è risaputo, non era imperniato sull'impiego di predeterminate *conceptiones verborum*: onde non si presentavano, ad esempio, per le parti i rischi connessi ad esigenze di corretta e tempestiva determinazione delle loro ragioni[282], rischi che, invece, avevano portato Gaio a dedicare ampio spazio alla trattazione sul *plus petere* cui poteva incorrere l'attore nel congegnare la *formula*[283].

Ma il dato che più direttamente rileva ai fini del preannunciato tentativo di precisare meglio l'ipotesi circa la destinazione esoterica del testo gaiano consiste nella circostanza che i riscontri dell'approccio operativo-cautelare passati in rapida rassegna mostrano la frequenza di casi di illustrazioni marcatamente unilaterali, condotte, cioè, secondo un rigoroso filtro informativo che determina, in tali casi, non soltanto una selezione dei temi, ma anche, e soprattutto, presentazioni assolutamente parziali, circoscritte e orientate degli stessi temi trattati. Basti ricordare, tra tutti, il caso del discorso sull'*emptio-venditio*, che, pur costituendo illustrazione apposita dell'istituto, consta semplicemente di tre informazioni sull'efficace configurarsi del contratto in relazione al solo elemento- *pretium*: la compravendita '*contrahitur*' una volta che vi sia l'accordo sul *pretium*, il *pretium* "deve" essere definito subito e dalle stesse parti del contratto, il *pretium* "deve" consistere in *pecunia numerata*; o il caso dell'adiacente discorso sulla *locatio-conductio*, dai contenuti un po' più articolati ma impostati e, direi, ancorati in maniera del tutto analoga[284].

Si tratta, allora, di prendere atto non tanto, come si è fatto finora in dottrina, della mancanza di determinati argomenti – un dato negativo, rispetto al quale sarebbe facile e risolutiva la considerazione che «per la sua natura isagogica, nessun *Lehrbuch* è 'completo', nel senso

---

278 *Supra*, su ntt. 231-232.

279 Così come, del resto, non sarebbe un caso se davvero, come si ritiene autorevolmente in base alla sequenza espositiva di I. 4.6.34-35, nel tratto che corrisponde alla lacuna esistente tra Gai 4.60 e 4.61 il giurista si fosse occupato del meccanismo delle *retentiones* consentite dalla *formula* dell'*actio rei uxoriae* (cfr. Huschke 1867, 286 nt. 4; Krüger, Studemund 1899, 172 *ad l.* 7; Baviera 1940, 164 *ad* § 60; De Zulueta 1953, 266; Arangio-Ruiz, Guarino 1998, 167 nt. 1): anche questa volta, infatti, un profilo del regime della dote sarebbe stato considerato da Gaio con qualche specificità (solo) in quanto rispondente a quel filtro selettivo dei contenuti del IV commentario poc'anzi considerato e consistente nell'attenzione, anch'essa di stampo cautelare, per l'utilizzazione delle *conceptiones verborum*.

280 '*Praeterea legata per formulam petimus; fideicommissa vero Romae quidem apud consulem vel apud eum praetorem, qui praecipue de fideicommissis ius dicit, persequimur, in provinciis vero apud praesidem provinciae*'. Sul valore pregnante e tecnico del '*persequi*' in contrapposizione al '*petere per formulam*' cfr. Falcone 2003a, 158 s.

281 Così Talamanca 1987, 25 nt. 171.

282 Cfr., incisivamente, Kaser, Hackl 1996, 485 s.

283 Cfr. Gai 4.53-60, su cui Falcone 2003a, 99 ss.

284 *Supra*, su ntt. 238-242.

che nessuno esaurisce l'intera materia della disciplina che affronta»[285] –, quanto, soprattutto, della ricorrenza di presentazioni di argomenti che sono profondamente caratterizzate dall'angolazione operativo-cautelare e che, di conseguenza, si risolvono in così peculiari e circoscritte informazioni. Ora, è davvero difficile immaginare che presentazioni siffatte potessero esser state avvertite dal loro autore come appropriate ai fini di una pur isagogica descrizione delle materie[286].

Ebbene, questa considerazione concorre con lo spunto poc'anzi tratto dagli impieghi del verbo '*videbimus*'[287] a suggerire l'ipotesi che il testo che Gaio ha congegnato per i suoi studenti consista in una sorta di supporto esterno[288] rispetto allo svolgimento del corso orale di lezioni.

In sostanza, Gaio, in un dato momento della sua esperienza di insegnamento, potrebbe aver inteso mettere a disposizione dei propri allievi un testo contenente un nucleo di informazioni, ripromettendosi di ampliare la latitudine dell'ammaestramento attraverso le lezioni, ora sviluppando e integrando quelle informazioni (a prescindere da espliciti rinvii del tipo '*videbimus*') ora trattando argomenti ulteriori, non considerati nel testo scritto. Il che comporta il profilarsi, a mo' di corollario, di un'ulteriore eventualità, e cioè che taluni dati tematici, i quali, come si è visto, possono già trovare una spiegazione per dir così interna, in quanto li si valuti, cioè, nel quadro dei contenuti complessivi del testo (è il caso, si ricorderà, della presenza di una trattazione del mutuo e della *indebiti solutio*, ma non anche di deposito, comodato e pegno[289]; o della mancanza di trattazione sulla *cognitio extra ordinem*)[290], si giustifichino in più ampia prospettiva con il fatto che Gaio aveva pianificato di affrontare questo o quell'argomento in sede di lezione orale. Con questa chiave di lettura potrebbero intendersi anche la già considerata mancanza di trattazione apposita di istituti quali l'usufrutto e la dote, come, magari, qualcuna tra le altre assenze significative da tempo segnalate in dottrina, dalle obbligazioni naturali ai *pacta*, dal peculio castrense ai contratti innominati. E ancora, in questa stessa ottica allargata potrebbero forse leggersi – perché no? – anche i passaggi dei *commentarii* nei quali Gaio si limita a segnalare, con un semplice '*quaeritur*', che una certa questione è controversa, senza nulla aggiungere su posizioni ed esiti della disputa[291]: nulla impedisce di supporre che Gaio avesse ritenuto didatticamente più opportuno affidare anche l'illustrazione di quei punti controversi alla propria viva voce nel corso delle lezioni.

[285] Romano 2020, 203, con richiamo adesivo all'ipotesi di Quadrato 1979, 36, secondo cui le assenze tematiche si giustificherebbero in chiave di distribuzione della complessiva materia «in sedi e fasi diverse, corrispondenti ad un graduato curriculum scolastico». In questo stesso ordine di idee, Cossa 2013, 71 s. Del resto, quella facente leva sulla natura di 'manuale elementare' è la giustificazione delle assenze tematiche che possiamo considerare tradizionale: per tutti, Kübler 1925, 273.

[286] E ciò anche a mettere in conto una presumibile connotazione più pratico-applicativa che teorico-dogmatica dell'intero *cursus* formativo.

[287] *Supra*, su ntt. 193-198.

[288] Di "supporto esterno" parla, ma in prospettiva diversa, Lantella 1981, 61 nt. 18, nel quadro di una lucida enucleazione dei diversi punti che compongono l'orizzonte problematico dei rapporti tra testo isagogico e attività di insegnamento.

[289] *Supra*, n. 5 sub *d*) *in fine*, ove si è prospettata la possibilità di spiegare questa circostanza alla luce del ricorrente nesso, che si osserva nei *commentarii*, tra *obligationes ex contractu* e trasferimento della proprietà.

[290] *Supra*, su ntt. 280-283.

[291] *Supra*, n. 5 sub *e*).

In quest'orizzonte interpretativo, la stessa iniziativa, che ha preso Gaio in un momento successivo, di redigere e pubblicare le *Res cottidianae*[292], nelle quali, per quel che possiamo constatare dal materiale di confronto pervenutoci, rispetto ai *commentarii* il giurista, oltre a compiere mutamenti di impostazione e di sistematica[293], ha aggiunto la trattazione di temi ulteriori (è il caso, ad esempio, del comodato, deposito e pegno) e arricchito l'illustrazione di temi già considerati (è il caso, ad esempio, dell'*emptio-venditio*)[294], potrebbe anche essere letta quale deliberato superamento – attraverso la composizione di un testo più completo e, per così dire, dotato di vita autonoma rispetto all'insegnamento orale – della precedente stesura di un semplice nucleo di nozioni messo a disposizione degli studenti e da integrare, poi, in sede di svolgimento delle lezioni.

[292] Ho espresso le ragioni per le quali, fino a prova contraria, occorre tener ferma la paternità gaiana di quest'opera, da ultimo, in Falcone 2021a, 215 nt. 61, ove anche indicazioni della più recente letteratura orientata in questo senso (Cenderelli; Martini; Wegmann Stockebrand; Platschek; Mantovani). Quanto all'idea che, a differenza dei *commentarii* 'istituzionali', le *res cottidianae* siano state composte da Gaio in vista della pubblicazione – da ultimo, Liebs 2008, 129 s., ma senza appigli specifici –, mi pare che essa riceva conforto dal dettato di I. 1.1.2 (trascritto *supra*, in nt. 184 *in fine*), che, con verosimiglianza assoluta, è stato escerpito da quest'opera (*ibid.*): con il suo tenore di dichiarazione programmatica e, ancor più, con il suo indirizzarsi alla figura degli studenti in chiave impersonale, l'enunciato in questione si confà, più che ad un materiale didattico messo a disposizione del proprio uditorio, ad un testo pensato per una destinazione generalizzata ed ufficiale al pubblico dei discenti.

[293] Rinvio a Falcone 2021a, 217 e ntt. 72-73. Per un paio di questi mutamenti cfr. anche *infra*, n. 12 *in fine*.

[294] Cfr. D. 18.6.2.1 e D. 18.6.1.16, tratti dal II libro delle *res cottidianae*: le questioni, affrontate in questi frammenti, di distribuzione della responsabilità fra venditore e compratore in relazione alla vendita del vino mostrano quanto più ampia fosse la latitudine, oltre che diverso il 'taglio' espositivo, della trattazione su questo contratto rispetto alle informazioni di Gai 3.139-141, più su richiamate (su ntt. 238-240).

7. 'INSTITUTIONES'

La conclusione che Gaio ha destinato il testo ad una circolazione solo interna alla cerchia dei propri studenti suggerisce un paio di spunti interpretativi che attengono all'attribuzione e al significato del titolo '*institutiones*'.

L'intitolazione è attestata per epoche successive, attraverso la *Collatio*, l'*Epitome Gai* e la Compilazione giustinianea[295], nonché tramite fonti letterarie tarde quali Boezio e Prisciano[296]. Ma, ove si ammetta che il testo era stato congegnato da Gaio per un'esclusiva fruizione da parte dei suoi studenti, è possibile dubitare che lo stesso giurista lo avesse accompagnato con un titolo apposito e, correlatamente, ipotizzare che quest'ultimo sia stato, invece, aggiunto in un secondo momento: da qualcuno degli originari destinatari del testo o dei successivi studenti ai quali esso sarà pervenuto o da qualcuno dei *magistri iuris* che avranno utilizzato il testo per le loro lezioni ovvero ancora, chissà, da qualche fruitore del testo quando quest'ultimo ha preso a circolare anche fuori dagli ambienti scolastici.

L'eventualità di una successiva aggiunta altrui – qua e là assunta autorevolmente e finanche in modo reciso in dottrina, ma senza alcun appiglio apposito[297] – appare, del resto, senz'altro ammissibile e concreta in presenza di una testimonianza esplicita, e risalente allo stesso torno di anni, come quella di Galeno, che descrive una vicenda riguardante proprio un materiale didattico consegnato dal maestro agli studenti.

Nel proemio del *de libris propriis* Galeno afferma che alcuni dei suoi scritti, che avevano finito per circolare pubblicamente, erano stati, piuttosto, da lui confezionati solamente per essere messi a disposizione di amici o studenti che gli avevano chiesto di avere ὑπομνήματα

---

[295] Cfr. *Coll.* 16.2.1 e 16.5.1; *Gai epit.* 1.1; quanto alla documentazione giustinianea, oltre all'*index Florentinus* e alle *inscriptiones* all'interno del Digesto, cfr. cost. *Imp.* 6 (trascritto *infra*, nt. 310).

[296] Boeth. *ad Cic. top.* 5.28 (*PL* 64, 1096): '*in institutionibus*'; '*libro primo institutionum*' (su cui, per tutti, Nelson 1981, 139 ss.; Masuelli 2016, 35 ss.); Priscian. *inst. gramm.* 6.96 (*Keil* II, 282, 8): '*in I institutorum*' (su questa variante cfr. Nelson 1981, 164 e nt. 49).

[297] Wieacker 1960, 187; Führmann 1960, 104 s. nt. 4; implicitamente, Schulz 1946, 160; ritiene "possibile" una origine non gaiana del titolo Liebs 2008, 45.

riguardanti ciò che essi avevano ascoltato dalla sua voce, e precisa che, proprio perché composti non in vista della pubblicazione, questi ὑπομνήματα erano privi di intitolazione (‘χωρὶς ἐπιγραφῆς’):

> Galen. *de libris propriis, praef.* 6: ... φίλοις ἢ μαθηταῖς ἐδίδοτο χωρὶς ἐπιγραφῆς, ὡς ἂν οὐδὲ πρὸς ἔκδοσιν, ἀλλ'αὐτοῖς ἐκείνοις γεγονότα δεηθεῖσιν ὧν ἤκουσαν ἔχειν ὑπομνήματα[298].

E poco oltre, Galeno non solo ripete che, avendo redatto quegli scritti per gli allievi, non aveva indicato alcun titolo, ma riferisce altresì che, quando successivamente quegli stessi testi hanno preso a circolare esternamente e sono pervenuti tra le mani di molti altri soggetti, da parte di costoro fu aggiunto ora questo ora quel titolo (‘ἄλλος ἄλλην ἐπιγραφὴν ἐποιήσατο’):

> Galen. *de libris propriis, praef.* 12: Ἐγὼ δ'ἁπλῶς δοὺς τοῖς μαθηταῖς οὐδὲν ἐπέγραψα· καὶ διὰ τοῦθ' ὕστερον εἰς πολλοὺς ἀφικομένων ἄλλος ἄλλην ἐπιγραφὴν ἐποιήσατο[299].

Attestazioni come queste[300] aprono la strada all'eventualità che anche il maestro Gaio si fosse limitato a fornire agli allievi i *commentarii* senza alcun titolo e che il titolo ‘*Institutiones*’ sia stato apposto da qualcun altro in un momento successivo.

Con quale significato siffatto titolo sarebbe stato applicato al testo gaiano?

È assunto unanime e mai messo in discussione, per il quale possiamo rinunciare a smisurate citazioni bibliografiche, che l'intitolazione ‘*institutiones*’ puntava specificamente a caratterizzare un'opera come testo di insegnamento elementare. In questa direzione hanno giocato un ruolo determinante, da un lato, il confronto con il manuale giustinianeo, alla luce del titolo ‘*Institutionum sive elementorum libri*’ e dei ripetuti riferimenti, nelle costituzioni cd. introduttive, all'essere l'opera funzionale all'avviamento agli studi giuridici[301]; dall'altro lato, su un piano più generale, l'attitudine del verbo ‘*instituere*’ ad indicare uno stadio di insegnamento non approfondito, tale da potere, ad esempio, essere giustapposto all'‘*instruere*’ in un noto passaggio dell'*Enchiridion* di Pomponio[302]. Ed è altresì ricorrente, tra gli studiosi, un richiamo all'intitolazione ‘*institutio oratoria*’ dell'opera di Quintiliano, ancorché tale rife-

[298] Trad. Boudon-Millot 2007: «Je les donnais en effet à des amis ou des disciples, sans titre, dans la pensée qu'ils n'étaient aucunement destinés à la publication, mais à ceux-là memes qui avaient formulé la demande de conserver des notes sur les cours qu'ils avaient écoutés». V. anche *praef.* 9 e c. 14.15.

[299] Trad. Boudon-Millot 2007: «Pour ma part, je les ai tout simplement donnés à mes disciples, sans aucun titre, et ils sont de ce fait arrivés plus tard entre les mains de nombreuses personnes qui leur ont donné différents titres».

[300] Sulle quali cfr., per tutti, Hanson 1998, 28 ss.; Dorandi 2007, 85 ss; Boudon-Millot 2007, 23 ss. Il dato oggettivo, che interessa ai nostri fini, dell'assenza di titolo in ragione del mancato concepimento del testo per una circolazione esterna prescinde dalla questione dell'esatta portata della distinzione, compiuta da Galeno, tra scritti πρὸς ἔκδοσιν e scritti οὐ πρὸς ἔκδοσιν, sulla quale, da ultimo, innovativamente, Singer 2019, 91 ss. (con discussione critica della *communis opinio*).

[301] Cfr. cost. *Imp.* 3-4: ‘*initium eruditionis*’, ‘*legitimae scientiae prima elementa*’, ‘*cunabula iuris*’; cost. *Deo auct.* 11: ‘*rudis animus studiosi simplicibus enutritus*’; cost. *Tanta* 11: ‘*totius eruditionis prima fundamenta atque elementa*’.

[302] Pomp. *l. sing. enchir.*, D. 1.2.2.43, in cui di Servio Sulpicio si riferisce esser stato ‘*institutus*’ da Balbo Lucilio e ‘*instructus*’ soprattutto da Gallo Aquilio. Cfr., da ultimo, Falcone 2020, 193 ss.

rimento sia, in realtà, del tutto fuori luogo, se non altro perché lo stesso Quintiliano precisa che soltanto il libro II dell'opera sarà dedicato ai *'prima elementa'* (*praef.* 21; v.a. *'prima rudimenta'* in 2.5.1), avendo l'intero scritto come scopo, piuttosto, quello di formare un perfetto oratore (*praef.* 9: *'Oratorem instituimus illum perfectum'*).[303]

Che sia, però, questo il significato del termine anche con riguardo all'opera gaiana (e a quelle degli altri giuristi classici per le quali è attestato il titolo *'institutiones'*) non può assumersi con sicurezza.

Se si considerano, infatti, gli impieghi del plurale *'institutiones'* proprio in ambito didattico anteriori al confezionamento del manuale giustinianeo che sono a noi pervenuti, è dato constatare che il termine esprime un'indicazione neutra, priva di qualsiasi connotazione circa il livello, elementare o meno, dei contenuti: *'institutiones'* significa, semplicemente, insegnamenti, *praecepta*. Può trattarsi di insegnamenti assunti nel loro complesso, come ad esempio nelle parole *'Graecis institutionibus eruditi'* di Cic. *nat. deor.* 1.8[304], o come nella più esplicita equivalenza tra *'institutiones'* e *'praecepta'* quale si riscontra in Vitruv. *de arch.* 7 *praef.* 10, là dove l'autore afferma di essersi deciso a *'comparare institutiones'*[305] in conseguenza del fatto che pochi tra i suoi predecessori romani hanno provveduto a *'edere praecepta'* (§ 18)[306]. Ma può trattarsi anche di singoli insegnamenti o istruzioni: in un altro luogo lo stesso Vitruvio (*de arch.* 4.9.1), dopo avere spiegato secondo quali diverse altezze, in relazione al prestigio della singola divinità, vanno collocate le *arae* nei templi rispetto al simulacro conclude che "così, *his institutionibus* si realizzeranno *areae* appropriate quanto alle misurazioni"[307].

Soprattutto, è particolarmente degno di nota il fatto che questo significato del plurale *'institutiones'* come *'praecepta'* è attestato anche con specifico riguardo all'intitolazione di un'opera e che, in un caso, a venire in considerazione sono proprio gli scritti 'istituzionali' dei giuristi classici. Così, se il retore di IV secolo Sulpicius Victor presentando le sue *'i n s t i t u t i o n e s oratoriae'* afferma *"Contuli in ordinem ea, quae fere de oratoria arte t r a d u n t u r"* (Halm

---

[303] Il vero è che l'uso del termine al singolare, *'institutio'*, presente nel titolo quintilianeo allude alla complessiva "formazione" in un determinato sapere o settore di competenza. Come esempi coevi possono citarsi il caso di Frontino, che afferma di aver realizzato il *commentarius* sugli acquedotti *"ad meam institutionem et regulam"* (*supra*, su nt. 35), o il riferimento di Seneca alla *'institutio Stoica'* (*ben.* 2.20.2); per l'epoca gaiana, valga l'affermazione di Gellio (13.17.1) *'... quod Graeci παιδεῖαν vocant, nos eruditionem institutionemque in bonas artis dicimus'*. Questa accezione del sostantivo *'institutio'* corrisponde ad uno dei possibili significati del verbo *'instituere'* e cioè "formare" tout-court, senza limitativo riferimento ad un livello elementare: cfr., per tutti, il già citato impiego quintilianeo *'oratorem instituimus illum perfectum'* (*praef.* 9).

[304] *'... Complures [...] Graecis institutionibus eruditi ea quae didicerant cum civibus suis communicare non poterant, quod illa quae a Graecis accepissent Latine dici posse diffiderent; quo in genere tantum profecisse videmur, ut a Graecis ne verborum quidem copia vinceremur'*.

[305] Propriamente, Vitruvio parla di *'novas institutiones comparare'*, giacché vuol sottolineare che, prendendo le distanze da un esecrabile costume (§§ 3 ss.), egli non ha voluto pubblicare sotto falso nome opere (*indices*) congegnate da altri autori, bensì ad altrui scritti ha attinto per produrre una nuova opera.

[306] *'Cum ergo et antiqui nostri inveniantur non minus quam Graeci fuisse magni architecti et nostra memoria satis multi, et ex his pauci praecepta edidissent, non putavi silendum, sed disposite singulis voluminibus de singulis exponere rebus'*.

[307] *'... Arae spectent ad orientem et semper inferiores sint conlocatae quam simulacra, quae fuerint in aede, uti suspicientes divinitatem, qui supplicant, et sacrificent. disparibus altitudinibus ad sui cuiusque dei decorem componantur. altitudines autem earum sic sunt explicandae, uti Iovi omnibusque caelestibus quam excelsissimae constituantur, Vestae Terrae Matrique humiles conlocentur. ita idoneae his institutionibus explicabuntur modulationibus ararum deformationes'*.

313.2) e in un paio di passaggi parla di '*tradere praecepta*' (Halm 317.1 e 17), dal canto suo Lattanzio nella *praefatio* delle '*divinae institutiones*' offre un riscontro non solo con riguardo alla propria opera, ma anche con riguardo alle *institutiones* dei giuristi. L'apologeta cristiano, infatti, giustifica la decisione di scrivere le '*divinae institutiones*' richiamando l'esistenza di '*institutiones civilis iuris*', che i *prudentes*, avendole messe insieme ('*compositas*'), hanno pubblicato (*ediderunt*):

> Lact. *div. inst.* 1.1: ... *si quidam prudentes, et arbitri aequitatis, institutiones civilis iuris compositas ediderunt, quibus civium dissidentium lites contentionesque sopirent: quanto melius nos et rectius divinas institutiones litteris persequemur* ...?

E quale sia l'accezione di "*institutiones* relative al *ius civile*" si desume dal fatto che le correlate '*institutiones divinae*' sono, appunto, gli 'insegnamenti', i 'precetti' divini (poco prima Lattanzio aveva affermato: '*de praeceptis caelestibus disseremus*')[308].

Dunque, dovendoci attenere ai d a t i t e s t u a l i d i c u i d i s p o n i a m o, quel che può dirsi è che solo nella Compilazione giustinianea si registra una specializzazione del termine '*institutiones*' in prospettiva isagogica ('*initium eruditionis*', '*prima elementa*', '*cunabula*', '*prima fundamenta atque elementa*'), la quale, peraltro, è funzionale ad assecondare l'insistita propaganda imperiale della ideazione di un innovativo percorso didattico complessivo dotato di ragionata gradualità[309]. Per le epoche precedenti, invece, l'accezione del plurale '*institutiones*' come 'insegnamenti' tout-court, senza caratterizzazione alcuna sul piano dei contenuti e del livello di insegnamento/apprendimento, non soltanto è l'unica ad essere testimoniata nelle fonti, ma altresì risulta adottata, tra esse, in quella che – escludendo le mere *inscriptiones* del Digesto e dell'*index Florentinus* e i cenni delle costituzioni introduttive[310] – è la sola attestazione del termine con riguardo ad opere giurisprudenziali (Lact. *div. inst.* 1.1)[311].

Il suggerimento che proviene da questa documentazione è che il titolo '*institutiones*' potrebbe esser stato apposto ai *commentarii* gaiani con riferimento, non già ad un carattere ele-

---

[308] Tanto più l'attestazione di Lattanzio è degna di considerazione in quanto l'autore si era in precedenza formato alla retorica e si era dedicato all'attività forense, onde potrebbe esser stato in apposito contatto con la letteratura giuridica isagogica. Il che è, del resto, confermato dai puntuali riferimenti ad istituti giuridici nel complessivo contrappunto instaurato, nell'immediato seguito, con la formazione in materia teologica alla quale egli si propone di dedicarsi ('... *quanto melius nos et rectius diuinas institutiones litteris persequemur; in quibus non de stillicidiis, aut aquis arcendis, aut de manu conserenda, sed de spe, de uita, de salute, de immortalitate, de Deo loquemur* ...'). Quanto alla rappresentazione degli insegnamenti dei giuristi come funzionali a 'sopire' le controversie tra privati (... *quibus civium dissidentium lites contentionesque sopirent* ...) – che Martini 1988, 431 ha trovato «singolare» –, potrebbe pensarsi o ad una personale rappresentazione di Lattanzio (cfr., tra gli esempi scelti dall'autore, il cenno al *manum conserere*) o che questi avesse ripreso, in forma accorciata, un ordine di idee rinvenuto in qualche *praefatio* di scritto 'istituzionale' a noi non pervenuta.

[309] Su questa propaganda imperiale cfr. Falcone 2010, 288 ss.

[310] Cost. *Imp.* 6 '*Quas ex omnibus antiquorum institutionibus et praecipue ex commentariis Gaii nostri tam institutionum quam rerum cottidianarum aliisque multis commentariis compositas* ...'; cost. *Tanta* 11 '... *libris, quos veteres composuerunt, qui prima legum argumenta continebant et institutiones vocabantur, separatim collectis* ...'.

[311] Alla luce di una siffatta accezione neutra come 'insegnamenti' potrebbe forse spiegarsi la notevole varietà di estensione tra le altre opere circolanti con il medesimo titolo '*institutiones*' (originario o aggiunto che fosse): dai pochi libri di Paolo (due), Ulpiano (due) e Callistrato (tre) ai dodici libri di Fiorentino e ai sedici di Marciano.

mentare e isagogico delle informazioni in essi contenute, bensì, in modo neutro, al fatto che il testo costituiva un insieme di insegnamenti, di *praecepta* del maestro. Al qual riguardo, peraltro, va sottolineato il perfetto coordinamento tra il significato di '*commentarii*' quali raccolte di insegnamenti, che si è più su proposto in via autonoma[312], e l'idea di "mettere insieme" insegnamenti, che, come si è visto poc'anzi, si trova espressa proprio nei due testi che riguardano opere intitolate '*institutiones*': '*contuli in ordinem, ea quae ... traduntur*' (Sulpicius Victor) e '*institutiones iuris civilis compositas ediderunt*' (Lattanzio).

---

312 *Supra*, n. 2 su ntt. 34-38.

8. L'immaginaria rielaborazione di un archetipo

L'insieme delle peculiarità, interne, esteriori, strutturali, che caratterizzano i *commentarii* e che in parte si è avuto modo di constatare nelle pagine che precedono, oltre a contribuire, come si è visto, ad una possibile individuazione della natura e della destinazione degli stessi, ha anche una ricaduta su un importante capitolo della storiografia gaiana relativa ai rapporti fra il testo – la sua genesi, i suoi contenuti – e la tradizione didattica.

Mi riferisco al fatto che la valorizzazione della presenza di codeste peculiarità affranca il testo di Gaio dal sospetto, o dal convincimento, di costituire nulla più che una rielaborazione o aggiornamento di un più antico manuale originato nell'ambito della scuola sabiniano-cassiana[313]: il riferimento è alla nota teoria della "Vorlage" dell'opera, che tanto successo ha avuto nel corso del Novecento[314] e che ancora continua a fare qua e là capolino in letteratura, anche in pagine recentissime.

In effetti, le connessioni sistematiche perseguite sia al livello di macro-partizioni sia al livello di più minuto reticolo espositivo; il collegamento tra le varie informazioni; il dipanarsi del discorso attraverso progressive precisazioni, diramazioni tematiche, correlazioni, contrapposizioni, rimandi e reciproci rapporti di funzionalità tra i contenuti dei vari paragrafi; la tecnica del dosaggio delle informazioni e della loro distribuzione in funzione dello specifico profilo su cui è di volta in volta calibrata l'illustrazione; l'incidenza e la capillarità dell'approccio operativo-cautelare; le particolarità riscontrabili anche nell'impiego delle clausole di passaggio e collegamento – ebbene, tutti questi elementi, con i quali è costruita e organizzata la scrittura dei *commentarii*, depongono senz'altro per una autorialità unitaria, confermando l'intuizione di chi, per primo, aveva riconosciuto già nella semplice esistenza di una coordinata

---

313 Sulla questione della denominazione della scuola rinvio, per tutti, ai contributi di Paricio 2009, 21 ss.; 2020, 103 ss.

314 Alla diffusione e alla persistenza di questo tipo di ricostruzione ha contribuito, insieme con gli studi specifici che di seguito saranno di volta in volta citati, anche l'accoglimento della stessa in trattazioni d'insieme: da Arangio-Ruiz 1931, 225 s. fino a Martini 2000, 109, passando, ad es., per Chiazzese 1948, 233; Riccobono 1949, 71; Jörs, Kunkel, Wenger 1949, 33; Wenger 1953, 509; Grosso 1965, 398 s.; Palazzolo et alii 1995, 115.

intelaiatura sistematica il segno di un concepimento unitario del testo da parte di uno stesso autore[315].

Qualche esempio concreto gioverà a rinsaldare questa conclusione. Prima, però, è il caso di segnalare che, a dispetto della suggestione che l'immaginata esistenza di un archetipo aggiornato da Gaio ha esercitato sulla successiva storiografia, le basi argomentative che hanno accompagnato la genesi di questo indirizzo interpretativo sono, quando effettivamente esistenti[316], già in sé considerate, assai poco solide.

Ciò è da dirsi, anzitutto, per gli indizi che Girard[317] e Kniep[318] hanno voluto riprendere da Paul Krüger, il quale, peraltro, li aveva prospettati in relazione alla non coincidente questione dell'originalità o meno del 'sistema' gaiano[319]. In particolare, quest'ultimo studioso ha sostenuto che il giurista avrebbe collegato «mit einer Verlegenheitswendung» le azioni adiettizie e le azioni nossali (§§ 4.69-81) ai precedenti temi[320], giacché non si sarebbe reso conto che questi due tipi di azioni erano presi in considerazione in quanto strumenti per far valere una responsabilità *alieno nomine* in giustapposizione al fenomeno dell'*agere alieno nomine* (§§ 82-87); e ha inoltre rilevato che i temi della rappresentanza processuale, del dualismo tra *iudicia legitima* e *imperio continentia*, della prescrizione e trasmissibilità

[315] Il riferimento è a Führmann 1960, 184. In quest'ordine di idee si sono posti, ultimamente, Mantovani 2018, 243 ss.; Romano 2020, 202 s.; Battaglia 2020, 232 s. Scettici verso l'ipotesi della *Vorlage* si sono espressamente dichiarati, pur senza contro-argomenti appositi, Honoré 1962, 113; Diosdi 1970, 231; Stanojevic 1989, 67 ss.

[316] Invero, scorrendo la letteratura a cavallo tra la fine dell'Ottocento e i primi anni del secolo successivo, è agevole osservare come l'ipotesi della *Vorlage* sia stata non di rado veicolata attraverso assunti e rimandi bibliografici non supportati da concreti argomenti. È significativo, ad es., l'apparato bibliografico citato da Jörs 1903, 1449 a riscontro della posizione dottrinale secondo cui Gaio «hat eine ältere Vorlage bald mehr, bald weniger stark überarbeitet». Jörs (al quale, peraltro, va riconosciuto il merito di avere, almeno, per proprio conto prospettato un argomento: v. *infra*, nel testo) richiama, infatti, le seguenti *auctoritates*: Wlassak 1888, 134 (il quale, però, allo scopo di difendere l'attendibilità delle notizie offerte da Gaio in tema di *legis actiones*, si limitava ad affermare che Gaio «sicherlich eine geschriebene ältere Quelle verarbeitet»); Mitteis 1898, 168 (ove, però, al fine di giustificare la designazione '*condictiones*' di Gai 4.5, si affermava puramente: «Man sollte nicht übersehen, daß Gaius hier, wie so oft, einer älteren Vorlage folgen dürfte»); Mayr 1900, 75 e nt. 1 (il quale a sua volta aveva giustificato l'affermazione che «seinen Institutionen hat ... ein altes Handbuch zur Vorlage gedient» attraverso il mero rinvio ai suddetti luoghi di Wlassak e Mitteis!); Bekker 1902, 17 (il quale si limitava ad assumere *sic et simpliciter* il testo di Gaio come «mutmaßlich das Schulbuch der Sabinianer in fasslichster und darum letzter Redaktion»).

[317] Girard 1890, 164 s.; v. a. Girard, Senn 1937, 221.

[318] Kniep 1891, 17, con l'esplicita affermazione che «Gaius hat einen alten Grundstock hergenommen und diesen nur leicht überarbeitet». Sulla originale tesi di Kniep circa la riconoscibilità, nei *commentarii*, di ben quattro diversi strati (tra i quali l'antico "Grundstock" pregaiano) – già accennata in vari scritti (Kniep 1885, 461 ss.; 1891, 17 s.; 1900, 26 ss.), la tesi è stata dallo studioso particolarmente sviluppata in Kniep 1910, spec. 57 ss. e applicata nell'edizione dei primi tre *commentarii* (1911-1917) –, la sua mancanza di basi veniva subito mostrata nell'apposita critica di Fehr 1911, spec. 397 s.; cfr. altresì Schulz 1946, 161 (tranciante); Chiazzese 1948, 233 e 254 nt. 201 (pur convinto anch'egli che il testo gaiano consista in un "aggiornamento di un modello anteriore"); e, più di recente, Nelson 1981, 417 s.

[319] Krüger 1888, 188 s. Contro la commistione fra le due questioni aveva messo in guardia lo stesso Krüger nella seconda edizione dell'opera (Krüger 1912, 210 nt. 57), seguito da Kübler 1925, 272; ma il fenomeno si è riproposto, ad es., in Villey 1945, 34 s.

[320] Gai 4.69: *Quia tamen superius mentionem habuimus de actione, qua in peculium filiorum familias seruorumque ageretur, opus est, ut de hac actione et de ceteris, quae eorundem nomine in parentes dominosue dari solent, diligentius admoneamus.*

delle azioni, della *satisfactio* da parte del convenuto prima della sentenza e delle *exceptiones* (§§ 82-137) si succedono senza che Gaio lasci riconoscere la connessione che intercorre tra gli stessi (e che, secondo Krüger, sarebbe consistita nel profilo dell'"estinzione delle azioni"). E da queste due osservazioni lo studioso tedesco ha dedotto che Gaio non era consapevole della ragion d'essere dell'articolazione interna al settore delle *actiones*, per averla probabilmente derivata da un'opera altrui, avente come base un ordine sistematico già usuale e proposto senza alcuna esplicitazione[321].

A fronte di queste affermazioni deve, tuttavia, ribadirsi il dato di ordine generale costituito dal fatto che il IV commentario ha come filo conduttore l'illustrazione in chiave operativo-cautelare di questioni connesse all'impiego delle *conceptiones verborum* processuali (*supra*, n. 6). Alla luce di questo filo conduttore, le azioni adiettizie e le azioni nossali vengono da Gaio prese in considerazione, in continuità rispetto alle precedenti informazioni sul *plus petere* e sulla *compensatio*, in relazione al tema della *condemnatio* quale parte della *formula* e non già in quanto costituenti il primo membro di una correlazione tematica (di cui Gaio non si sarebbe reso conto) con l'*agere alieno nomine* (§§ 82-87), che, infatti, essendo introdotto dalla clausola '*Nunc admonendi sumus* ...' del § 82, è assunto quale argomento a sé stante rispetto a quel che precede[322]; così come, del resto, l'*agere alieno nomine* si lega alla tecnica formulare della trasposizione di soggetti, le *satisdationes* si connettono al fenomeno dell'*agere/accipere iudicium nostro nomine* o *alieno nomine* subito prima trattato, il dualismo '*iudicia legitima - imperio continentia*' alle diverse tipologie di *intentio*, la *satisfactio post acceptum iudicium* costituisce l'ultimo ('*superest ut*...')[323] di una serie di argomenti legati alla *conceptio* della *formula*[324]; e, infine, le *exceptiones* e le *praescriptiones* vengono affrontate in quanto anch'esse *verborum conceptiones* a sé stanti rispetto alla *formula*[325]. Quanto alla "prescrizione" e alla "trasmissibilità" delle *actiones*, si tratta di questioni aggregate al tema della riproponibilità dell'*actio* che era stato considerato in relazione alla distinzione tra *iudicia legitima* e *iudicia imperio continentia*[326]: Gaio, fugato l'equivoco, nel § 109, che questi *iudicia* possano essere intesi, rispettivamente, quali *iudicia* istituiti *ex lege* e quali *iudicia* introdotti *ex edicto praetoris*[327], nei §§ 110-111 approfitta della puntualizzazione appena compiuta ('*Quo loco admonendi sumus* ...') per toccare, in relazione all'alternativa appena scolpita tra *actiones* derivanti da *leges* e azioni di origine pretoria, il se-

321 Krüger 1888, 189: «Gegen die Autorschaft von Gajus spricht [...] in hohen Grade die Art und Weise, wie er die wohldurchdachte Gliederung des dritten Abschnitts durch seine Uebergänge verdunkelt, so daß man annehmen muss, er habe dieselbe nicht erkannt, sondern vielleicht einem fremden Werke entlehnt, welchem eine bereits übliche Ordnung ohne weitere Erläuterung zu Grunde gelegt worden» (l'affermazione è riproposta in Krüger 1912, 188 s.). In adesione, anche Jolowicz 1932, 394.

322 Cfr. Gai 2.80; nonché, per '*nunc transeamus ad*...': Gai 1.142; 2.246 e 3.182 (3.88 è inserito dagli editori sulla base di I. 3.13pr.); per '*videamus nunc*': Gai 1.124; 2.97; 3.39.

323 Cfr. Falcone 2003a, 142 nt. 297.

324 Come si riconosce dai residui testuali che affiorano dall'ampia lacuna della parte finale del § 114.

325 Su tutto ciò cfr. *supra*, n. 6 su ntt. 258-260.

326 Falcone 2003a, 24 ss.

327 Gai 4.109: *Ceterum potest ex lege quidem esse iudicium, sed legitimum non esse; et contra ex lege non esse, sed legitimum esse. Nam si verbi gratia ex lege Aquilia vel Ollinia vel Furia in provinciis agatur, imperio continebitur iudicium; idemque iuris est et si Romae apud recuperatores agamus, vel apud unum iudicem interveniente peregrini persona; et ex diverso si ex ea causa, ex qua nobis edicto praetoris datur actio, Romae sub uno iudice inter omnes cives Romanos accipiatur iudicium, legitimum est.*

guente problema: fino a quando si può proporre l'*actio*?[328]; e da questo problema è indotto, ulteriormente, a considerare brevemente quello della proponibilità dell'*actio* da parte e contro gli eredi, parimenti impostato sull'alternativa tra *actiones* che *ipso iure conpetunt* e *actiones* che *a praetore dantur* (§§ 112-113)[329].

Chiarita la ragion d'essere della sequenza tematica in tema di *actiones*, quest'ultima, dunque, come lascia impregiudicata la questione, affrontata da Krüger, delle origini del sistema gaiano[330], così, a maggior ragione, non si presta in alcun modo a fondare l'ipotesi dell'esistenza di un "protoype" (Girard) o di un "Grundstock" (Kniep) alla base dei *commentarii*.

Lo stesso deve dirsi per l'ulteriore indizio che Krüger, seguito nuovamente da Girard e Kniep, ha pensato di trarre dalla mancata trattazione di deposito, comodato e pegno[331]. Come si è visto più su, infatti, la scelta di confinare il discorso sulle *obligationes re* al mutuo e alla *solutio indebiti* può trovare spiegazione in prospettive di altro tipo, che non implicano una derivazione-riproposizione da una più antica scrittura[332].

Nemmeno può considerarsi stringente l'argomento che Jörs ha pensato di trarre dalle citazioni dei giuristi presenti nelle opere gaiane[333]. In particolare, lo studioso tedesco ha osservato che nel commento all'editto provinciale Giuliano compare 18 volte e, per contro, i giuristi del I secolo solo raramente e che nell'opera *de fideicommissis* Giuliano è menzionato 5 volte e, invece, Nerazio una sola volta, laddove nelle Istituzioni, con proporzione inversa, la maggior parte delle citazioni riguarda i giuristi più antichi (Servio e Labeone 6 volte; Nerva 3 volte; Proculo 5 volte; Pegaso 3 volte; Sabino 15 volte; Cassio 12 volte) e Giuliano, invece, vi è richiamato soltanto 2 volte: da qui, l'ipotesi che le Istituzioni siano la rielaborazione di un più antico testo didattico risalente alla seconda metà del I secolo o, al più tardi, agli inizi del II. Tuttavia, queste evidenze, che a prima vista potrebbero impressionare, possono spiegarsi in altro modo e segnatamente in chiave di consapevole scelta didattica: in un testo destinato a fornire una informazione non approfondita e svincolata dalle esigenze e dall'approccio consigliati in opere di commento e di casistica, Gaio può ben avere avvertito l'opportunità di offrire l'ossatura essenziale degli istituti e delle questioni considerate, sì

328 Gai 4.110: *Quo loco admonendi sumus eas quidem actiones, quae ex lege senatusve consultis proficiscuntur, perpetuo solere praetorem accommodare, eas vero, quae ex propria ipsius iurisdictione pendent, plerumque intra annum dare.* 111. *Aliquando tamen* et perpetuo eas dat, veluti quibus (Hu.) *imitatur ius legitimum: quales sunt eae, quas* bonorum possessoribus *ceterisque, qui heredis loco* sunt, accommodat. *Furti quoque manifesti actio, quamvis ex ipsius praetoris iurisdictione proficiscatur, perpetuo datur: et merito, cum pro capitali poena pecuniaria constituta sit.*

329 Gai 4.112: *Non omnes actiones, quae in aliquem aut ipso iure* conpetunt *aut a praetore dantur, etiam in heredem aeque competunt aut dari solent. Est enim certissima iuris regula ex maleficiis poenales actiones in heredem nec competere nec dari solere, veluti furti, vi bonorum raptorum, iniuriarum, damni iniuriae. Sed heredi*bus huiusmodi *actiones competunt nec denegantur, excepta iniuriarum actione et si qua alia similis inveniatur actio.* 113. *Aliquando tamen* etiam *ex contractu actio neque heredi neque in heredem competit; nam adstipulatoris heres non habet actionem,* et *sponsoris et fideipromissoris heres non tenetur.*

330 Cfr. anche un cenno *infra*, n. 12, nt. 552.

331 Krüger 1888, 189 nt. 45; 1912, 210 nt. 57.

332 *Supra*, n. 5 sub *d*) e n. 6 su nt. 289.

333 Jörs 1903, 1449 s. In esplicita adesione, Fehr 1911, 397 nt. 3 e Wlassak 1910, 236 nt. 2. In tempi assai vicini questo tipo di argomento è riproposto in Nelson, Manthe 2007, 82, ma senza richiamo all'osservazione di Jörs e rimandandosi, piuttosto, ad una notazione di De Zulueta 1953, 10 (il quale, peraltro, non ne traeva alcuna illazione in merito alla formazione del testo gaiano).

come configuratasi grazie alle prese di posizione che si erano delineate nel cuore della contrapposizione tra le due scuole. E potrebbe anche profilarsi una ulteriore spiegazione, e proprio in chiave di tradizione didattica, ove si accolga l'interessante suggerimento ultimamente proposto da Liebs, secondo cui gli effettivi insegnanti di Gaio, gli '*alii praeceptores*' della tradizione sabiniano-cassiana[334], potrebbero esser stati meno noti giuristi i quali si accontentavano di spiegare le opinioni dei fondatori della loro scuola[335]. D'altra parte, il fatto stesso che sono presenti due citazioni di Giuliano mostra che Gaio, là dove lo ha ritenuto didatticamente utile, non ha rinunciato a richiamare anche un giurista a lui cronologicamente più

---

[334] Sulla portata del termine '*praeceptores*' e sui richiami ad esso anche in contrapposizione ai '*diversae scholae auctores*' (Gai 1.196; 2.15; 2.37; 2.123; 2.195; 2.200; 2.217-218; 2.219; 2.220-221; 2.231; 2.244; 3.87; 3.98; 3.103; 3.141; 3.167a; 3.168; 3.178; 4.78; 4.114; in 4.79 compare l'unica menzione di '*nostrae scholae auctores*') rinvio, tra la letteratura recente, alle pagine di Scarano Ussani 1997, 61 ss.; Cossa 2013, 84 ss.; da ultimo, Liebs 2020, 10 s. Per parte mia, mi limito a rimarcare la mancanza di un corrispondente sintagma '*diversae scholae praeceptores*', rivelatrice del fatto che il termine '*praeceptores*' è usato, non già in modo neutro nel senso di 'maestri', 'insegnanti', bensì con sfumatura pregnante per indicare gli esponenti di una tradizione alla quale rivendicare e con la quale identificare la propria formazione, secondo un atteggiamento che affiora, con altra veste formale, anche in un luogo gaiano esterno ai *commentarii*: Gai. 3 de *manumiss.*, D. 40.4.57: '*Si locuples egenti heres exstiterit, uideamus, an ea res testamento datis libertatibus proficiat, ut creditores fraudari* <*non*> *uideantur. et sane sunt quidam, qui, cum heres locuples existeret, tale esse crediderunt, quale, si ipse testator adauctis postea facultatibus decessisset. sed mihi traditum est hoc iure nos uti, ut ad rem non pertineat, locuples an egens heres extiterat, sed quarum facultatium testator decesserit. quam sententiam Iulianus adeo sequitur, ut existimet ne eum quidem libertatem consecuturum, quem is, qui soluendo non esset, ita liberum esse iussisset: "cum aes alienum solutum erit, Stichus liber esto". sed non hoc est consequens Sabini et Cassii sententiae, quam et ipse sequi uidetur, qui existimant consilium quemque manumittentis spectare debere: nam qui sub ea condicione seruum suum liberum esse iubet, adeo sine fraudis consilio liberum esse iubet, ut apertissime curare uideatur, ne creditores sui fraudarentur*'. Quel che rileva, in questo brano, è il fatto che, a fronte della possibilità di opporre alla posizione assunta dai '*quidam*' direttamente un '*sed hoc iure utimur*' o la menzione dei giuristi autori della *sententia* (seguita anche da Giuliano) – e cioè, è da credere, Sabino e Cassio –, Gaio afferma "ma a me è stato insegnato che *hoc iure utimur*". Questa locuzione è stata intesa da Giaro 2007, 2257 s. come posta sullo stesso piano delle affermazioni di Ulpiano '*relatum est et traditum*' (D. 13.7.22pr.) e '*generaliter enim traditur*' (D. 17.2.57), quali espressioni che alludono alla realtà di «norme (sott.: giurisprudenziali) impercettibilmente cresciute in via consuetudinaria». Ma la presenza della specificazione '*mihi*' mostra che Gaio allude, non già in prospettiva oggettivante all'esistenza di regole "tramandate" o "consolidate", bensì, se non anche ad un insegnamento ricevuto personalmente a lezione, comunque ad un'acquisizione facente parte del proprio bagaglio formativo (per l'uso di '*tradere*', da parte dello stesso Gaio, ad indicare la trasmissione di insegnamenti cfr. Gai 2.23 '*superiore commentario tradidimus*'; Gai 2.184 '*suo loco trademus*'; Gai 3.38 '*superiore commentario tradidimus*'; Gai 4.77 '*primo commentario tradidimus*'). D'altronde, la portata delle parole di Gaio, e il suddetto atteggiamento che esse veicolano, si apprezza ancor più tenendo presente il seguente passaggio di Vitruvio, il quale accompagna l'identica locuzione '*mihi traditum est*', e nella medesima chiave oppositiva, con un esplicito riferimento ai propri *praeceptores*: '*Ceteri architecti rogant et ambiunt, ut architechtent; mihi autem a praeceptoribus est traditum: rogatum, non rogantem oportere suscipere curam ...*' (Vitruv. *de arch.* VI, *praef.* 6).

Non mi pare, peraltro, che l'uso di '*praeceptor*' anche in Giavoleno (D. 42.5.28 '*illud ... quod praeceptoribus tuis placet*') e in Giuliano (D. 40.2.5 '*...ego, qui meminissem Iavolenum praeceptorem meum...*') induca a ritenere che la parola «dovesse essere tipica dei Sabiniani per indicare gli scolarchi della *secta*» (così Scarano Ussani 1997, 80), ben potendo la circostanza dipendere dalla casualità della documentazione pervenutaci.

[335] Liebs 2020, 11: «His actual teachers may have been less known jurists, perhaps just one or two of the many epigones, who were content to transmit and explain the opinions of the great founders of their law school». Su queste figure di "epigoni" cfr. Liebs 1976, 214 (v.a. *infra*, nt. 393). Con l'occasione, osservo che da Gai 2.163 e 2.280 non può trarsi che Gaio sia stato allievo di Giuliano, come invece assume Behrends 1995, 426 nt. 7 (seguito da Avenarius 2005, 92; 97; 2007, 459; 2008, 128 ss.).

vicino[336]. E quest'ultima circostanza, in aggiunta alla presenza, che lo stesso Jörs ha espressamente segnalato[337], di richiami a costituzioni imperiali successive agli inizi del II secolo, ci ricorda l'importante obiezione di carattere generale formulata da Quadrato[338], secondo cui «anche a voler ammettere, con una certa imprudenza o "fantasia", la dipendenza delle *Institutiones* da un modello più antico [...], non si comprende perché l'autore lo avrebbe riprodotto pedissequamente, senza provvedere ad aggiornarlo nei punti necessari».

L'obiezione or ora riferita va ripetuta, naturalmente, anche avverso l'altro argomento che si è voluto addurre a partire dal Longinescu[339] e che consiste nel fatto che anche in relazione ai contenuti il manuale gaiano sarebbe qua e là "arretrato" – una caratterizzazione, del resto, che, già in sé, non di rado con troppa facilità si è pensato di desumere da questo o quel dato, anche in pagine appositamente dedicate, fino ai nostri giorni[340], alla genesi dell'opera[341].

Infine, non può condividersi il richiamo, compiuto da Arangio-Ruiz, ad una disomogeneità di stili riconoscibile all'interno del ms. veronese[342]. Il maestro napoletano, prendendo

---

336 Sul medesimo terreno delle citazioni giurisprudenziali si colloca, in tempi più vicini, la seguente considerazione di Bona 1973a, 9: posto che, nei riferimenti alle controversie tra sabiniani e proculiani, «nominativamente non compaiono mai altri giuristi succeduti rispettivamente a Cassio e a Proculo a capo delle scuole», si è indotti a pensare che «la fonte da cui, con la notizia delle controversie, Gaio ha potuto ricavare buona parte della materia trattata nelle Istituzioni» dovrebbe collocarsi intorno alla metà del I secolo d.C. (verosimilmente, si tratterebbe dei *libri iuris civilis* di Cassio, per via del diverso respiro che sembra doversi riconoscere in essi rispetto ai *libri iuris civilis* di Sabino: p. 10 ss.). Sennonché, oltre a quanto si osserva di seguito nel testo, va detto che, da un lato, la stessa ricognizione posta a base del ragionamento del maestro pavese è infirmata dal richiamo nominativo a Celio Sabino che Gaio compie nel § 3.142 (sollecitato dall'interesse a lasciare intendere, per questa via, la propria adesione di fondo alla posizione dei proculiani in relazione alla disputa circa il rapporto tra *emptio-venditio* e *permutatio rerum*: cfr. Falcone 2015, 43 s.), dall'altro lato, il ricorso ai collettivi '*ceterique nostri praeceptores*' e '*ceterique diversae scholae auctores*' potrebbe anche rispondere, forse, alla preoccupazione di non appesantire l'apprendimento con puntiformi richiami a questo o a quell'altro autore (uno spunto in quest'ordine di idee, ma ad altro proposito, in Stolfi 1997, 68 nt. 309).

337 Jörs 1903, 1450.

338 Quadrato 1979, 11.

339 Longinescu 1896, 58 ss., nel quadro della infondata ipotesi del compimento di una mera revisione, da parte di Gaio, di un testo didattico di Cassio Longino: ipotesi destituita di fondamento già da Herzen 1899, 212 ss.

340 Onde rimane attuale la constatazione di Maschi 1970, 682 nt. 31: «L'arretratezza del manuale Gaiano, che si tenta di spiegare con la supposta derivazione da un'opera più antica, è una delle conclusioni della dottrina moderna più difficili da rimuovere».

341 Dagli esempi addotti a suo tempo da Longinescu, per i quali rinvio alle critiche di Herzen (*supra*, nt. 339), ai due dati segnalati nell'ultimo (a mia conoscenza) contributo nel quale in modo apposito è stato sostenuto questo carattere del testo gaiano (Nelson 2007, 82 e 84) e che consisterebbero nella mancata menzione, in Gai 1.6, dell'*edictum perpetuum* pur in presenza di due citazioni di Giuliano e nella mancata trattazione sulla *cognitio extra ordinem* nel IV commentario. Sennonché, la prima segnalazione è palesemente fuori misura, dal momento che – qualunque cosa si voglia pensare circa la questione della 'codificazione' giulianea dell'editto – in funzione della rapida e schematica presentazione di Gai 1.2-7 le informazioni del § 6 risultano sufficienti e adeguate così come formulate; quanto, poi, all'assenza di una illustrazione apposita della *cognitio extra ordinem*, essa può trovare giustificazione in una circostanza che nulla ha a che fare con l'essere o meno il testo gaiano al passo con la realtà giuridica del tempo: cfr. *supra*, n. 6 su ntt. 279-282.

342 Arangio-Ruiz 1931, 225 (il rilievo è riproposto anche nelle varie edizioni – l'ultima del 1998: p. 6 – di Arangio-Ruiz, Guarino, *Breviarium iuris romani*), seguito da vicino da Grosso 1965, 398 s. In un ordine di idee analogo Kreller 1935, 167 e Kaser 1953, 131 (quest'ultimo con posizione più sfumata con riguardo all'individuazione di una specifica Vorlage).

spunto dalle diagnosi che Beseler aveva, però, formulate per sostenere la presenza di aggiunte postgaiane e, in particolare, prendendo spunto dalla intervenuta puntualizzazione dello studioso tedesco, secondo cui i due diversi stili riconoscibili erano entrambi riferibili ad età classica[343], ha addotto la loro coesistenza a conforto del «sospetto» che Gaio abbia semplicemente rielaborato un antico testo didattico[344]. Tuttavia, la più avvertita, specialistica analisi dello stile dei *commentarii* gaiani compiuta da Nelson[345] ha mostrato che le "Unebenheiten" di stile e lessico costituiscono un fenomeno talmente ricorrente e dalle evidenze disposte in modo così frequente e trasversale lungo il dipanarsi dell'intera trattazione, che diventa per ciò stesso impossibile considerarle come espressione di "sovrapposizioni" dovute a mani diverse e riferibili a differenti strati di scrittura: le variazioni di stile sono, piuttosto, anch'esse elemento della scrittura di Gaio, non congegnata in vista di una pubblicazione del testo[346].

Nonostante la mancanza di adeguato fondamento argomentativo, la teoria dell'esistenza di un più antico testo didattico sul quale sarebbe intervenuto Gaio ha finito ben presto per costituire il dato di partenza, assunto come certo e acquisito, di letture di questo o quel passaggio gaiano, risolvendosi in definitiva in una gratuita opzione interpretativa a scapito di altre spiegazioni agevolmente prospettabili. Basterà richiamare due esempi, che appaiono emblematici.

Il primo consiste nella posizione di quanti, a partire da un antico lavoro di Betti[347], hanno ritenuto di giustificare in quest'ottica la circostanza che Gai 3.91 si apre con la menzione, tra le *obligationes re*, della *solutio indebiti* e si chiude, poi, con la perplessità avverso la considerazione della stessa quale ipotesi di *obligatio ex contractu*. Tuttavia, ove si ammetta che la notazione conclusiva del § 91 rappresenti una puntualizzazione delimitatrice di Gaio rispetto ad un preesistente inquadramento della *solutio indebiti* tra le *obligationes ex contractu*, nulla costringe a concludere che la prima parte del discorso riflettesse una posizione espressa in uno specifico "archetipo" utilizzato da Gaio, anziché, più genericamente, un insegnamento corrente nella tradizione scolastica alla quale Gaio si riallacciava[348].

Il secondo – degno di menzione anche quale riscontro di un rapporto esistente tra la posizione interpretativa in esame e una più ampia temperie storiografica – consiste nella meticolosa ricostruzione compiuta in ordine a Gai 3.183-209 da Huvelin[349], il quale, dando per acquisito che Gaio ha lavorato «sur un original ancien» e che il testo che leggiamo nel ms. veronese presenta un «caractère composite», ha pensato di riconoscere "tre masse di materiali distinti" alle quali sarebbero

---

[343] Beseler 1930, 161: «Indem ich "nicht klassisch" sage, sage ich [...] nicht nachklassich": der Nichtsklassiker, von dem die nicht klassischen Stücke herrurhen, kann in der klassischen Zeit gelebt und geschrieben haben».

[344] Il «sospetto» del quale parla Arangio-Ruiz si riferisce all'ipotesi del Longinescu, rispetto alla quale però lo stesso Arangio-Ruiz, 1931, 225 osserva che «da nessuna parte ci è giunta la notizia che Cassio abbia scritto un'opera di carattere elementare».

[345] *Supra*, n. 6 su ntt. 187-188. Lo stesso Kreller (nel luogo citato *supra*, in nt. 342) accompagnava, del resto, le proprie osservazioni con l'inciso: «vorbehaltlich des endgültigen Urteils von Fachphilologen».

[346] *Supra*, n. 6.

[347] Betti 1913, 6 s.; Arangio-Ruiz 1927, 267 s.; Grosso 1963, 34 s.; 113; Macqueron 1966, 80; Martini 2000, 109.

[348] Cfr., opportunamente, già Schiavone 1971, 129 nt. 167.

[349] Huvelin 1915, 736 ss. (si tratta di un capitolo significativamente intitolato '*La composition du commentaire de Gaius*'). Per l'esplicito richiamo a Kniep cfr. p. 806 nt. 6 *in fine*.

da ricondurre le singole informazioni presenti nella trattazione sul *furtum*[350]: una prima massa, fatta di materiali tardorepubblicani e degli inizi del I secolo e messi insieme dalla "primitiva tradizione sabiniana", che avrebbe costituito «l'archétype des Institutes»; una seconda massa, fatta anche di materiale proculiano aggiunto da un autore successivo, il cui inserimento sull'*archétype* avrebbe dato vita alla «première version des Institutes»; e una terza massa comprendente aggiunte e correzioni fatte da Gaio o, eccezionalmente, da autori successivi a Gaio e che avrebbe formato la «deuxième version des Institutes», quella a noi pervenuta. Ebbene, anche a prescindere dal fatto che gli stessi specifici indizi che dovrebbero portare a riconoscere interventi di autori diversi sono, in alcuni casi, già di per se stessi inadeguati[351], di fronte a siffatto tipo di ricostruzione sorge spontanea la seguente osservazione di fondo: posto che i dati che compongono i paragrafi in esame riflettano variegate prese di posizioni antiche (di Servio, di Labeone, di Sabino, di questo o quel giurista proculiano) e sviluppi più recenti di età adrianea o antonina, non si vede per quale ragione si debba desumere una composizione stratificatasi nel tempo e ad opera di più autori, quando con ben maggiore naturalezza può attribuirsi l'intera trama espositiva ad un unico autore, Gaio, in grado di mettere insieme le diverse fonti utilizzate e un precipitato o intreccio di punti di vista e soluzioni di diversi giuristi e di varia collocazione storica[352].

Rilevata, in aggiunta all'incompatibilità rispetto ai peculiari tratti del testo gaiano più su richiamati, l'intrinseca debolezza della teoria della "Vorlage" nella sua stessa base argomentativa, può ora addursi, come anticipato, qualche esempio concreto che mostra l'attitudine di alcuni di quei tratti peculiari a rivelare la non necessarietà o l'infondatezza di ipotizzate letture in chiave di sovrapposizione della scrittura gaiana su un presunto più antico modello.

Così, la valorizzazione di una particolare modalità di scrittura che attiene alla formulazione delle clausole di avvio di una trattazione porta ad accantonare definitivamente l'interpretazione di un importante snodo sistematico, che era stata costruita sulla supposta esistenza

---

[350] Mostrano una certa apertura verso questa ricostruzione, in tempi recenti, Diliberto 1992, 241 e Arces 2020, 117 nt. 300; più cauto Battaglia 2016, 141 nt. 70.

[351] Ciò deve dirsi, ad esempio, per le seguenti affermazioni di Huvelin: Servio e Labeone non dovevano essere accessibili di prima mano nel II secolo (p. 738s.; 740); l' "autore della versione primitiva delle Istituzioni" non avrebbe conosciuto Sabino che attraverso Cassio (p. 744); il tratto del § 184 '*sed et illorum sententia – perferre*' rompe l'equilibrio e la coesione della complessiva esposizione, al suo interno le parole '*magna dubitatio*' ricorrono in un brano del Digesto considerato interpolato e l'espressione '*eo pertinet quia*' (a differenza di '*eo pertinet quod*', presente in Cicerone) è attestata in fonti della "basse latinité" (p. 752 s.); l' "enigmatico" *etiam* del § 190 '*Nec manifesti furti poena per legem* XII *tabularum dupli inrogatur, eamque etiam praetor conseruat*' non trova riscontro nel § precedente, nel quale si parlava di una sanzione trasformata, e non 'mantenuta', dal pretore (ma: il testo non dice che "anche questa pena" è mantenuta dal pretore, bensì che anche il pretore mantiene la pena in questione); nel § 193 vi è un cambiamento di tono tra una descrizione oggettiva della *quaestio lance licioque* e un commento critico sulla stessa ('*quae lex tota ridicula est*').

[352] Come accennato nel testo, l'approccio seguito nel lavoro di Huvelin – con il reciso tradursi della ricerca sulle fonti (in sé opportuna) nell'assunto dell'esistenza di una pluralità di strati fino alla scrittura gaiana; con la ricostruzione del preteso tenore originario dei *sabiniana*; con il ricorso a valutazioni di appartenenza di stile e lessico alla "bonne" o invece alla "basse époque"; con la professione di fiducia in indicatori di natura formale e in un criterio diagnostico quale la ricorrenza di questo o quel termine in altri contesti giudicati interpolati –, risentiva, oltre che di un lavoro di destrutturazione come quello specificamente avviato da Kniep sui *commentarii* gaiani, anche del più ampio clima storiografico dei primi decenni del Novecento, apparendo (come la stessa ricerca di Kniep, del resto) espressione della stagione dell'interpolazionismo.

di un archetipo. Mi riferisco alla tesi[353] secondo cui la *summa divisio* tra *res divini iuris e humani iuris* di Gai 2.2, posto che, in quanto '*summa*', non avrebbe potuto esser preceduta da alcuna altra distinzione, sarebbe appartenuta all'archetipo e Gaio avrebbe ad essa malamente sovrapposto la "classificazione" d'apertura tra *res in nostro patrimonio* ed *extra nostrum patrimonium* (§ 2.1 'Superiore commentario de iure personarum *exposuimus; modo uideamus de rebus: quae uel in nostro patrimonio sunt uel extra nostrum patrimonium habentur*') e avrebbe, ulteriormente, raccordato con scarsa efficacia le due classificazioni inserendo nei §§ 2.9 e 11 un'alternativa tra '*nullius in bonis esse*' e '*alicuius esse*'[354]. È già stato con ragione obiettato che, se Gaio fosse appositamente intervenuto su un preesistente testo aggiungendovi, in posizione apicale, la distinzione '*in patrimonum-extra patrimonium*', non si capirebbe perché avrebbe conservato all'altra distinzione la qualifica di '*summa divisio*' né per quale ragione, se avesse voluto coordinare la preesistente con la nuova classificazione, egli avrebbe espresso quest'ultima, nei §§ 9 e 11, attraverso la diversa concettualizzazione '*nullius in bonis esse - alicuius esse*'[355]. Ebbene, a questo rilievo può aggiungersi il dato attinente, come accennato, alla tecnica di scrittura. Alludo alla presenza, nell'esordio del discorso sulla *summa divisio*, della congiunzione '*itaque*'. Si è, invero, trascurato che quest'ultima, in unione con il verbo '*videamus*' del § 1, compone una unitaria e tipica clausola di avvio di trattazione. Segnatamente, la sequenza delle affermazioni dei §§ 1-2 '*... Modo videamus de rebus* [...]. *Summa itaque rerum diuisio in duos articulos diducitur ...*' costituisce riscontro di un caratteristico impiego, riscontrabile lungo tutti e quattro i *commentarii*, delle congiunzioni '*itaque*' e '*igitur*' nel corpo di affermazioni con le quali si aprono illustrazioni che subito prima o poco prima erano state preannunziate tramite i verbi '*videre*', '*dispicere*', '*tractare*', '*admonere*', '*exponere*'. Si considerino, infatti, i seguenti passaggi:

> Gai 1.12-13: '*... de quibus singulis dispiciamus; ac prius <de> dediticiis. Lege itaque Aelia Sentia cauetur, ut ...*';
> Gai 1.51-52: '*Ac prius dispiciamus de iis, qui in aliena potestate sunt. In potestate itaque sunt serui dominorum ...*';

[353] Arangio-Ruiz 1927, 153; Grosso 1937, 39 s. (= 2001a, 570); 2001b, 16 s. (ristampa di Grosso 1941: *non vidi*); Scherillo 1945, 15; 32; Robbe 1965, 46 s. (nt. 37); 87; 1966, 115.

[354] Gai 2.1. Superiore commentario de iure personarum *exposuimus; modo uideamus de rebus: quae uel in nostro patrimonio sunt uel extra nostrum patrimonium habentur.* 2. *Summa itaque rerum diuisio in duos articulos diducitur: nam aliae sunt diuini iuris, aliae humani.* 3. *Diuini iuris sunt ueluti res sacrae et religiosae.* 4. *Sacrae sunt, quae diis superis consecratae sunt; religiosae, quae diis Manibus relictae sunt.* 5. *Sed sacrum quidem hoc solum existimatur, quod ex auctoritate populi Romani consecratum est, ueluti lege de ea re lata aut senatus consulto facto.* 6. *Religiosum uero nostra uoluntate facimus mortuum inferentes in locum nostrum, si modo eius mortui funus ad nos pertineat.* 7. *Sed in prouinciali solo placet plerisque solum religiosum non fieri, quia in eo solo dominium populi Romani est uel Caesaris, nos autem possessionem tantum et usumfructum habere uidemur; utique tamen, etiamsi non sit religiosum, pro religioso habetur: item quod in prouinciis non ex auctoritate populi Romani consecratum est, proprie sacrum non est, tamen pro sacro habetur.* 8. *Sanctae quoque res, uelut muri et portae, quodam modo diuini iuris sunt.* 9. *Quod autem diuini iuris est, id nullius in bonis est: id uero, quod humani* iuris est, plerumque alicuius in bonis est; potest autem et nullius in bonis esse: nam res hereditariae, antequam aliquis heres existat, nullius in bonis sunt [. . . . *vv. fere 8* . . . .]*ue domino.* 10. *Hae autem* res, *quae humani iuris sunt,* aut publicae *sunt aut priuatae.* 11. *Quae publicae sunt, nullius uidentur in bonis esse; ipsius enim uniuersitatis esse creduntur. priuatae sunt, quae singulorum hominum* sunt.

[355] Busacca 1981, 100.

Gai 1.108 e 110: 'Nunc de his personis u i d e a m u s , quae in manu nostra sunt. Quod (Gö) *et ipsum ius proprium ciuium Romanorum est. Olim i t a q u e tribus modis in manum conueniebant* ...';
Gai 1.116-117: '*Superest, ut e x p o n a m u s , quae personae in mancipio sint. Omnes i g i t u r liberorum personae,* [...] *quae in potestate parentis sunt, mancipari ab hoc eodem modo possunt, quo etiam servi mancipari possunt;*
Gai 1.143-144: '*Ac prius d i s p i c i a m u s de his, quae in tutela sunt. Permissum est i t a q u e parentibus liberis, ...*';
Gai 2.86-87: '*adquiritur autem nobis non solum per nosmet ipsos, sed etiam per eos, quos in potestate manu mancipiove habemus;* [...] *de quibus singulis diligenter d i s p i c e m u s . I g i t u r quod liberi nostri, quos in potestate habemus ...*';
Gai 2.191-192: '*Post haec u i d e a m u s de legatis* [...] *non sine causa sequenti loco poterit haec iuris materia t r a c t a r i . Legatorum i t a q u e genera sunt quattuor ...*';
Gai 2.246-248: '*Nunc transeamus ad fideicommissa. Et prius de hereditatibus v i d e a m u s . Inprimis i g i t u r sciendum est opus esse, ut ....*';
Gai 3.39-40: '*Nunc de libertorum bonis u i d e a m u s . Olim i t a q u e licebat liberto ...*';
Gai 4.69-70: '*... opus est, ut de hac actione et de ceteris, quae eorundem nomine in parentes dominosue dari solent, diligentius a d m o n e a m u s . In primis i t a q u e si iussu patris dominiue negotium gestum erit ...*';
Gai 4.88: '*V i d e a m u s nunc, quibus ex causis is cum quo agitur vel hic qui agit cogatur satisdare. I g i t u r si verbi gratia in rem tecum agat, satis mihi dare debes ...*';
Gai 4.138-139: '*Superest, ut de interdictis d i s p i c i a m u s . Certis i g i t u r ex causis praetor aut proconsul principaliter auctoritatem suam finiendis controversiis interponit ...*';
Gai 4.161-162: '*Expositis generibus interdictorum sequitur, ut de ordine et de exitu eorum d i s p i c i a m u s ; et incipiamus a simplicibus. Si i g i t u r restitutorium vel exhibitorium interdictum redditur ...*'[356].

Proprio la presentazione della *summa divisio* contiene, dunque, nel suo raccordo con le parole che precedono, un marchio tipicamente gaiano, il che impedisce di considerare la *divisio* in questione come meccanicamente recepita da un immaginario testo-base[357].

---

[356] Alla luce dei riscontri evidenziati, dunque, la congiunzione '*itaque*' di Gai 2.2 collega la *summa divisio* delle *res* ('*divini iuris - humani iuris*') con il '*videamus*' della prima parte del § 1 e non già con il riferimento, in chiusura del § 1, all'alternativa ruotante sul *patrimonium*, come invece è stato qua e là ritenuto (cfr., ad es., Archi 1937, 9; Kreller 1948, 582; Martini 1977, 93; 2000, 48 s.; Cardilli 2021, 268).

[357] Il vero è, del resto, che, come segnalato (*supra*, nt. 206), le parole '*quae vel in nostro patrimonio sunt vel extra nostrum patrimonium habentur*' non esprimono in realtà una entificazione-classificazione tra '*res in patrimonio*' e '*res extra patrimonium*': con il che, evidentemente, la questione di un coordinamento con la *summa divisio* risulta eliminata già alla radice.

Con l'occasione, segnalo che, partendo dalla convinzione che la (pretesa) distinzione '*res in nostro patrimonio-extra nostrum patrimonium*' sia stata aggiunta al "prototipo", Robbe 1965, 78 nt. 81; 87 (cfr. anche Robbe 1966, 115) ha tratto la conseguenza che la stessa diagnosi debba assumersi per la distinzione tra *res corporales* e *incorporales*, dal momento che questa troverebbe in quella un «palese addentellato». Questa conclusione, oltre che infondata in ragione della fallacia, or ora mostrata, del suo stesso presupposto, è smentita dalla trama del coordinamento tra le distinzioni '*corporales-incorporales*' e '*mancipi-nec mancipi*' (su cui cfr. *supra*, n. 6 su nt. 208 e *infra*, n. 12 su nt. 494). Sostanzialmente apodittica era stata, in precedenza, la posizione di Arangio-Ruiz 1952, 163 («Sembra che ad adottarla [scil. la distinzione '*res corporales-corporales*'] Gaio sia stato fra i giuristi il primo, mentre il modello ch'egli veniva elaborando non la contemplava») e di Pugliese 1951, 264 nt. 64 (= 1985, 252 nt. 64).

Così pure, la peculiarità consistente nella cura per il dosaggio delle informazioni in funzione dello specifico interesse espositivo di volta in vota perseguito[358] mostra come non vi sia bisogno di ricorrere all'idea di una stratificazione testuale per spiegare la circostanza che Gai 2.204[359], nel contrapporre il legato *per damnationem* a quello *per vindicationem*, si limita a riferire che, secondo il regime di quest'ultimo, la *res 'continuo legatario adquiritur'*, senza accennare alla disputa tra Sabiniani e Proculiani che era stata illustrata nel § 195[360]. Questa circostanza, anziché deporre nel senso dell'appartenenza dello stesso § 204 ad una più antica scrittura, risalente ad un'epoca nella quale la suddetta disputa non era ancora sorta[361], si giustifica compiutamente alla luce dell'esclusivo interesse di Gaio, in questa sede, a far risaltare quello specifico elemento discretivo tra i due tipi di legato che risiede nel fatto che, in quello *per damnationem*, la *res 'nihilo minus heredis est'* e l'erede dovrà compiere un apposito atto di trasferimento in favore del legatario: tanto più, poi, che la disputa riportata nel § 195 riguardava non la *differentia* di fondo rispetto al legato *per damnationem* che interessava sottolineare nel § 204, e cioè, il divenire la *res* del legatario *'statim post aditam hereditatem'*, bensì solamente la questione del rilievo della consapevolezza e della volontà del legatario (Gai 2.194 *'... post aditam hereditatem statim ex iure Quiritium res legatarii fit ...'*; 2.195. *'In eo solo dissentiunt prudentes, quod ...'*)[362].

---

[358] *Supra*, n. 3 su ntt. 59-69.

[359] Gai 2.204: *Quod autem ita legatum est, post aditam hereditatem, etiamsi pure legatum est, non, ut per uindicationem legatum, continuo legatario adquiritur, sed nihilo minus heredis est: et ideo legatarius in personam agere debet, id est intendere heredem sibi dare oportere, et tum heres* rem, *si mancipi sit, mancipio dare aut in iure cedere possessionemque tradere debet; si nec mancipi sit, sufficit, si tradiderit ...*

[360] Gai 2.195: *In eo solo dissentiunt prudentes, quod Sabinus quidem et Cassius ceterique nostri praeceptores, quod ita legatum sit, statim post aditam hereditatem putant fieri legatarii, etiamsi ignoret sibi legatum esse, sed postea quam scierit et spreuerit legatum, proinde esse atque si legatum non esset; Nerua uero et Proculus ceterique illius scholae auctores non aliter putant rem legatarii fieri, quam si uoluerit eam ad se pertinere. Sed hodie ex diui Pii Antonini constitutione hoc magis iure uti uidemur, quod Proculo placuit; nam cum legatus fuisset Latinus per uindicationem coloniae, 'Deliberent', inquit, 'decuriones, an ad se uelint pertinere, proinde ac si uni legatus esset'* (come si ricorderà, la seconda parte del brano, da *'Sed hodie'* in poi, costituisce a mio avviso un'aggiunta postgaiana: *supra*, n. 4).

[361] Così Arces 2020, 83 s.

[362] Secondo Arces un fenomeno di stratificazione testuale sarebbe riconoscibile anche nei paragrafi che attengono agli altri *genera legatorum* nonché all'interno della trattazione in tema di *potestas* sui *servi* (Gai 1.52-54). Ma, a mio avviso, nemmeno nei paragrafi in questione si incontrano indicazioni tali da giustificare l'ipotesi di una sovrapposizione della scrittura gaiana su un preesistente testo.

Con riguardo alla trattazione sul legato *per vindicationem* lo studioso ha pensato (p. 80 ss.; 114) all'esistenza di una originaria continuità narrativa fra il § 2.195 (trascritto in nt. 360) e il § 2.200 (*'Illud quaeritur, quod sub condicione per uindicationem legatum est, pendente condicione cuius esset: nostri praeceptores heredis esse putant exemplo statuliberi, id est eius serui, qui testamento sub aliqua condicione liber esse iussus est, quem constat interea heredis seruum esse; sed diuersae scholae auctores putant nullius interim eam rem esse; quod multo magis dicunt de eo, quod sine condicione pure legatum est, antequam legatarius admittat legatum'*), che sarebbe successivamente stata spezzata da Gaio con l'innesto dei §§ 2.196-199. Tuttavia, anche a voler ammettere che le questioni riferite nei §§ 195 e 200 avessero fatto parte di un'unica discussione giurisprudenziale riguardante il venire in essere dell'effetto acquisitivo del legato, può legittimamente ritenersi che Gaio abbia valutato didatticamente opportuno distribuirle in due segmenti diversi della complessiva trattazione, seguendo un criterio espositivo in forza del quale, dapprima, ha preso in considerazione varie questioni tutte riguardanti uno schema negoziale 'puro' – anzitutto, ha spiegato la denominazione *'per vindicationem'*, con riferimento alla possibilità, per il legatario, di esperire *vindicatio*, in ragione del fatto che la *res* si acquista *statim post aditam hereditatem* (§ 194); quindi, ha messo a fuoco meglio questo profilo attraverso il richiamo alla disputa giurisprudenziale circa il rilievo della consapevolezza e volontà del le-

Allo stesso modo, la considerazione per il precipuo approccio didattico di tipo cautelare rende ultroneo immaginare l'esistenza di un archetipo al fine di coordinare tra loro due circostanze che si osservano nel IV commentario e precisamente, da un lato, il fatto che la trama

gatario (§ 195); si è soffermato, poi, sul requisito della titolarità della *res* oggetto del legato in capo al testatore (con riferimento a vari segmenti temporali e al disciplinamento secondo il *ius civile* e secondo il *SC Neronianum*: §§ 196-198); ha considerato, ulteriormente, l'ipotesi che una stessa *res* sia oggetto di un legato in favore di due soggetti, *coniunctim* o *disiunctim* (§ 199) – e ha lasciato per ultimo il caso di un legato disposto *sub condicione*, trattato nel § 200, richiamando la disputa tra le due scuole circa il soggetto a cui la *res* spettasse *pendente condicione*. A mio parere, non vi è ragione per escludere che una siffatta sequenza tematica possa esser stata congegnata tutta in una volta, da uno stesso autore. Aggiungo che, semmai, potrebbe forse configurarsi uno specifico indizio proprio in favore della originarietà della sequenza dei §§ 195-200, ove si assuma l'*'Illud quaeritur'* con cui si apre il § 200 come direttamente coordinato all' *'Illud constat'* del § 199, al fine di costruire, anche in forza della simmetria di formulazione, una contrapposizione.

Parimenti, la circostanza che nella prima parte del § 2.212, in tema di efficacia del legato *sinendi modo*, viene riferita una posizione maggioritaria fra i giuristi (*'Quod si post mortem testatoris ea res heredis esse coeperit, quaeritur, an utile sit legatum: et plerique putant inutile esse'*), la quale prescinde dal regime del *SC Neronianum*, menzionato nel seguito del paragrafo (*'quid ergo est? licet aliquis eam rem legauerit, quae neque eius umquam fuerit neque postea heredis eius umquam esse coeperit, ex senatus consulto Neroniano proinde uidetur, ac si per damnationem relicta esset'*), non mi sembra sufficiente a fondare l'ipotesi (p. 88 ss.) che la prima parte riproduca un più antico testo, scritto prima dell'emanazione del Neroniano, e che il riferimento a quest'ultimo provvedimento costituisca una successiva annotazione di Gaio. A me pare, invero, che ci troviamo di fronte ad una logica del discorso simile a quella che si registra nel raccordo tra il § 196 (*'Eae autem solae res per uindicationem legantur recte, quae ex iure Quiritium ipsius testatoris sunt; sed eas quidem res, quae pondere, numero, mensura constant, placuit sufficere, si mortis tempore sint ex iure Quiritium testatoris, ueluti uinum, oleum, frumentum, pecuniam numeratam; ceteras res uero placuit utroque tempore testatoris ex iure Quiritium esse debere, id est, et quo faceret testamentum, et quo moreretur; alioquin inutile est legatum'*) e il § 197 (*'Sed sane hoc ita est iure ciuili. postea uero auctore Nerone Caesare senatus consultum factum est, quo cautum est, ut ...'*), là dove, dapprima, Gaio riferisce lo stato di cose secondo il *ius civile* (nel senso di assetto giuridico di riconoscimento giurisprudenziale) per presentare, poi, il regime innovativo introdotto dal senatoconsulto. Certo, nel § 197 or ora trascritto la giustapposizione tra *ius civile* e regime del senatoconsulto è esplicita e netta, a differenza di quanto avviene all'interno del § 212; ma ritengo che questa differenza possa spiegarsi con il fatto che nel caso del § 196 il SC interveniva su un regime di *ius receptum* (come mostrano sia l'oggettivante affermazione *'Eae autem solae res per uindicationem legantur recte, quae ...'* sia i due *'placuit'* delle successive notazioni), laddove nel caso del § 212 a venire in questione era una posizione (solo) maggioritaria (*'plerique putant'*), onde Gaio, non potendo, questa volta, costruire una contrapposizione del tipo *'hoc est iure civili – ex SC Neroniano'*, avrà ritenuto opportuno introdurre il superamento offerto dal regime del *Neronianum* con la locuzione "Come stanno allora le cose?" (sulla portata delle parole *'Quid ergo est?'* cfr. David, Nelson 1968, 402 ss.).

Quanto, poi, alla chiusura del § 2.221, nella quale si accenna al fatto che la posizione assunta dai proculiani in tema di legato *per praeceptionem* subito prima menzionata (*'Sed diuersae scholae auctores putant ...'*) si ritiene trovare conferma in una costituzione di Adriano (*'quae sententia dicitur diui Hadriani constitutione confirmata esse'*), l'ipotesi (p. 95 s.) che si tratti di un'annotazione aggiunta da Gaio si fonda sull'impressione che codesto accenno sia fuori posto, in quanto creerebbe una «disarmonia nell'ordine espositivo» e un'interruzione nel fluire del discorso verso le affermazioni del § 222 (*'Secundum hanc igitur opinionem, ...*). Ma a me sembra che l'accenno all'intervento di Adriano si trovi, invece, in un punto adatto (o, addirittura, nel punto più adatto) e cioè dopo l'enunciazione della posizione dei proculiani e prima della descrizione delle conseguenze che questa posizione implica.

Infine, con riguardo alla presentazione dei *servi* quali *personae in potestate* – Gai 1.52. *In potestate itaque sunt serui dominorum. quae quidem potestas iuris gentium est: nam apud omnes peraeque gentes animaduertere possumus dominis in seruos uitae necisque potestatem esse, et quodcumque per seruum adquiritur, id domino adquiritur.* 53. *Sed hoc tempore neque ciuibus Romanis nec ullis aliis hominibus, qui sub imperio populi Romani sunt, licet supra modum et sine causa in seruos suos saeuire: nam ex constitutione sacratissimi imperatoris Antonini, qui sine causa seruum suum occiderit, non minus teneri iubetur, quam qui alienum seruum occiderit. sed et maior quoque asperitas dominorum per eiusdem principis constitutionem coercetur: nam consultus a quibusdam praesidibus prouinciarum de his seruis, qui ad fana deorum uel ad statuas principum confugiunt, praecepit, ut si intolerabilis uideatur dominorum saeuitia, cogantur seruos suos uendere. et utrumque*

di fondo del commentario è imperniata non già sul 'processo', bensì sulle *actiones* quali *conceptiones verborum*, dall'altro lato, il fatto che, però, talvolta affiora la prospettiva del giudizio (in particolare, là dove Gaio descrive le *legis actiones* dichiarative avendo riguardo all'intero procedimento attuabile, quasi che esso non potesse interrompersi in forza di *in iure cessio* o di *confessio*, e là dove presenta gli *interdicta* nel § 4.141[363] come senz'altro proiettati verso lo sbocco giudiziale tramite il cd. *agere ex interdicto*). Si è asserito che il quadro generale del discorso, con la sua considerazione per gli schemi formali, deriva dall'archetipo[364], mentre i suddetti riferimenti alla prospettiva giudiziale riflettono il punto di vista di Gaio, «improntato alla più recente concezione, che si è venuta orientando verso una rappresentazione dei 'momenti sostanziali' ed è venuta riconoscendo nel giudizio l'atto verso il quale l'*actio* doveva fondamentalmente volgersi perché potesse ottenersi il loro riconoscimento»[365]. Deve, tuttavia, rilevarsi – senza voler nulla inferirne in merito alla complessiva ricostruzione della storia dell'*actio*, alla quale questa lettura si raccorda – che non vi è ragione di assumere l'esistenza di due successivi strati di pensiero e di scrittura per spiegare i suddetti elementi testuali: come si è già in precedenza osservato[366], il fatto che nella descrizione delle *legis actiones* dichiarative Gaio assume come scontata la contestazione da parte del convenuto (e, dunque, dà notizie sull'intero procedimento sì come funzionale ad un successivo approdo giudiziale, tacendo dell'eventualità di *in iure cessio* o di *confessio*) risponde, piuttosto, ad una caratteristica considerazione del profilo del *periculum-poena* al quale sono esposti i protagonisti dell'*agere*, secondo

recte fit: male enim nostro iure uti non debemus; qua ratione et prodigis interdicitur bonorum suorum administratio. 54. Ceterum cum apud ciues Romanos duplex sit dominium (nam uel in bonis uel ex iure Quiritium uel ex utroque iure cuiusque seruus esse intellegitur), ita demum seruum in potestate domini esse dicemus, si in bonis eius sit, etiamsi simul ex iure Quiritium eiusdem non sit: nam qui nudum ius Quiritium in seruo habet, is potestatem habere non intellegitur – lo studioso ha ipotizzato (p. 65 ss.) che in un testo originario le affermazioni dell'attuale § 54 seguissero immediatamente quelle del § 52 e che Gaio sia intervenuto su questa sequenza spezzandola attraverso l'innesto dei contenuti del § 53. I due indizi a tal fine addotti, tuttavia, non appaiono stringenti. Da un lato, rispetto all'idea che il '*ceterum*' introduttivo del § 54 si correlasse, in un testo originario, direttamente al '*quidem*' del § 52, può osservarsi che analoga correlazione in funzione delimitativa potrebbe *ab origine* esser stata impostata, piuttosto, tra il '*quidem*' e il '*sed*' che apre il § 53; dall'altro lato, con riguardo al rilievo che il richiamo ai provvedimenti di Antonino Pio (§ 53) prima del riferimento all'istituto del *duplex dominium* (§ 54) comporta una deroga rispetto alla consueta cura gaiana per l'ordinata progressione storica, va detto che nel caso in questione si trattava, non di illustrare il regime di un istituto nel suo sviluppo storico (con la conseguente opportunità di rispettarne le interne scansioni evolutive), bensì di offrire due informazioni che attengono a profili autonomi, per i quali un'esigenza di coordinamento cronologico non era richiesta. In realtà, chi ha congegnato il § 52 lo ha fatto proprio avendo in mente, con unitarietà di disegno espositivo, di precisarne e dimensionarne le affermazioni attraverso i §§ 53 e 54, che si succedono secondo una mirata progressione d'informazioni. Costui (Gaio), dopo avere, nel § 52, presentato la *potestas dominorum* sui *servi* quale istituto *iuris gentium* e affermato che *apud omnes gentes* è dato osservare che i *domini* sono titolari di *vitae necisque potestas*, ha compiuto una prima precisazione ('*Sed* ...') che riguarda tutti gli *homines*: "tuttavia, né ai *cives Romani* né ad alcuno degli *homines* che sono *sub imperio populi Romani* è permesso di violare *supra modum* e *sine causa* i servi"; e ha aggiunto una precisazione ulteriore ('*Ceterum* ...'), fatta seguire a quella in quanto concerne esclusivamente i *cives Romani* ('... *cum apud ciues Romanos duplex sit dominium* ..., *ita demum seruum in potestate domini esse dicemus, si* ...').

363 Trascritto *supra*, nt. 272.

364 Santoro 2020, 397: «Questo è il quadro del discorso, che Gaio deve avere improntato all'archetipo»; ivi, in nt. 1445 si aggiunge: «È torto della dottrina più recente avere del tutto trascurato la considerazione dell'archetipo, comunque si voglia concepirlo, che le Istituzioni di Gaio sicuramente ricalcano».

365 Santoro 2020, 398.

366 *Supra*, n. 3 su nt. 60.

un motivo didascalico gaiano di segnalazione dei rischi connessi all'utilizzazione delle *actiones*, che attraversa e caratterizza l'intero commentario; e lo stesso vale a giustificare la presentazione e illustrazione degli *interdicta* quali ordini inevitabilmente seguiti da un intervento del giudice, senza cenno alcuno all'eventualità di un adeguamento agli ordini stessi da parte dei destinatari[367].

Un ultimo esempio chiama in causa il fenomeno dei rimandi a trattazioni già svolte in precedenza e concerne una diagnosi di intervento gaiano su un preteso "*prototype*" formulata a suo tempo da De Visscher nel quadro della sua nota ricostruzione, secondo cui la figura dell'*obligatio ex delicto* sarebbe stata riconosciuta in un momento successivo rispetto a quella dell'obbligazione contrattuale[368]. Lo studioso belga ha richiamato l'attenzione sul fatto che

---

[367] Nella medesima prospettiva può ben spiegarsi anche il dato topografico (anch'esso indice, per Santoro 2020, 396, di una considerazione della prospettiva giudiziale, dovuta alla pretesa sovrascrittura gaiana) della precedenza, nella trattazione sulle *legis actiones*, dei *modi agendi* dichiarativi rispetto quelli esecutivi, ove si pensi che è con riguardo ai primi che veniva in questione l'alternativa tra presenza o assenza del *periculum-poena* (Falcone 2003a, 116 ss.). Peraltro, in ragione della primaria attenzione del commentario per gli aspetti formali, potrebbe anche ipotizzarsi – e le due spiegazioni non si escludono necessariamente tra loro – che Gaio abbia illustrato, dapprima, i *modi agendi* nei quali entrambi i contendenti erano chiamati a pronunziare formulari solenni, quindi, la *manus iniectio*, avente struttura di monologo dell'attore (mutuo la locuzione da Albanese 1971, 163 ss. = 1991, 975 ss.), infine, la *pignoris capio*, nella quale l'avversario poteva addirittura non esser presente.

[368] Pur senza entrare nel merito di questa più ampia ricostruzione, è il caso di osservare, per quanto qui direttamente rileva, che, oltre all'argomento di natura topografica che sarà considerato di seguito nel testo, anche i dati testuali sparsi nei *commentarii* di Gaio che De Visscher ha voluto leggere quali indizi del fatto che il giurista sarebbe intervenuto su un modello nel quale le figure dei *delicta* erano trattate, ma non ancora riconosciute in chiave di fonti delle obbligazioni, non appaiono univoci in tal senso. In particolare: *a*) la circostanza che in Gai 3.88-89 l'*obligatio ex contractu* viene predicata quale '*species*' e, subito dopo, si afferma che le *obligations ex contractu* si articolano in quattro '*genera*' ('Nunc transeamus *ad obligationes, quarum summa diuisio in duas species diducitur: omnis enim obligatio uel ex contractu nascitur uel ex delicto. Et prius uideamus de his, quae ex contractu nascuntur. harum autem quattuor genera sunt: aut enim re* contrahitur *obligatio aut uerbis aut litteris aut consensu*') costituirebbe una «choquante interversion» del rapporto '*genus-species*', spiegabile come maldestra aggiunta gaiana della bipartizione 'contratti-delitti' su un testo nel quale comparivano direttamente e soltanto i *quattuor genera contractuum* (De Visscher 1928, 352 =1931, 275; in adesione, Lauria 1938, 171; Villey 1945, 58 e nt. 36; de la Chevalerie 1952, 380 ss.; Grosso 1963, 5 s. e nt. 3; 1976, 139 s. = 2001a, 852 s.; Cardilli 2021, 313): ma in realtà, Gaio ben potrebbe aver concepito le due notazioni come autonome tra loro, considerando cioè, dapprima (§ 88), l'"*obligatio ex contractu*' quale '*species*' rispetto ad un sottinteso *genus*- '*obligatio*' e, quindi (§ 89), assumendo le tipologie *obligatio re, verbis, litteris, consensu* esse stesse quali '*genera*' contenenti al loro interno diverse figure (così, pur in prospettive diverse, Orestano 1959, 23 ss.; Wolodkiewicz 1970, 147; Talamanca, 1977, 204 nt. 579; Nelson, Manthe 1999, 72; v.a. *infra*, n. 9 nt. 470); *b*) il fatto che nel § 3.119a la "totalità delle obbligazioni" per le quali può intervenire un *fideiussor* viene esplicitata con esclusivo riferimento alle *obligationes ex contractu* (De Visscher 1928, 354 = 1931, 277) può spiegarsi – specie ove si tenga presente la cura di Gaio, più volte richiamata, nella costruzione e nella selezione delle informazioni – in chiave di apposita contrapposizione rispetto alla possibilità di intervento dello *sponsor* e del *fideipromissor*, limitata alle sole *obligationes verborum* (l'affermazione di Gai 3.119 '*Nam illi* q u i d e m *nullis* o b l i g a t i o n i b u s *accedere possunt* n i s i v e r b o r u m' sembra invero preparare le parole del § 119a '*fideiussor vero* o m n i b u s o b l i g a t i o n i b u s... *adici potest*'); *c*) la circostanza che nei §§ 3.182-225 il discorso verte sulle fattispecie dei *delicta*, anziché sul regime delle *obligationes ex delicto* (De Visscher 1928, 353 = 1931, 278; analogamente, Wunner 1964, 48; Kaser 1983, 75 s.) potrebbe, semmai, orientare più nel senso di una compattezza di un disegno descrittivo riguardante, *ab origine*, tanto le *obligationes ex contractu* quanto quelle *ex delicto*, dal momento che anche con riguardo alle prime il discorso è calibrato sui concreti comportamenti dei soggetti agenti e non sul regime o rapporto obbligatorio (*supra*, n. 6); *d*) che all'interno dei paragrafi sui modi con i quali *tollitur obligatio* siano menzionati anche il legato *per damnationem* e l'*obligatio ex causa iudicati* (Gai 3.173; 175), anziché indurre

le *obligationes ex delicto* si trovano illustrate in coda alla trattazione sui cd. modi di estinzione (§§ 168-181), anziché di seguito a quella sulle *obligationes ex contractu*, e ha concluso che l'autore del "*prototype*" riteneva chiusa la materia delle obbligazioni con il § 181, illustrando, sì, a quel punto, le singole figure di *delicta*, ma senza considerarle anch'esse *causae* di *obligationes*; e che su questa trama preesistente Gaio, portavoce di un ormai avvenuto riconoscimento dei *delicta* quali fonti di obbligazioni, ha aggiunto il passaggio introduttivo '*Transeamus nunc ad obligationes, quae ex delicto nascuntur ...*' (§ 182), che ha alterato il senso originario della sequenza tematica e ne ha determinato «l'irrégularité actuelle»[369]. Ebbene, a minare questa interpretazione è, come accennato, un rimando che Gaio compie ad una precedente informazione e, precisamente, il rinvio ai *quattuor genera contractuum* del § 3.89 formulato nel seguente brano:

> Gai 3.182: *Transeamus nunc ad obligationes, quae ex delicto nascuntur, ueluti si quis furtum fecerit, bona rapuerit, damnum dederit, iniuriam commiserit. quarum omnium rerum uno genere consistit obligatio, cum ex contractu obligationes in IIII genera diducantur, sicut supra exposuimus.*

a pensare che «nello spirito dei primi autori di questi paragrafi essi dovevano chiudere la materia delle obbligazioni» (De Visscher 1928, 349 = 1931, 272), si presta ad orientare nel senso che, per Gaio, anche i due suddetti casi erano considerati *causae obligationum*, com'è del resto confermato, per il legato, da significative affermazioni presenti all'interno della trattazione apposita (Gai 2.204; 213; 214; in quest'ultimo paragrafo compare perfino il sintagma '*obligatum heredem*': sul punto Falcone 2011, 22 ss.); *e*) quanto alla locuzione '*obligationes quoquo modo contractae*' con la quale, nei §§ 2.14 e 38, sono elencate le *obligationes* tra le *res incorporales*, si tratta, certo, di un elemento che a prima vista impressiona, ma che non è, nemmeno esso, determinante: Gaio, infatti, anziché indicare le (sole) *obligationes ex contractu* (De Visscher 1928, 354 = 1931, 278), ben avrebbe potuto alludere alle "*obligationes* comunque assunte", ricomprendendovi, dunque, anche quelle *ex delicto* (così, ad es., Biscardi 1977, 372 e Nelson, Manthe 1999, 445 («in jedweder Weise eingegangene Verbindlichkeiten»); *f*) infine, la chiusa '*nulla enim – potest*' di Gai 4.78, nella quale compare un riferimento all'obbligazione da delitto ('*Sed si filius patri aut seruus domino noxam commiserit, nulla actio nascitur. nulla enim omnino inter me et eum, qui in potestate mea est, obligatio nasci potest*'), dovrebbe costituire un'aggiunta di Gaio rispetto ad una più antica scrittura in quanto «uno stesso autore difficilmente può aver scritto che non "nasce" alcuna azione e che il motivo di ciò è che nessuna obbligazione può "nascere"» (De Visscher 1928, 355 = 1931, 278): ma non si vede perché uno stesso soggetto non abbia potuto dar voce, in sostanza, all'osservazione, dotata di efficacia didattica, che "non può nascere alcuna azione perché, prima ancora, non può nascere alcuna *obligatio*". Con riguardo alla chiusa del § 78, semmai, più rilevante sembrerebbe la circostanza (segnalata da Santoro 2020, 183 nt. 708 e 383) che da una prima indicazione congegnata in termini oggettivi ('*Sed si ... commiserit, nulla actio nascitur*') si passa ad una spiegazione della stessa formulata coinvolgendo direttamente l'autore: '*... inter me et eum, qui in potestate mea est ...*'; sennonché – a parte il fatto che analogo fenomeno si riscontra subito dopo, nello stesso § 78, in occasione di un resoconto di controversia tra le due scuole (Gaio, infatti, prosegue congegnando nuovamente, dapprima, un enunciato in termini oggettivi e impersonali, '*Ideoque – agi potest*', e quindi, un segmento nel quale compare egli stesso come protagonista, '*Unde quaeritur – resuscitari*') e, cioè, in relazione ad un segmento che, secondo la teoria del modello o prototipo, dovrebbe appartenere al livello pregaiano –, anche a voler immaginare una stratificazione testuale non vi è comunque ragione per preferire l'idea di una sovrascrittura compiuta da Gaio su un preesistente testo all'idea di un intervento esplicativo successivamente eseguito sul dettato gaiano.

[369] De Visscher 1928, 345 ss. = 1931, 267 ss. Altri studiosi, accolto l'ordine di idee di De Visscher, si sono spinti oltre, desumendo dalla sequenza tematica in questione che l'intero blocco dei §§ 182-225 costituirebbe un'aggiunta di Gaio rispetto all'immaginato testo-base: Lauria, 167 ss.; Martini 2000, 105. Nello stesso senso già, a suo tempo, Affolter 1897, 271; 441; 531 s. Dal canto suo, Wunner 1964, 48 nt. 46 ha lasciato aperta l'alternativa tra un intervento di Gaio su un più antico testo e un intervento di una mano successiva sul testo confezionato da Gaio. Stein 1983, 155, invece, si è limitato ad osservare che la collocazione dei cd. modi di estinzione «suggests that earlier writers did not regard delict as a source of obligations».

Invero, se Gaio fosse intervenuto innovativamente su una trama espositiva che altri aveva confezionato e che si sarebbe conclusa con i cd. modi di estinzione, non si capirebbe per qual motivo egli, pur coordinando appositamente, attraverso il rinvio '*sicut supra exposuimus*', la figura dei *delicta* allo schema divisorio '*obligationes ex contractu-obligationes ex delicto*' fissato in apertura di *sedes materiae*, avrebbe però relegato la trattazione sulle *obligationes ex delicto* in quella posizione terminale,[370] anziché coerentemente collocarla prima dei paragrafi sui cd. modi di estinzione. Evidentemente, la sequenza tematica deve dipendere, piuttosto, da qualche criterio dispositivo scientemente adottato da Gaio e da questo non esplicitato[371].

Per altre ragioni, non legate, questa volta, alle peculiarità della scrittura gaiana, va, poi, a mio avviso respinta anche quella variante della teoria della "*Vorlage*" consistente in un modello interpretativo che poggia sulla presenza di elementi in comune tra i *commentarii* di Gaio e altri testi giurisprudenziali pervenutici: elementi che vengono spiegati immaginando l'esistenza di un precedente scritto didattico elementare, che, da un lato, Gaio, dall'altro lato, gli autori di codesti altri testi avrebbero autonomamente utilizzato con personali rielaborazioni, dando vita ad opere che, in conseguenza di ciò, lasciano riconoscere sia corrispondenze e analogie sia differenze di struttura, di contenuti e di tenore formale.

Questo tipo di diagnosi si è affermato a partire dall'ultimo scorcio dell'Ottocento di fronte alla constatazione della sussistenza tanto di parallelismi nell'articolazione interna e di affinità o addirittura coincidenze letterali quanto di elementi distintivi, che è agevole compiere confrontando i *commentarii* di Gaio e i *Tituli ex corpore Ulpiani*[372]; e il suo impiego è stato in tempi più vicini ampliato da Nelson con il coinvolgimento di un terzo scritto giurisprudenziale contenente anch'esso sia corrispondenze sia difformità rispetto al testo di Gaio, e cioè lo scritto conservato

---

[370] Già Talamanca 1979, 40 nt. 271 ha osservato che tanto il rinvio contenuto in Gai 3.182 quanto la specificazione del § 3.163 '*Expositis generibus obligationum, quae ex contractu nascuntur, ...*' (che mostra come Gaio doveva aver ben in mente l'esistenza dell'altro tipo di fonte delle obbligazioni: si noti, peraltro, la simmetria con l'esordio del § 182 '*Transeamus nunc ad obligationes, quae ex delicto nascuntur...*') rendono «estremamente difficile» ammettere l'interpretazione proposta da De Visscher in ordine alla collocazione delle *obligationes ex delicto*. Sulla precisazione '*quae ex contractu nascuntur*' di Gai 3.163 cfr., nella medesima prospettiva qui considerata, anche Falcone 2011, 45.

[371] Per parte mia, non riesco ad immaginare altro criterio che quello di un'aggregazione tematica determinata dalla caratteristica attenzione, in chiave operativo-cautelare, per il profilo del compimento delle operazioni negoziali: in effetti, come si è detto (*supra*, n. 6 su ntt. 248-254), la complessiva illustrazione sui cd. modi di estinzione denota una chiara affinità sia di contenuti (illustrazione di operazioni negoziali e di schemi verbali) sia di approccio descrittivo (segnalazione di efficacia, applicabilità, requisiti, cautele nel compimento degli atti) rispetto alla trattazione immediatamente precedente, dedicata ai *genera contractuum* e agli atti acquisitivi compiuti dai sottoposti, onde sembra lecito ipotizzare che Gaio dovette accostare tra loro queste sezioni espositive, assumendo in sostanza come elemento aggregante l'omogeneità di problematica concernente le modalità operative e la loro efficacia, e lasciare volutamente per ultima la materia dei *delicta*, che segnava uno stacco netto rispetto a siffatto tipo di questioni e di informazioni. Sul punto cfr. Falcone 2011, 38 ss.; 46 s.

[372] Kalb 1890, 77; Jörs 1903, 1450; Krüger 1912, 211; Kübler 1925, 282; Avenarius 2005, 104 ss. I predetti autori immaginarono una concreta, ancorché imprecisata, fonte comune. In tempi recenti, invece, si è fatto generico riferimento ad un comune schema tradizionale: Nelson 1981, 338 ss.; Mercogliano 1997, 49 ss.; 2003, 409 ss.; Sirks 2008, 327; Wibier 2014, 365; Johnston 2020, 307 ss. È da registrare, peraltro, una evoluzione nel pensiero di Nelson, il quale in un successivo intervento sul tema (Nelson 2007, 85) ha affermato che sia Gaio sia l'autore dei *Tituli* (che sarebbe da identificare con lo stesso Ulpiano) hanno utilizzato «ein aus der sabinianischen Schule stammendes Lehrbuch» (il che, però, crea una difficoltà di coordinamento rispetto all'indicazione, a p. 84 s., dei *libri iuris civilis* dello stesso Sabino quale *Modell* utilizzato da Gaio).

nel cd. *fragmentum Dositheanum*[373]. Ebbene, a me sembra che una comune genealogia come quella qui riferita non possa sostenersi né fra il testo di Gaio e i *Tituli ex corpore Ulpiani* né fra questi due scritti e il testo del cd. *fragmentum Dositheanum*. Ritengo, piuttosto, che proprio il testo di Gaio sia stato tenuto presente, in misura e in prospettive differenti, nella stesura degli altri due scritti.

Invero, con riguardo al rapporto fra i *commentarii* di Gaio e i *Tituli ex corpore Ulpiani*, all'orientamento storiografico che, come accennato, assume che entrambe le fonti derivino da una tradizione comune o, più concretamente, da un precedente *Lehrbuch*, ritengo sia da preferire la posizione (al suo interno, variegata) di quanti, invece, ipotizzano che il confezionamento dello scritto conservato nei *Tituli* sia stato compiuto (da parte di Ulpiano? di un suo allievo? di un rielaboratore, o anche di un rielaboratore, postclassico?)[374] attraverso l'utilizzazione del testo di Gaio e di altri scritti, ulpianei e non[375].

Infatti, mentre, da un lato, non sussistono impedimenti di ordine generale[376] né sono state addotte evidenze testuali che ostacolino l'eventualità di una dipendenza, anche parziale, dei *Tituli* dai *commentarii* gaiani[377] e/o che costituiscano indice decisivo di una provenienza da una fonte comune; dall'altro lato, ad una lettura non preconcetta è davvero difficile resistere

[373] Nelson 1981, 360 ss.; in adesione, Wibier 2014, 365; 2019, 97 nt. 33. Sul cd. *fragmentum Dositheanum* cfr., appositamente, Falcone 2021a, 203 ss. (cui rinvio anche per una discussione critica della precedente letteratura).

[374] Sulla questione cfr., in tempi recenti, le messe a punto di Mercogliano 1997, 13 ss.; Sperandio 2011, 387 ss.; Mattioli 2012, 85 ss., spec. 100 ss.

[375] Mommsen 1855, 109 ss. (= 1905, 47 s.); Bremer 1868, 88; Karlowa 1885, 769; Grupe 1899, 90 ss.; Fitting 1908, 52 e nt. k; Arangio-Ruiz 1921, 178 ss. (= 1974, 89 ss.); Buckland 1922, 38 ss.; 1937, 508 ss.; Schulz 1926, 13 s.; 1946, 181; Villey 1945, 35; Wenger 1953, 507 nt. 197; Schiavone 1994, 255; Mantovani 2018, 232 s.; 2019, 33 ss.

[376] Un richiamo alla circostanza che Gaio non risulta citato o utilizzato prima dell'età postclassica assumerebbe, infatti, il valore di una petizione di principio. Vi è incorso, ad es., Jörs 1903, 1450, il quale, richiamate le due contrapposte posizioni (c. 1449), a conforto della propria adesione all'ipotesi di una derivazione da una fonte comune formulava la seguente considerazione: «Und jedenfalls stimmt unsere Annahme besser zu der bekannten Thatsache, dass sich Spuren einer Benutzung der Schriften bein keinem der Juristen des 2. und 3. Jhrdts. [...], insbesondere auch nicht in den umfangreichen Resten der übrigen Werke Ulpians nachweisen lassen».

[377] Nelson 1981, 92 s. (v.a. 338 s.) ha rilevato che le corrispondenze tra lo scritto di Gaio e i contenuti dei *Tituli*, che egli ritiene appartengano all'ulpianeo *liber singularis regularum*, attengono esclusivamente e in linea di massima alla successione delle materie, laddove nei dettagli vi sono forti discrepanze; che Ulpiano considera anche alcuni temi che non trovano spazio nei *commentarii* gaiani, a partire dalla dote; che anche una stessa informazione nei due scritti si trova non di rado in contesti differenti; e che nei non molti luoghi nei quali si ha uniformità si tratta o di citazioni degli stessi contenuti legislativi o di definizioni degli stessi termini tecnici o, infine, di brevi formulazioni sintetiche, nel *liber singularis regularum*, di consolidate nozioni giuridiche che potrebbero esser sorte nell'ambito dell'insegnamento e della scuola. Ebbene, queste rilevazioni non implicano di necessità, come, invece, ha concluso Nelson (p. 338), che Ulpiano abbia composto il *liber singularis regularum* «ganz unabhängig von Gaius». Né, d'altra parte, può tacersi che lo studioso olandese fornisce una esemplificazione inadeguata dei casi di parallelismi (e perfino di coincidenze anche lessicali) tra brani delle due opere rientranti nell'ultima tra le tipologia più su riferite e cioè tra i «feststehende Rechtssätze, die im Lehr- bzw. Schulbetrieb entstanden sein dürften». A questo riguardo, infatti, Nelson si limita a citare (p. 93 nt. 43) le coppie Gai 2.135 - *Tit. Ulp.* 22.23 e Gai 2.281 - *Tit. Ulp.* 25.9: ma mentre la prima coppia depone, semmai, più per la tesi che egli combatte, e cioè per un intervento di rimodulazione in chiave regolativa della scrittura di Gaio, con riguardo alla seconda coppia deve dirsi che la scelta è caduta su un dettato gaiano in sé davvero troppo poco indicativo ('*Item legata Graece scripta non valent, fideicommissa valent*'). Lo stesso dicasi per l'identità tra Gai 3.14 ('*Itaque soror fratri sororive legitima heres est*') e *Tit. Ulp.* 26.6 successivamente segnalata in Nelson 1993, 86, nel quadro di un più ampio confronto tra l'intero titolo 26.1-7 e i corrispondenti brani del testo gaiano (p. 83 ss.) che lascia anch'esso, a mio avviso, impregiudicata la questione. Più doviziosa è la rassegna di confronti fra trattazioni corrispondenti presente in Mercogliano 1997, 50 ss.: ma la stessa, se mostra chiaramente,

alla sensazione che alcuni blocchi testuali dei *Tituli* altro non siano che una riproposizione, anche nella terminologia, della scrittura di Gaio, sfrondata di informazioni e ridotta ad asciutti enunciati regolativi. In aggiunta ai riscontri già indicati in dottrina, per parte mia segnalo un confronto testuale (tra Gai 2.86-88; 91-92 e *Tit. Ulp.* 19.18-21, in tema di acquisto del *dominium* tramite intermediari)[378], che reputo assai istruttivo in quanto, in questo caso, la diagnosi può fondarsi, oltre che sulla già eloquente coincidenza di moduli espressivi, anche su due specifici elementi di altra natura:

> Gai 2.86: *Adquiritur autem nobis non solum per nosmet ipsos, sed etiam per eos, quos in potestate manu mancipioue habemus; item per eos seruos, in quibus usumfructum habemus; item per homines liberos et seruos alienos, quos bona fide possidemus: de quibus singulis diligenter dispiciamus.* 87. *Igitur* quod *liberi nostri, quos in potestate habemus, item quod serui* nostri *mancipio accipiunt uel ex traditione nanciscuntur siue quid stipulentur uel ex aliqualibet causa adquirunt, id nobis adquiritur: ipse enim, qui in potestate nostra est, nihil suum habere potest; et ideo si heres institutus sit, nisi nostro iussu hereditatem adire non potest; et si iubentibus nobis adierit, hereditas nobis adquiritur, proinde atque si nos ipsi heredes instituti essemus; et conuenienter scilicet legatum per eos nobis adquiritur.* 88. *Dum tamen sciamus: si alterius in bonis sit seruus, alterius ex iure Quiritium, ex omnibus causis ei soli per eum adquiritur, cuius in bonis est.* 91. *De his autem seruis, in quibus tantum usumfructum habemus, ita placuit, ut quidquid ex re nostra uel ex operis suis adquirunt, id nobis adquiratur; quod uero extra eas causas, id ad dominum proprietatis pertineat: itaque si iste seruus heres institutus sit legatumue quid ei aut donatum fuerit, non mihi, sed domino proprietatis adquiritur.* 92. *Idem placet de eo, qui a nobis bona fide possidetur, siue liber sit siue alienus seruus: quod enim placuit de usufructuario, idem probatur etiam de bonae fidei possessore: itaque quod extra duas istas causas adquiritur, id uel ad ipsum pertinet, si liber est, uel ad dominum, si seruus est.*

> *Tit. Ulp.* 19.18: *Adquiritur autem nobis etiam per eas personas, quas in potestate, manu mancipiove habemus. Itaque si quid mancipio puta acceperint, aut traditum eis sit, vel stipulati fuerint, ad nos pertinet.* 19. *Item si heredes instituti sint legatumve eis sit, et hereditatem iussu nostro adeuntes nobis adquirunt, et legatum ad nos pertinet.* 20. *Si servus alterius in bonis, alterius ex iure Quiritium sit, ex omnibus causis adquirit ei, cuius in bonis est.* 21. *Is, quem bona fide possidemus, sive liber sive alienus servus sit, nobis adquirit ex duabus causis tantum, id est, quod ex re nostra et quod ex operis suis adquirit: extra has autem causas aut sibi adquirit, si liber sit, aut domino, si alienus servus sit. Eadem sunt et in eo servo, in quo tantum usumfructum habemus.*

I due specifici elementi che, come anticipato, si aggiungono al dato delle evidenti coincidenze di contenuti e terminologia, sono il segno '*puta*' di *Tit. Ulp.* 19.18, che nella sua valenza esemplificativa rimanda al fatto che in Gai 2.87 alle tre fattispecie (*mancipatio, traditio, stipulatio*) pun-

come ben sottolinea questo studioso, la differenza tra il tipo di comunicazione di Gaio, scorrevole e adatta a una esposizione didattica, e la sequenza di regole formulate in maniera «sobria, tagliente e priva di spiegazioni isagogiche», presente nei *Tituli*, non si presta, tuttavia, a provare una indipendenza tra le due fonti, ché la differenza in questione può legittimamente giustificarsi con l'ipotesi che Ulpiano abbia utilizzato il testo di Gaio, essiccandone il dettato per ottenere un serrato e succinto repertorio di asserzioni di tipo regolativo.

[378] L'autore dei *Tituli*, conformemente ai contenuti dei paragrafi che precedono nello stesso tit. 19 '*De dominiis et adquisitionibus rerum*', si limita all'acquisto della proprietà, tralasciando la questione dell'acquisto del possesso illustrata da Gaio nei §§ 2.89-90.

tualmente riproposte dall'autore dei *Tituli* si aggiungeva '*uel ex aliqualibet causa adquirunt*'; e la costruzione, in chiusura di *Tit. Ulp.* 19.21, '*Eadem sunt et in eo servo, in quo ...*', che riflette da vicino il tipo di andamento logico di Gai 2.91-92, ove, illustrato il regime riguardante il servo in usufrutto (§ 2.91), si ricorre al medesimo schema narrativo dell'identità per descrivere il regime riguardante un altro soggetto: '*Idem placet de eo qui ... Quod enim placuit de usufructuario, idem probatur etiam de bonae fide possessore*'[379]. L'insieme delle evidenze che precedono suggerisce con forza che l'autore di *Tit. Ulp.* 19.18-21 abbia avuto direttamente dinanzi agli occhi e rielaborato proprio i su trascritti paragrafi di Gaio[380]; e costituisce, se ben vedo, un riscontro più puntuale di quelli generalmente addotti, tale da prestarsi a sostenere la conclusione che la compresenza, nei *Tituli*, di parallelismi, affinità e coincidenze di contenuti e terminologia, da un lato, e di scollamenti sistematici, integrazioni tematiche e variazioni contenutistiche, dall'altro, rispetto ai *commentarii* di Gaio si spieghi assumendo che l'imprecisato (almeno, per me) autore dei *Tituli* abbia confezionato il complessivo testo mettendo insieme brani dei *commentarii* di Gaio, scarnificati al fine di trarne enunciati essenziali di agevole apprendimento[381], con brani, parimenti riformulati ove necessario, tratti da altre opere, tra le quali è naturale pensare, in primo luogo, a scritti di Ulpiano quali le *institutiones*, i VII *libri regularum* nonché i *libri ad Sabinum*[382].

Quanto, poi, alle corrispondenze e deviazioni riscontrabili confrontando i *commentarii* di Gaio e l'opera da cui è tratto il testo inserito nel cd. *fragmentum Dositheanum*[383], esse si giustificano a mio avviso alla luce dell'identificazione di tale opera con le *res cottidianae* dello stesso Gaio, che mi è parso recentemente di poter prospettare con sufficiente grado di verosimiglianza[384].

In particolare, posto che lo scritto giurisprudenziale in esame – trasmesso nel cd. *fragmentum Dositheanum* in traduzione greca e retroversione latina (*infra*, nt 423) – era un testo didattico di natura scolastica (e non già una raccolta di *regulae*, come si è sovente ritenuto in ragione del cenno a κάνονες/*regulae* nel § 3)[385], la sua identificazione con uno squarcio delle *res cottidianae* è resa sen-

---

379 Com'è evidente, l'autore dei *Tituli* ha invertito la sequenza tematica di Gai 2.91-92, anteponendo il caso del soggetto '*quem bona fide possidemus*' al caso del servo '*in quo tantum usumfructum habemus*'. Non è possibile dire se ciò sia avvenuto perché costui ha seguito un ordine decrescente di intensità di situazione potestativa ovvero perché ha avvertito una vicinanza tra l'*in bonis habere*, considerato subito prima, e la *possessio bonae fidei*.

380 Aggiungerei anche il confronto, in materia di legati, tra i blocchi di Gai 2.229-238 e di *Tit. Ulp.* 24.15-18.

381 Mercogliano 1997, 60; 1998, 355; di uno *Schulbuch* congegnato per un apprendimento mnemonico parla Nelson 1993, 86.

382 Cfr. i «punti di contatto» con affermazioni presenti in quest'opera ulpianea segnalati in Mercogliano 1997, 91 ss.

383 Va detto, peraltro, che a quest'ultima fonte Nelson non ha più fatto cenno nelle sue più recenti pagine dedicate alla genesi del testo e del sistema di Gaio (Nelson, Manthe 2007, 82 ss.), nelle quali, invece, ha riproposto l'ipotesi dell'esistenza di un unico testo alla base degli sviluppi che avrebbero portato alle scritture dei *commentarii* di Gaio e dei *Tituli ex corpore Ulpiani*: il che parrebbe denotare un avvenuto ripensamento sul punto in questione.

384 Falcone 2021a, 217 ss.

385 Come è dimostrato soprattutto dalla presenza di notazioni e giunture del discorso tipicamente didascaliche, quali il riferimento (§ 3) ad una gradualità e, dunque, organicità di apprendimento e ad una ordinata e razionale esposizione, il cenno (§ 4) a scelte didattiche volte a far sì che le singole nozioni vengano meglio chiarite e che non sia necessario illustrare più volte uno stesso punto e, ancora, l'avvertenza (§ 8) che determinate ipotesi verranno mostrate via via che l'esposizione procederà: cfr. Falcone 2021a, 206 ss.

z'altro verosimile da non pochi indizi, di ordine formale e sostanziale, e soprattutto dal convergere dei seguenti. 1) Nel § 17 compare la locuzione '*Magna autem dissensio est* ...' ('Μεγάλη μέντοι ἀμφισβήτησίς ἐστιν...'): pur in presenza di una assai ricca documentazione relativa a controversie giurisprudenziali conservata nel Digesto e in fonti pregiustinianee, solamente in tre testi di Gaio si incontra la concettualizzazione '*magna dubitatio*' e '*magna quaestio*' (Gai 3.184; Gai. 8 *ad ed. prov.*, D. 35.2.73.1; Gai 3.149) e per di più, in due di essi con identica posizione incipitaria rispetto al complessivo discorso e con identica struttura interna ('*Magna dubitatio fuit*'; '*Magna autem quaestio fuit*') che si osserva in *fr. Dos.* 7; aggiungasi, quale espressione di un medesimo ordine di idee, ancora un quarto testo di Gaio, in cui figura il grado comparativo '*maior*': Gai 2.215 '*Maior illa dissensio in hoc legato intervenit* ...' (ove torna anche la coincidenza di posizione iniziale nel discorso). 2) Nel § 12 si afferma che il pretore non consentirà che il servo manomesso da un *peregrinus* (che non può acquisire lo status di *Latinus* previsto dalla *lex Iunia Norbana*) torni in una situazione di asservimento, '*nisi aliter lege peregrina caveatur*' ('εἰ μὴ ἄλλως νόμῳ Ἑλλήνων χειρογραφηθῇ'): la segnalazione dell'eventualità che una statuizione *peregrina* regoli diversamente un determinato fenomeno trova corrispondenza nell'analogo atteggiamento di apertura ad eventuali peculiarità giuridiche dei *peregrini* mostrato in Gai 3.120 ('... *nisi si de peregrino fideiussore quaeramus, et alio iure civitas eius utatur*') e in Gai 3. 96 ('... *utique cum quaeritur de iure Romanorum. Nam apud peregrinos quid iuris sit, singularum civitatium iura requirentes aliud intellegere poterimus*'), mentre il riferimento in sé ad una '*lex*' *peregrina* richiama l'impiego di *lex* in Gai 1.193 per indicare un disciplinamento esistente, in tema di tutela, *apud peregrinos* (la *lex Bithynorum*). 3) Nel § 5 si fa riferimento agli acquisti compiuti dal soggetto manomesso *inter amicos* con le parole '*velut si quid stipulabatur vel mancupio accipiebat vel ex quacumque causa alia adquisierat*' ('... ἢ εἴ τι ἐπηρώτα, <ἢ> κατὰ γραφὴν εἰλήφει, ἢ εἰ ἐξ οἵας δήποτε δίκης ἄλλης προσεκέκτητο'): queste parole ricalcano l'affermazione di Gai 2.86 '*quod servi nostri mancipio accipiunt vel ex traditione nanciscuntur, sive quid stipulentur vel ex aliqualibet causa adquirunt*', ponendosi in linea con i riscontri di formulazioni già presenti nei *commentarii* gaiani e riproposte, spesso quasi immutate, nelle *res cottidianae*. 4) Nel fr. 2 l'indicazione '*Iuris civilis **** appellatur, quia ex pluribus partibus constat*' ('Δικαίου πολιτικοῦ **** προσαγορεύεται, ὡς ἐκ πλειόνων μερῶν συνέστηκεν') appare come un'accentuazione di quella rappresentazione in chiave di elementi che compongono il complessivo assetto giuridico, che orienta, come si è visto,[386] le affermazioni di Gai 1.2-7[387].

Corrispondenze e deviazioni tra questi due scritti, cioè, costituiscono a mio avviso ulteriori esempi di un fenomeno già ben noto attraverso la comparazione tra brani dei *commentarii* 'istituzionali' di Gaio e frammenti delle *res cottidianae* conservati nel Digesto, i quali ultimi ci mostrano analogie di contenuti e di formulazioni e però, al tempo stesso, casi di difformità sistematiche e di prospettiva, oltre che, naturalmente, ampliamenti e sviluppi contenutistici, rispetto al precedente testo didattico[388]. Nemmeno per questa via, dunque, sembra possibile riconoscere l'esistenza, per dir così, dietro le quinte della scrittura di Gaio di un più antico manuale isagogico, che avrebbe influenzato, o più decisamente determinato, contenuti e caratteri del testo del giurista antonino.

---

386 *Supra*, n. 5 sub *b*).

387 Per ulteriori elementi, che ben si coordinano con un'attribuzione del testo alle *res cottidianae*, cfr. Falcone 2021a, 219 ss.

388 Cfr. Falcone 2021a, 217.

9. Uno sguardo all'esterno

Ben altra cosa rispetto ad un rifacimento da parte di Gaio di un antico manuale è, naturalmente, il collegamento, che va senz'altro prospettato, tra i *commentarii* gaiani e una preesistente complessiva tradizione[389], dalla quale può certo legittimamente ritenersi che il nostro giurista abbia derivato questo o quel nucleo narrativo, questa o quella impostazione del discorso o soluzione sistematica.

Questa tradizione non deve essere necessariamente pensata come interamente veicolata attraverso (o come interamente consistente in) una produzione libraria. Possiamo infatti pensare all'incidenza anche di un variegato materiale esoterico, collegato alla concreta prassi dell'insegnamento – personali appunti dei maestri o brogliacci funzionali allo svolgimento dell'esposizione orale; testi-base o di supporto messi a disposizione degli studenti, come si è più su proposto per gli stessi *commentarii* gaiani; note consegnate agli studenti in relazione a ciò che essi avevano ascoltato a lezione[390]; trascrizioni di lezioni da parte degli studenti – e tramandatosi anche al di là di rapporti diretti di magistero[391], attraverso una conservazione e, per dir così, stabilizzazione, che possiamo presumere agevolata dal senso di appartenenza e continuità che doveva caratterizzare la trasmissione del sapere giuridico all'interno delle due *scholae*. Tra il materiale di tal natura eventualmente utilizzato da Gaio, va da sé, dobbiamo anche annoverare le trascrizioni che egli stesso, da studente, avrà compiuto degli insegnamenti appresi dai propri diretti maestri[392] – maestri che, seguendo un recente suggerimento di Liebs, potrebbero esser stati "giuristi meno noti, probabilmente [...] uno o due dei nume-

---

[389] Sulla distinzione tra le due vicende cfr., ad es., con concisa limpidezza, già Kipp 1909, 131 nt. 27; Krüger 1912, 210 nt. 57; e, in tempi più vicini, Quadrato 1979, 11.

[390] Come attestato da Galen. *de libris propriis, praef.* 6 e 9; c. 14.15 : *supra*, n. 7 su nt. 298.

[391] Si mostrano disponibili verso questa eventualità, ad es., Nelson 1981, 375; Stolfi 1997, 75.

[392] In questo senso già Schulz 1946, 161.

rosi epigoni, che si contentavano di trasmettere e illustrare le opinioni dei grandi fondatori della loro scuola"[393].

Con riguardo alla stessa produzione letteraria, d'altra parte, sarebbe riduttivo immaginare esclusivamente testi di natura isagogica quali possibili componenti di una tradizione didattica confluita nei *commentarii* gaiani. Basti già pensare ai *libri iuris civilis* di Quinto Mucio, oggetto, peraltro, di un apposito commento da parte di Gaio anteriormente alla redazione dei *commentarii* 'istituzionali'[394]; o ai *libri iuris civilis* di Sabino, i quali, nonostante siano stati da qual-

---

[393] Liebs 2020, 11. Il che costituisce, come si è detto, una possibile spiegazione dell'ambientazione in tempi non troppo vicini a Gaio delle controversie richiamate nei *commentarii*: cfr. *supra*, su ntt. 334-335. Sull'identificazione degli "epigones" delle due scuole cfr. Liebs 1976, 215, il quale menziona Minicius, Fufidius, Ursejus Ferox, Servilius, Vivianus, Plautius, Aufidius Chius.

[394] Cfr. *supra*, nt. 39. Una considerazione di quest'opera come manuale d'insegnamento (troppo recisamente sostenuta da Cantarone 2001, 421 s.) è resa assai improbabile già dalla stessa notevole estensione. Ma che essa sia di fatto confluita, e precocemente, in una tradizione 'didattica' parrebbe suggerito dal famoso squarcio del *de legibus*, in cui Cicerone assume talune prese di posizione di Quinto Mucio e del padre Publio in materia di *sacra* come paradigma di una asserita *ignoratio docendi* dei giuristi. Si tratta di: Cic. *leg.* 2.19.47. *Sed iuris consulti, siue erroris obiciundi causa quo plura et difficiliora scire uideantur, siue, quod similius ueri est,* ignoratione docendi (nam non solum scire aliquid artis est, sed quaedam ars <est> etiam docendi) *saepe quod positum est in una cognitione, id <in> infinita dispertiuntur. Velut in hoc ipso genere, quam magnum illud Scaeuolae faciunt, pontifices ambo et eidem iuris peritissimi! 'Saepe, inquit Publi filius, ex patre audiui, pontificem bonum neminem esse, nisi qui ius ciuile cognosset'. Totumne? Quid ita? Quid enim ad pontificem de iure parietum aut aquarum aut ullo omnino, nisi eo quod cum religione coniunctum est? Id autem quantulum est? De sacris credo, de uotis, de feriis et de sepulcris, et si quid eius modi est. Cur igitur haec tanta facimus, cum cetera perparua sint? de sacris autem, qui locus patet latius, haec sit una sententia, ut conseruentur semper et deinceps familiis prodantur, et, ut in lege posui, 'perpetua sint sacra'. Haec iura pontificum auctoritate consecuta sunt, ut, ne morte patris familias sacrorum memoria occideret, iis essent ea adiuncta, ad quos eiusdem morte pecunia uenerit.* 19.48. *Hoc uno posito, quod est ad cognitionem disciplinae satis, innumerabilia nascuntur,* quibus implentur iuris consultorum libri. *Quaeruntur enim qui adstringantur sacris. Heredum causa iustissima est; nulla est enim persona quae ad uicem eius qui e uita emigrarit propius accedat. Deinde qui morte testamentoue eius tantundem capiat quantum omnes heredes: id quoque ordine; est enim, ad id quod propositum est, adcommodatum. Tertio loco, si nemo sit heres, is qui de bonis, quae eius fuerint, quom moritur, usu ceperit plurimum possidendo. Quarto qui, si nemo sit qui ullam rem ceperit, de creditoribus eius <qui> plurimum seruet.* 19.49. *Extrema illa persona est ut, si is qui ei, qui mortuus sit, pecuniam debuerit neminique eam soluerit, proinde habeatur quasi eam pecuniam ceperit.* 20.49. Haec nos a Scaeuola didicimus, *non ita descripta <sunt> ab antiquis. Nam illi quidem his uerbis docebant: tribus modis sacris adstringit<ur>: hereditate, aut si maiorem partem pecuniae capiat, aut si maior pars pecuniae legata est, si inde quippiam ceperit.* 20.50. Sed pontificem sequamur. *Videtis igitur omnia pendere ex uno illo, quod pontifices cum pecunia sacra coniungi uolunt isdemque ferias et caerimonias adscribendas putant <ad quos pecunia pervenerit>. Atque etiam hoc docent Scaeuolae, quom est partitio, ut si in testamento deducta scripta non sit, ipsique minus ceperint quam omnibus heredibus relinquatur, sacris ne alligentur. In donatione hoc idem secus interpretantur: et quod pater familias in eius donatione, qui in ipsius potestate est, adprobauit ratum est; quod eo insciente factum est, si id is non adprobat, ratum non est.* 20.51. *His propositis quaestiunculae multae nascuntur, quas qui non intellegat, si ad caput referat, per se ipse facile perspiciat?* rell.

Se è ben possibile che le parole del § 19.47 *'Saepe, inquit Publi filius, ex patre audiui, pontificem bonum neminem esse, nisi qui ius ciuile cognosset'* rimandino ad un'affermazione ascoltata da Cicerone nel corso della diretta frequentazione di Quinto Mucio (Stolfi 2018, 397), le successive scansioni, nelle quali vengono richiamate concrete prese di posizione, dovettero invece esser tratte dai *libri iuris civilis*. È quanto mi sembra necessario desumere dal fatto che la rassegna delle specifiche indicazioni riguardanti la questione di chi sia tenuto a provvedere ai *sacra* (§ 2.19.48-49) è ricompresa tra le parole *'innumerabilia nascuntur, quibus implentur* iuris consultorum libri' e le parole *'Haec nos a Scaevola didicimus'*; e dal fatto che poco dopo, riportati gli essenziali insegnamenti degli *antiqui*, Cicerone espone le posizioni dei due Scevola (2.20.50-51) avviando il discorso con l'affermazione *'Sed pontificem sequamur'*, che sembra esprimere un diretto collegamento con il testo muciano. Detto questo, il riferimento, in termini critici, alla prospettiva del *docere* potrebbe spiegarsi, ove si immagini un ricorso al verbo con accezione

cuno intesi come il "manuale della scuola sabiniana"[395] e, addirittura, come l'*Einführungsschrift* della scuola sabiniana che avrebbe costituito "das Modell" per il testo di Gaio[396], è davvero poco credibile che possano aver assolto ad una funzione di testo isagogico.

A rendere inverosimile una natura isagogica dell'opera di Sabino è soprattutto, a mio avviso, la limitazione dell'opera alla sfera del *ius civile*[397]. È legittimo, infatti, presumere che, se i *libri tres iuris civilis* fossero stati concepiti come un manuale isagogico, in essi il giurista avrebbe destinato riferimenti più significativi ed organici agli assetti di derivazione pretoria – tanto più, poi, ove si consideri che, in conseguenza di un'incidenza degli interventi pretori sulle strutture e sui regimi di *ius civile* divenuta fenomeno macroscopico almeno a partire dalla fine del II secolo a.C.[398], una già consolidata presenza delle previsioni edittali tra i contenuti dell'apprendimento del diritto è presupposta, nella metà del I secolo a.C., dalla famosa affermazione di Cic. *leg.* 1.5.17 '*Non ergo a praetoris edicto, ut plerique nunc, neque a duodecim tabulis, ut superiores, sed penitus ex intima philosophia hauriendam iuris disciplinam putas*'[399]. In aggiunta a ciò, può valere la stessa osservazione che, a suo tempo, Flume ha formulato per spiegare il successo che ha arriso al testo di Sabino presso la giurisprudenza di II e III secolo e cioè il fatto che questo «ist in der Art der Entscheidungs- und Problemataliteratur geschrieben»[400]. Il che, certo, non impedisce di pensare che anche i *libri* di Sabino possano esser stati utilizzati per l'insegnamento (e che, dunque, confluissero in una complessiva tradizione didattica), ma purché, come è stato autorevolmente osservato, preceduti «da una didattica più semplice e orientativa»[401].

Meno affidamento farei, per escludere una finalità isagogica, sull'argomento, pur autorevolmente addotto[402], secondo cui l'opera di Sabino si connoterebbe quale sequenza di regole, di

generica, con la consapevolezza da parte di Cicerone del fatto che, già di per sé, l'opera di Mucio realizzava una trasmissione del sapere giuridico; ma questo riferimento potrebbe, invece, ove si assuma un impiego più specifico del verbo, esser stato sollecitato dalla conoscenza del fatto che nel corso dei decenni che precedono la scrittura del *de legibus*, i *libri* di Mucio si erano diffusi nella prassi dell'insegnamento, magari in funzione di approfondimento delle questioni coinvolte nell'analisi dei casi.

395 Schulz 1946, 161 («the mysterious 'Sabinian school-book' which Gaius is supposed to have used and elaborated is pure fantasy. The only such book that ever existed was Sabinus' *Iuris civilis libri iii*»); Scherillo, 1966, 150 (con riferimento anche alla vicinanza del numero di libri rispetto ai *commentarii* di Gaio); Frezza 1977, 248; Pugliese 1981, 13; 19; Stanojevic 1989, 67; De Marini, Lanza 2001, 49.

396 Nelson 2007, 83 s. (a superamento della diversa posizione espressa in Nelson 1981: cfr. *supra*, nt. 372).

397 Era questo, in particolare, l'argomento che proprio Nelson, in una precedente fase dei suoi studi, aveva opposto alla considerazione dell'opera di Sabino quale manuale isagogico: Nelson 1981, 337; 374 nt. 62; 375.

398 Quale riscontro di questo fenomeno è sufficiente richiamare Cic. *Verr.* 2.1.114: *Posteaquam ius praetorium constitutum est, semper hoc iure usi sumus: si tabulae testamenti non proferrentur, tum, uti quemque potissimum heredem esse oporteret, si is intestatus mortuus esset, ita secundum eum possessio daretur. Quare hoc sit aequissimum facile est dicere, sed in re tam usitata satis est ostendere omnis antea ius ita dixisse, et hoc vetus edictum translaticiumque esse.*

399 La prospettiva dell'apprendimento del *ius* si desume, se non anche dall'uso del termine '*disciplina*', certamente dal cenno alla trasmissione del *ius civile* ('*tradere ius civile*') che compare poco oltre, nel correlato § 18: '... *qui aliter ius civile tradunt, non tam iustitiae quam litigandi tradunt vias*'. Cfr. Falcone 2004, 92; 2020, 190 nt. 33. Già per questa ragione non può, a mio avviso, accogliersi l'osservazione di Mette 1954, 64 e, più di recente, di Avenarius 2006, 458, secondo cui l'esigenza e le condizioni propizie per una scrittura didattica che, come quella dei *commentarii* di Gaio, tenesse in apposita considerazione il coordinamento tra *ius civile* e *ius honorarium* si sarebbero prodotte solamente a seguito della cd. codificazione adrianea dell'editto.

400 Flume 1962, 21. Analogamente, Cannata 2002, 428 nt. 122.

401 Bretone 2004, 261. Lo stesso può dirsi per i 18 *libri iuris civilis* di Quinto Mucio, per i quali cfr. quanto osservato *supra*, in nt. 394.

402 Kaser 1953, 140.

asciutte proposizioni assiomatiche, prive di interni collegamenti sistematici e di richiami a posizioni contrastanti. Mi chiedo, invero, se una siffatta configurazione, estremamente diffusa (specie con riguardo al tenore di tipo regolativo)[403], non sia stata forse assunta con troppa nettezza a fronte dell'eventualità che possa trattarsi di un'immagine condizionata dal fatto che le prese di posizione di Sabino ci sono pervenute attraverso il filtro della scrittura dei commentari dei giuristi successivi. Sta di fatto, ad esempio, che una fonte extragiuridica quale le *noctes Atticae* di Gellio contiene un riferimento ad una posizione espressa da Sabino nel secondo libro *iuris civilis*[404], che induce ad attribuire a questo giurista una parte almeno del resoconto di posizioni contrastanti in tema di *penus legata* contenuto in un testo di Ulpiano (Ulp. 22 *ad Sab.*, D. 33.9.3.9)[405], per ciò solo consigliando, mi sembra, un'attenuazione della recisa tradizionale rappresentazione dei *libri iuris civilis* quale insieme di "terse axiomatic sentences"[406].

---

403 A partire da Jörs 1903, 1444; cfr., oltre a Kaser, citato nella nt. prec., Schulz 1946, 156; Liebs 1976, 227; Baumann 1989, 66; Cannata 1989, 128 nt. 12; Tondo, 1993, 445; Magdelain 1995, 188, 199 e 201; Bretone 2004, 259; Schiavone 2017, 342 s.; Paricio 2021, 132.

404 Gell. *n.A.* 4.1.20. *'Praeterea de penu adscribendum hoc etiam putaui Seruium Sulpicium in reprehensis Scaeuolae capitibus scripsisse Cato Aelio placuisse, non quae esui et potui forent, sed thus quoque et cereos in penu esse, quod esset eius ferme rei causa comparatum. 21. M a s u r i u s autem S a b i n u s in iuris ciuilis secundo etiam, quod iumentorum causa apparatum esset, quibus dominus uteretur, penori attributum dicit. 22. Ligna quoque et uirgas et carbones, quibus conficeretur penus, q u i b u s d a m a i t u i d e r i esse in penu. 23. Ex his autem, quae promercalia et usaria isdem in locis* essent, *esse ea sola penoris putat, quae satis sint usu annuo'*. Da ultimo, Mantovani 2017, 270 nt. 47 ha ritenuto che Sabino «è con ogni probabilità la fonte da cui Gellio ha ricavato l'intera discussione», comprensiva anche delle citazioni di Quinto Mucio e di un altro giurista, che a questo si contrapponeva, contenute nei §§ 16-17.

405 *'Ligna et carbones ceteraque, per quae penus conficeretur, an penori legato contineantur, quaeritur. et Quintus Mucius et Ofilius negauerunt: non magis quam molae, inquiunt, continentur. idem et tus et ceras contineri negauerunt. sed Rutilius et ligna et carbones, quae non uendendi causa parata sunt, contineri ait. Sextus autem Caecilius etiam tus et cereos in domesticum usum paratos contineri legato scribit'*. Per una parziale attribuzione a Sabino sulla base del testo di Gellio cfr. Schulz 1906, 54 e, più di recente, Astolfi 1969, 80; 87; 2001, 221.

406 Le parole trascritte sono di Schulz 1946, 156, che si richiama a Jörs 1903, 1444. Quest'ultimo studioso, dal canto suo, aveva anche addotto, a conferma di una «knappe Ausdrucksweise» dei *libri iuris civilis* di Sabino, due indicazioni presenti in testi letterari e cioè il fatto che in un verso delle satire di Persio (5.90) si parla di *rubricae* di Sabino e il fatto che in una diatriba di Epitteto (IV.3.12) si accenna a νόμοι e a διατάγματα Μασουρίου καὶ Καςςίου. Tuttavia, quanto al cenno di Persio, deve osservarsi che l'uso generalizzato, e attestato proprio in quel torno di anni, di qualificare i testi di materia giuridica come *'libri rubricati'* (arg. ex Petr., *Satyr.* 46.7 *'Emi ergo nunc puero aliquot libra rubricata, quia volo illum ad domusionem aliquid de iure gustare'*, su cui, in tempi recenti, Ducos 2008, 153; Gamauf 2009, 160 ss.; Mantovani 2015, 589; 2018, 19 ss.; Ammirati 2017, 249 s.; Peppe 2019, 198 s.) fa sì che l'allusione a *rubricae* non può intendersi come rispondente ad una peculiarità specifica dei *libri iuris civilis* di Sabino; quanto al richiamo a Sabino e Cassio che Epitteto compie in chiave di contrapposizione tra la sfera della legge divina (diritto naturale) e il piano del diritto positivo – 'Οὗτοί εἰσιν οἱ ἐκεῖθεν ἀπεσταλμένοι νόμοι, ταῦτα τὰ διατάγματα· τούτων ἐξηγητὴν δεῖ γενέσθαι, τούτοις ὑποτεταγμένον, οὐ τοῖς Μασουρίου καὶ Καςςίου' («Queste sono le leggi mandateci di là, queste le prescrizioni; di queste devi essere interprete, a queste sottoposto, non a quelle di Masurio e di Cassio» [trad. Cassanmagnago 2009]) –, si tratta di un passaggio di grande interesse in relazione alla circostanza che, come mostra l'essenziale asciuttezza del richiamo, evidentemente ritenuto bastevole, anche al di fuori della cerchia giurisprudenziale tra I e II secolo doveva essere ben avvertita e notoria quella continuità quasi endiadica tra i due giuristi alla quale siamo abituati dagli scritti giurisprudenziali di II-III secolo, ma non direi che esso autorizzi illazioni sull'aspetto esteriore dei dettati di Sabino (illazioni che, oltretutto, dato il riferimento unitario ad entrambi i giuristi, costringerebbero ad immaginare un asciutto tenore regolativo anche per le formulazioni di Cassio), già solo per il fatto che non possiamo dire se i νόμοι e διατάγματα fossero, per Epitteto, le formulazioni stesse dei due giuristi (come, oltre a Jörs, ha con troppa decisione sostenuto anche Magdelain 1995, 201) o non, piuttosto, le norme e le prescrizioni che costituiscono oggetto dell'attività di Masurio e Cassio, delle quali, cioè, si occupano Masurio e Cassio.

Sta di fatto, peraltro, che l'esistenza di esposizioni elementari del diritto privato non è attestata nemmeno per Cassio né per alcuno tra i successivi anonimi '*praeceptores*' ai quali Gaio riconduce la propria formazione. Allo stato della documentazione pervenutaci, la sola espressione di letteratura isagogica che potrebbe eventualmente venire in questione per un tempo anteriore al confezionamento dei *commentarii* gaiani[407] e per la quale, dunque, potrebbe astrattamente concepirsi l'eventualità di un influsso su questo o quell'aspetto del testo di Gaio, consiste nei *libri duo enchiridii* di Pomponio[408]. Di questo scritto sono conservati nel Digesto i seguenti tre testi:

> Pomp. 2 *enchir.*, D. 26.1.13pr.: *Solet etiam curator dari aliquando tutorem habenti propter aduersam tutoris ualetudinem uel senium aetatis: qui magis administrator rerum, quam curator esse intellegitur?* 1. *Est etiam adiutor tutelae, quem solet praetor permittere tutoribus constituere, qui non possunt sufficere administrationi tutelae, ita tamen ut suo periculo eum constituant;*

> Pomp. 1 *enchir.*, D. 38.10.8: *Servius recte dicebat socri et socrus et generi et nurus appellationem etiam ex sponsalibus adquiri;*

> Pomp. 2 *enchir.*, D. 46.3.107: *Uerborum obligatio aut naturaliter resoluitur aut ciuiliter: naturaliter ueluti solutione aut cum res in stipulationem deducta sine culpa promissoris in rebus humanis esse desiit: ciuiliter ueluti acceptilatione uel cum in eandem personam ius stipulantis promittentisque deuenit.*

Il tenore di questi tre frammenti conferma la deduzione che è suggerita dalla stessa designazione '*enchiridion*', 'manuale', identica all'intitolazione con cui Arriano aveva accompagnato la raccolta di estratti degli insegnamenti di Epitteto[409]: e cioè, che l'opera dai quali essi sono stati escerpiti era un apposito scritto didattico. E se il contenuto di tutti e tre i

---

[407] Lascio da canto le *institutiones* di Fiorentino, non solo perché, notoriamente, è assai incerta la collocazione cronologica di questo giurista, potendo alcuni indizi orientare più per l'età dei Severi che per quella degli Antonini, ma altresì in quanto, in ragione della loro estensione in dodici libri e, ancor più, dei contenuti di alcuni brani, è lecito dubitare che si tratti di opera destinata ad un pubblico di esordienti (in questo stesso senso, ultimamente, Maganzani 2022, che ho potuto leggere grazie alla cortesia dell'Autrice), § I.2; per la questione della cronologia cfr. § I.3.

[408] La classicità dell'opera – per la quale già, ad es., Krüger 1912, 191 e Schulz 1946, 168 = 1968, – è ammessa, più di recente, in Guarino 1969, 102 ss. = 1994a, 312 ss.; Albanese 1978b, 27 = 1991, 1479; Liebs 1997, 146; 2008, 47 s. Non ritengo che possa essere accolta la congettura di Bretone 1965, 42 ss. e poi 1984, 217 ss., secondo cui i *libri duo enchiridii* sarebbero il risultato di una cucitura, da parte di un editore tardo, del *liber singularis enchiridii* e del *liber singularis regularum*. La congettura ha per fondamento una considerazione del primo e del terzo dei tre frammenti di seguito trascritti nel testo (26.1.13pr. e D. 46.3.107), entrambi tratti dal libro secondo, come aventi un tenore di "regola", mentre il secondo frammento (D. 38.10.8), tratto dal primo libro, avrebbe il medesimo tono lessicografico che si riscontra nel brano del *liber singularis enchiridii* conservato in D. 50.16.239. Tuttavia, a parte la generale obiezione circa l'eccessiva arditezza della deduzione a fronte dell'estrema esiguità del materiale pervenutoci, mi sembrano ingiustificate sia la valutazione in chiave di *regula* della notazione presente in D. 26.1.13pr. sia, prima ancora, la convinzione, implicitamente presupposta, che assunti dal tenore regolativo non possano aver trovato spazio in opere diverse dai *libri regularum*: convinzione che è del resto smentita, ad esempio, proprio dai *commentarii* di Gaio: cfr. *infra*, n. 10.

[409] Cfr. Crifò 1998, 78 nt. 148; Stolfi 2002, 299; Liebs 2008, 48.

frammenti si addice ad un discorso di livello iniziale, almeno per il secondo e per il terzo può ulteriormente notarsi una specifica prossimità rispetto al tipo di comunicazione presente nei *commentarii* di Gaio, dato che essi contengono, rispettivamente, un segmento di una più ampia indicazione definitoria[410] e un'informazione resa secondo un'articolazione divisoria.

Tuttavia, il rapporto cronologico con i *commentarii* di Gaio non è ricostruibile con certezza. La questione si intreccia inevitabilmente con quella, assai delicata, del rapporto tra i *libri duo* e il *liber singularis enchiridii*. A questo riguardo, assumerei come base di partenza i seguenti punti: il *liber singularis* non può considerarsi estratto dai *libri duo*, talmente marcata è la differenza tra il livello dei tre frammenti più su trascritti e la complessiva sciatteria e i difetti di cui è disseminato il testo del *liber singularis* conservato nel Digesto[411]; il *liber singularis*, piuttosto, dovette consistere in appunti maldestramente scritti da uno studente sulla base di quello che andava ascoltando a lezione o che aveva ascoltato a lezione[412]; la scrittura di questi appunti è avvenuta vivente l'imperatore Adriano, giacché questi è qualificato come '*optimus princeps*'[413]. Sulla base di quanto precede, nella consapevolezza che ogni proposta di soluzione

---

410 Bretone 1984, 216.

411 Né la distanza di livello tra il materiale dei due scritti potrebbe ascriversi ad una rielaborazione da parte di una mano postclassica. A questo proposito, infatti, sono notevoli le osservazioni di Albanese 1978b, 25 s. = 1991, 1477 s. (che trascrivo integralmente anche perché facenti parte di uno studio che, purtroppo, risulta sfuggito ad autori di successive e pur importanti prese di posizione sul punto, quali Bretone 1984 e Liebs, 1997 e 2008): «Pare chiaro che chi ha scritto il nostro brano non si è posto come estraneo rispetto alla storia che narra. Uno scrittore postclassico non si sarebbe probabilmente servito regolarmente del termine *princeps* per designare l'imperatore (§§ 11 e 12). Uno scrittore tanto tardo non avrebbe parlato delle *legis actiones* come di forme processuali ancora in uso (D. 1,2,2,12). E difficilmente un siffatto autore avrebbe designato, a due riprese, l'impero romano come *civitas nostra* (D. 1,2,2,1 e 12). Inoltre, un autore tanto tardo non avrebbe usato l'avverbio *novissime* all'inizio del discorso relativo all'introduzione del principato (D. 1,2,2,11). Né va taciuto che in D. 1,2,2,12 il *ius honorarium* sembra considerato in qualche modo come un ordinamento che sia ancora, per così dire, *in statu nascendi* (*unde ius honorarium nascitur*); anche in D. 1,2,2,10, ove le forme verbali sono invece orientate in genere verso il passato, si usa il presente nella frase *honorarium dicitur*. Infine, un postclassico forse non avrebbe detto in sede conclusiva che il senatoconsulto *solum senatu constituente inducitur* (D. 1,2,2,12): non gli sarebbe certo sfuggito il peso decisivo dell'*oratio* dell'imperatore. Tutti questi motivi inducono a congetturare che D. 1,2,2 pr.-12 sia stato scritto da un contemporaneo di Pomponio».

412 Behrends 1973, 796; Albanese 1978b, 26 s. = 1991, 1478 s.; Liebs 1997, 146; 2008, 47 s. Credo che anche a questo proposito valga la pena di riportare gli appositi rilievi di Albanese (a fronte della lapidaria e recisa conclusione assunta dagli altri studiosi citati): «Ora, se l'autore di D. 1,2,2 pr.-2 non è Pomponio e non è un epitomatore a lui di molto successivo, bensì uno scrittore pressoché contemporaneo a Pomponio stesso, deve pur dirsi che si tratta d'uno scrittore singolarmente imperito. Imperito al punto di scordarsi di parlare ex professo delle *leges publicae*; imperito al punto di commettere errori cronologici del tipo di quelli rilevati; imperito al punto di adoperare uno stile pedante e puerile insieme; imperito al punto di congegnare il discorso con connessioni e motivazioni assai banali e rozze; imperito, infine, al punto di commettere errori formali che hanno sollecitato le emendazioni di generazioni di romanisti. A nostro parere, un tale autore potrebbe esser stato, con buona verosimiglianza, un volenteroso, ma ancor *rudis*, uditore delle lezioni di Sesto Pomponio. [...] Che pagine d'appunti presi in fretta e poi sommariamente rielaborati possano presentare proprio il medesimo stile stereotipato di articolazioni tra un argomento e l'altro che ritroviamo in D. 1,2,2 pr.-12 (*itaque; postea; et ita; deinde; postea; et ita; coepit ... esse; deinde ... eodem tempore; et ita eodem paene tempore; postea; deinde; evenit, ut; mox; deinde ... ita coepit; eodem tempore; novissime ... evenit, ut; ita ... aut ... aut ... aut ...aut ... aut ... aut ... aut*) è cosa caratteristica».

413 D. 1.2.2.47. Cfr., in particolare, Nörr 1976, 513 ss.

non può che mantenersi ad un livello di congettura[414], appare suggestiva quella formulata da Liebs, secondo cui i *libri duo* sarebbero stati composti da Pomponio a seguito dell'avvenuta divulgazione apocrifa dei maldestri appunti scolastici[415]. Si sarebbe trattato, in sostanza, di una vicenda analoga a quella descritta da Quintiliano in *inst. or.*, 1 *praef.* 7, in cui l'autore afferma di essersi deciso a comporre l'opera '*eo magis quod duo iam sub nomine meo libri ferebantur artis rhetoricae neque editi a me neque in hoc comparati* ...'[416]. Ebbene, anche abbracciando questa ricostruzione, non disponiamo di un appiglio che ci consenta di sbilanciarci sulla questione del rapporto tra i *libri duo* e i *commentarii* di Gaio. Giacché, se, come detto, può senz'altro assumersi che la redazione degli appunti è stata compiuta vivente Adriano, non è, invece, dato sapere in quale momento quegli appunti avrebbero preso a circolare fuori dalla cerchia degli studenti, sollecitando la pubblicazione dei *libri duo* da parte di Pomponio: quest'ultima opera, pertanto, potrebbe esser apparsa nella stessa età adrianea, e dunque esser antecedente rispetto al testo di Gaio, ma potrebbe anche esser stata pubblicata durante gli anni di Antonino Pio e perfino durante il regno del suo successore, successivamente, dunque, al confezionamento dei *commentarii* gaiani.

Ad ogni modo, se anche si optasse per un'antecedenza rispetto al testo di Gaio, non vi sarebbe alcun dato, all'interno dei tre frammenti superstiti, in grado di far congetturare una possibile influenza esercitata su Gaio. Anzi, all'opposto, il solo elemento che consente un confronto tra i due scritti, e che concerne la sistematica, rivela una differenziazione tra essi. Invero, le *inscriptiones* dei tre frammenti indicano che nel testo di Pomponio la materia delle persone era distribuita tra il primo e il secondo libro (rispettivamente, D. 38.10.8 e D. 26.1.13pr.) e che nel secondo libro era trattata anche la materia delle obbligazioni (D. 46.3.107): posto che la consistenza in due libri della complessiva opera rende impensabile che la tematica delle persone avesse occupato, oltre ad una parte del secondo, anche l'intero libro primo, dobbiamo desumere che essa fosse preceduta da un'altra materia (che è plausibile congetturare fosse, secondo una consolidata tradizione,[417] quella del diritto ereditario). Con il che balza agli occhi la difformità rispetto ai *commentarii* di Gaio, che si aprivano, invece, notoriamente, con la trattazione sulle *personae*[418].

Con l'occasione, segnalo che, ove si accolga l'identificazione proposta del cd. *fragmentum Dositheanum* con le *Res cottidianae*[419], un dato che attira l'attenzione è offerto dal richiamo di precedenti insegnamenti contenuto nel § 1:

fr. Dos. 1: *Omne enim iustum aut civile appellatur, aut naturale dicitur, aut gentile iustum: ab eo enim nominatur, et omnes nationes similiter eo sunt usae; quod enim bonum et iustum est, omnium utilitati convenit. Sed quod autem iustum civile proprium est Romanorum, et ab eis dictum, quoniam nostra ci-*

[414] «Die Erklärung dafür muss sich auf Vermutungen baschränken»: così Wieacker 2006, 109 (il quale, per parte sua, propende per la congettura che il *liber singularis* consista in un estratto dei *libri duo*, dovuto più probabilmente ad un epitomatore postclassico che allo stesso Pomponio: ma cfr. *supra*, nt. 411).

[415] Liebs 1997, 146; 2008, 48.

[416] L'intero passaggio di Quintiliano è trascritto *supra*, in nt. 9.

[417] *Infra*, n. 12 su ntt. 556-557.

[418] Sul punto cfr., specificamente, *infra*, n. 12 su ntt. 555-560.

[419] *Supra*, n. 8 su ntt. 384-387.

vitas ea veritate utitur. Sed quidam praedicent hoc esse, quod omnibus civibus suis aut maiori parti expedit; sunt enim qui et tradiderunt quantitatem iustitiae esse. Plurimi[420] *hanc autem definitionem veriorem esse tradiderunt, quam*[421] *initio diximus*[422].

Pur con i guasti e le incongruenze che derivano da ricopiature come dal costante riuso del materiale da parte di docenti e studenti e che affliggono, del resto, l'intero documento bilingue[423], il testo consente di riconoscere che il giurista dava notizia di diverse posizioni circa la nozione di *ius civile* (la retroversione *iustum*, evidentemente, risente dell'ambivalente greco δίκαιον): dapprima presentava il *ius civile* come *ius proprium civium Romanorum*, aggiungendo a mo' di spiegazione etimologica la circostanza che *nostra civitas usa est*; quindi riferiva che secondo alcuni ('*Sed quidam praedicent* ...') il *ius civile* è quello che è utile per tutti i *cives* o per la maggior parte dei *cives*; a questo punto, riferiva una ulteriore posizione, ormai non identificabile con precisione ('*sunt enim qui et tradiderunt quantitatem iustitiae esse*': si trattava di una nozione che assumeva la *iustitia* come sostanza del *ius civile*?)[424]; infine, affermava che molti (o 'i piu') hanno trasmesso esser 'più vera' la definizione che era stata indicata in apertura di discorso. Al di là delle incertezze che attengono al significato e alla portata delle suddette affermazioni, quel che è oggettivamente attestato e che interessa specificamente ai nostri fini è l'esistenza di una pluralità di definizioni che alcuni o che i più "hanno trasmesso". La traduzione greca 'παρέδοσαν' porta senz'altro a concludere che anche nell'originale latino comparisse il verbo '*tradiderunt*' che leggiamo nella retroversione e che, come sappiamo, si presta ad indicare la trasmissione di insegnamenti[425]: dato il contesto didascalico della narrazione e dell'intero scritto, la lettura più naturale è nel senso di assumere che il giurista avesse impiegato '*tradere*' proprio in questa accezione. Se quanto fin qui osservato è attendibile, disponiamo di un esplicito riferimento, da parte del Gaio delle *res cottidianae*, a precedenti prese di posizione che altri soggetti avevano formulato nell'ambito di una comunicazione didattica

---

420 Seguo sul punto le restituzioni di Böcking 1832, Lachmann 1837 e Krüger 1878, i quali hanno corretto '*plurimam*' in '*plurimi*', sulla scorta di una correzione, risalente a Schilling 1819, del greco πλείονα in πλείονες. Giusta questa emendazione, potrebbe anche immaginarsi che l'originale latino riportasse, secondo l'*usus loquendi* gaiano, '*plerique*' (che troviamo, infatti, tradotto con πλείονες in PT. 2.20.4).

421 Anche a questo proposito seguo Lachmann e Krüger, i quali hanno sostituito '*quam*' al posto del '*quae*' presente nel solo manoscritto che contiene il § 1 (Falcone 2021a, 204).

422 'Πᾶν γὰρ δίκαιον ἢ πολιτικὸν προσαγορεύεται ἢ φυσικὸν λέγεται ἢ ἐθνικὸν δίκαιον˙ ἀπὸ τούτου γὰρ ὠνομάσθη, καὶ πάντα τὰ ἔθνη ὁμοίως τούτῳ εἰσὶν κεχρημένα˙ ὃ γὰρ καλὸν καὶ δίκαιόν ἐστι, πάντων εὐχρηστίᾳ συμφωνεῖ. Τὸ δὲ δίκαιον πολιτικὸν κύριόν ἐστι Ῥωμαίων, καὶ ἀπὸ τούτων εἰρημένον, ἐπειδὴ ἡμετέρα πόλις ταύτῃ τῇ ἀληθείᾳ χρᾶται, ἀλλ' ἔνιοι προλέγουσιν τοῦτο εἶναι, ὃ πᾶσι πολίταις ἰδίοις ἢ μείζονι μέρει συμφέρει˙ εἰσὶν γὰρ οἳ καὶ παρέδοσαν ὑπόστασιν δικαιοσύνης εἶναι πλείονα, τοῦτον δὲ τὸν ἀφορισμὸν ἀληθέστερον εἶναι παρέδοσαν, <ἢ> ὅσα ἐν τῇ ἀρχῇ εἴπαμεν'. Come si vede, nell'ultimo segmento l'editore (Flammini 2004) ha preferito inserire la congiunzione comparativa ἤ: in tal modo, il testo direbbe che i molti (o 'i più') hanno insegnato che la definizione subito prima riferita (e oggi non più intellegibile con chiarezza) è più vera di quella indicata all'inizio del discorso.

423 È il caso di ricordare che il cd. *fragmentum Dositheanum* consiste in un testo bilingue greco-latino, confezionato da un *ludimagister* il quale, volendo procurare uno strumento di esercizio linguistico ai suoi allievi di grammatica anche con riguardo al lessico giuridico, ha tradotto in greco una parte di uno scritto giurisprudenziale, e ne ha quindi approntato una retrotraduzione, parola per parola, in latino.

424 Si pensi, ad es., alla definizione del *ius civile* come '*aequitas constituta in eis qui eiusdem civitatis sunt ad res suas obtinendas*' che si legge in Cic. *top.* 2.9.

425 Cfr. *supra*, nt. 1, con riguardo a riscontri gaiani.

e che l'autore teneva direttamente presenti. Il giurista, anzi, lascia intendere l'esistenza di una pluralità di interventi: *'quidam praedicent'*, *'sunt qui tradiderunt'* e, addirittura, ove si accolga una plausibile emendazione, *'plurimi* (o *'plerique'*?) *tradiderunt'*[426].

Purtroppo, però, anche in questo caso, non è dato desumere implicazioni univoche. Ove si pensasse che le definizioni richiamate dall'autore fossero state fornite in contesti didattici elementari, il suddetto dato della pluralità di posizioni potrebbe, ad esempio, suggerire che esistessero esposizioni elementari ulteriori rispetto alle sole a noi conosciute che potrebbero, eventualmente, venire in causa relativamente ad un tempo anteriore alla scrittura delle *res cottidianae*: e cioè il *liber singularis enchiridii* e i *libri duo enchiridii* (giusta la presenza, all'interno del primo dei due testi, di una precisazione in tema di *ius gentium*, evidentemente preceduta dalla fissazione della relativa nozione[427], la quale, a sua volta, può agevolmente immaginarsi correlata – come, del resto, in *fr. Dos.* 1 – ad una definizione del *ius civile*) e le *institutiones* di Fiorentino (per una ragione analoga, legata alla presenza del discorso sul *ius gentium* conservato in D. 1.1.3), qualora si optasse per la cronologia alta di quest'ultimo giurista[428]. E lo stesso varrebbe ove si pensasse che Gaio abbia trovato le varie posizioni richiamate in una di queste opere. Per questa via, peraltro, potrebbe supporsi – e sarebbe la ricaduta più direttamente rilevante – che lo stesso dualismo *'ius proprium-ius commune omnium'* che compare in apertura del testo veronese riproponesse un modello tralatizio di introduzione didattica al fenomeno- *ius*. Tuttavia, a parte la possibilità che le prese di posizione in questione fossero state formulate, anziché in opere pubblicate, in materiali didattici circolanti all'interno degli ambienti scolastici, nulla impedisce di immaginare che, piuttosto, esse fossero contenute in trattazioni più approfondite o di argomento settoriale; e addirittura, dato che lo specifico oggetto del *tradere* in *fr. Dos.* 1 era la nozione di *ius civile* in rapporto a quella del *ius naturale-gentium*[429], che si trattasse di insegnamenti veicolati non in opere giurisprudenziali, bensì nella produzione filosofica: che quest'ultima fosse tenuta presente dai giuristi classici almeno con riguardo a tematiche di questo tipo è oggettivamente attestato dalla presenza nelle *institutiones* di Marciano della definizione crisippea di νόμος, evocante proprio la prospettiva del *ius naturale*[430].

Va da sé che i magrissimi e incerti dati restituiti dalle fonti, or ora considerati, non implicano di necessità che una letteratura di livello isagogico non sia oggettivamente esistita anteriormente alla scrittura del testo di Gaio. Nulla, in astratto, può essere scartato: nemmeno che una o più esposizioni aventi tale natura fossero già apparse – per apposita destinazione al pubblico da parte del suo autore o per successiva divulgazione, su altrui iniziativa, di un materiale didattico originariamente esoterico – e tuttavia non abbiano lasciato traccia di sé

---

[426] *Supra*, nt. 420.

[427] Pomp. *l. sing. ench.*, D. 1.1.2: *'Veluti erga [deum] <deos> religio: ut parentibus et patriae pareamus'*. Il breve frammento è cucito dai compilatori come prosecuzione del discorso di Ulpiano sulla nozione di *ius gentium* (Ulp. 1 *inst.*, D. 1.1.1.4) ed è, a sua volta, fatto seguire dal frammento di Fiorentino cui si accenna di seguito nel testo.

[428] Cfr. *supra*, nt. 407. Accolta questa opzione, potrebbe astrattamente immaginarsi che le *institutiones* di Fiorentino (risalenti, come si è detto, ad un momento successivo alla morte di Antonino Pio) fossero state pubblicate anteriormente alla stesura delle *res cottidianae* (= *fragmentum Dositheanum*).

[429] Sulla questione della presenza in *fr. Dos.* 1 di una tripartizione *'ius naturale - ius gentium - ius civile'* oppure di una bipartizione *'ius naturale - ius civile'* cfr. Falcone 2021a, 216.

[430] D. 1.3.2, trascritto *supra*, in nt. 184.

(già all'interno del patrimonio letterario trasmesso alla tarda antichità o a seguito della selezione giustinianea), magari in quanto oscurate dalla maggiore efficacia e diffusione dei *commentarii* gaiani e delle opere 'istituzionali' degli altri giuristi di II-III secolo. Le fonti, tuttavia, tacciono; e di questo silenzio non rimane, prudentemente, che prendere atto.

Ma, come più su accennato, sarebbe fuorviante circoscrivere alla sola produzione di tipo strettamente isagogico l'eventualità di influenze esercitate sulla scrittura gaiana. Due tratti assai significativi dell'impostazione dei *commentarii* potrebbero, forse, costituire, per l'appunto, riscontro di ascendenze di altra natura, come si dirà subito.

10. 'Regulae' e controversialità

Uno dei due tratti che vengono in questione consiste nell'approccio operativo-cautelare, del quale si è più su compiuta una dettagliata rassegna (*supra*, n. 6).

In quell'occasione, si è richiamato il frequente ricorso ad enunciati del tipo '... *potest (possumus, posse)*', '... *non potest*' ad indicare l'efficace utilizzabilità o meno di un atto. Agli esempi già addotti[431], aggiungo qui, tra i numerosi altri sparsi nei *commentarii*[432], almeno i seguenti, contenuti in un blocco unitario in precedenza incrociato[433]: Gai 2.80 '*Nunc admonendi sumus neque feminam neque pupillum sine tutoris auctoritate rem mancipi alienare posse; nec mancipi uero feminam quidem posse, pupillum non posse*'; 2.83 '*At ex contrario omnes res tam mancipi quam nec mancipi mulieribus et pupillis sine tutoris auctoritate solui possunt* ...'; 2.84 '... *nullam obligationem pupillus sine tutoris auctoritate dissoluere potest*'; 2.85 '*Mulieri uero etiam sine tutoris auctoritate recte solui potest: nam qui soluit, liberatur obligatione, quia res nec mancipi, ut proxume diximus, a se dimittere mulieres etiam sine tutoris auctoritate possunt*'.

Proprio con riguardo ad un enunciato di questo tipo lo stesso Gaio in un'altra sede discorre esplicitamente di '*regula*'[434]:

> Gai. 1 *ad ed. prov.*, D. 2.14.28: *Contra iuris ciuilis regulas pacta conuenta rata non habentur: ueluti si pupillus sine tutoris auctoritate pactus sit ne a debitore suo peteret, aut ne intra certum tempus ueluti quinquennium peteret: nam nec solui ei sine tutoris auctoritate potest.*

E peraltro, si è già segnalata la frequenza di indicazioni imperniate sui segni '*recte/non recte*', '*utiliter/inutiliter*', '*iure/non iure*', anch'esse espressione di approccio cautelare e talvolta di-

[431] *Supra*, nt. 203.

[432] Ma cfr. altresì, sempre con riguardo al compimento di atti negoziali, Gai 1.103-104; 1.105; 114; 1.147; 1.153; 2.24; 2.64; 2.123; 2.174; 2.178; 2.179; 2.182, 2.184; 2.187; 2.250; 2.260; 2.261; 2.270; 2.271; 2.273; 2.277; 3.105; 3.106; 3.107; 3.112.

[433] L'intero squarcio dei §§ 2.80-85 è trascritto *supra*, in nt. 215.

[434] La precisazione '*iuris civilis regulas*' deriva dal fatto che Gaio compie una contrapposizione rispetto all'intervento pretorio in tema di *pacta*.

rettamente correlate a quelle del tipo '... *potest*, ... *non potest*'[435] con equipollenza di prospettiva concettuale.

Ebbene, è difficile non pensare all'esistenza di un filo che leghi questo caratterizzante aspetto cautelare e *lato sensu* regolativo della comunicazione didattica gaiana a una tradizione di trasmissione del sapere giuridico incentrato su prescrizioni e istruzioni operative – Cicerone parlava, in termini strumentalmente dispregiativi, di '*praescriptionum cautionumque praeceptio*' (Cic. *or.* 141) –, che da antiche raccolte di formulari e connesse indicazioni applicative (si pensi, per tutte, alle *Manilii actiones*) potrebbe essersi sviluppata, secondo scansioni e sfumature non più ricostruibili con precisione, lungo una linea che dagli Ὅροι di Mucio[436] sarebbe arrivata ai *libri regularum* (di un Nerazio come dello stesso Gaio?)[437].

L'altro aspetto peculiare dei *commentarii* che viene in questione è la forte presenza di riferimenti a dispute tra giuristi (con o senza ricorso allo schema della contrapposizione tra gli esponenti delle due *scholae*), di fronte ai quali si è efficacemente osservato che «il flusso dei pareri differenziati [...] diviene la vera trama dell'insegnamento» di Gaio[438].

Siffatti riferimenti e i vari moduli espositivi con cui essi vengono compiuti[439] costituiscono davvero dati troppo noti, oltre che di immediata evidenza, perché sia necessario indugiare su di essi[440]. Merita, piuttosto, una specifica segnalazione la consapevole enfatizzazione dell'orizzonte della controversialità che, a mio avviso, Gaio compie sulla soglia dell'intera trattazione, e precisamente in occasione del discorso sui *responsa prudentium*:

> Gai 1.7: *Responsa prudentium sunt sententiae et opiniones eorum, quibus permissum est iura condere. quorum omnium si in unum sententiae concurrunt, id, quod ita sentiunt, legis uicem optinet; si uero dissentiunt, iudici licet quam uelit sententiam sequi; idque rescripto diui Hadriani significatur*[441].

Per quel che qui direttamente interessa, posso prescindere dalle questioni per le quali il paragrafo in esame è assai frequentato dagli studiosi e che attengono, da diversi profili, al suo (eventuale) collegamento con il *ius respondendi ex auctoritate principis*[442]. Del brano importa, piuttosto, rimarcare in questa occasione il dato della definizione dei *responsa* come '*sententiae*

---

[435] *Supra*, nt. 203.

[436] Il pensiero va, naturalmente, a un'affermazione come quella contenuta in Quint. Muc. Scaev., *l. sing.* ὅρων, D. 50.17.73.4 '*Nec paciscendo nec legem dicendo nec stipulando quisquam alteri cavere potest*' (sulla quale, da ultimo, Stolfi 2018, 364 ss.).

[437] Com'è noto, la classicità dei *regularum libri tres* e del *liber singularis regularum* di Gaio (*Pal.* 483-485) è assai discussa: rinvio alla lett. citata in Cossa 2018, 456 nt. 336.

[438] Brutti 2012a, 105.

[439] Su una di queste modalità – la mera segnalazione, tramite un '*quaeritur*' o un '*dubitatur*', dell'esistenza di dubbi e incertezze fra i giuristi, senza richiamo ad alcuna soluzione né presa di posizione specifica – mi sono soffermato *supra*, n. 5 su ntt. 172-174.

[440] Mi limito, qui, a rinviare al classico, e pionieristico, studio di Schwarz 1951, 213 ss. e, in tempi recenti, alle pagine di Stolfi 1997, 49 ss. e di Brutti 2012a, 75 ss.

[441] L'intero contesto dei §§ 1.1-7 è trascritto *supra*, n. 5 sub *b*), dove è anche precisato che esso consiste in un catalogo avente ad oggetto non già le 'fonti del diritto', bensì i fattori che compongono l'insieme di disciplinamenti e regimi del diritto privato romano (su ntt. 139-144).

[442] Su questi profili rinvio, per tutti, tra la letteratura recente, a Giunti 2012, 213 ss.; Stolfi 2012, 315 ss.; Brutti 2012a, 96 ss.; Lovato 2020, 560 ss.

et opiniones' e la collocazione del discorso sui *responsa prudentium* nel quadro della complessiva rassegna dei *iura populi Romani*.

I termini *'sententia'* e *'opinio'* nel corso dei *commentarii* risultano utilizzati come tra loro equivalenti e interscambiabili. In tal senso, sono quanto mai espliciti sia il complessivo svolgimento dei §§ 2.220-223:

> Gai 2.220: ... *nihil aliud secundum nostrorum praeceptorum* o p i n i o n e m *per praeceptionem legari posse, nisi quod testatoris sit* ... 221. *Sed diversae scholae auctores putant etiam extraneo per praeceptionem legari posse* ... Q u a e s e n t e n t i a *dicitur divi Hadriani constitutione confirmata esse*. 222. *Secundum hanc igitur* o p i n i o n e m... 223. *Sive tamen heredibus secundum nostrorum* o p i n i o n e m, *sive etiam extraneis secundum illorum opinionem* ...;

sia l'articolazione interna del § 3.184:

> Gai 3.184: *Manifestum furtum quidam id esse dixerunt,* ... *Alii adhuc ulterius eo usque manifestum furtum esse dixerunt, donec perferret eo, quo perferre fur destinasset. alii adhuc ulterius, quandoque eam rem fur tenens uisus fuerit; quae* s e n t e n t i a *non optinuit. sed et illorum* s e n t e n t i a, *qui existimauerunt, donec perferret eo, quo fur destinasset, furtum manifestum esse, ideo non uidetur probari, quia* ... *Ex duabus itaque* s u p e r i o r i b u s o p i n i o n i b u s *alterutra adprobatur; magis tamen plerique posteriorem probant.*

Ma è, altresì, evidente che la *'sententia'* di Gai 2.280 (*'quam sententiam et his temporibus magis optinere uideo'*), di 3.64 (*'idque maxime Pegaso placuit; quae sententia aperte falsa est'*), di Gai 3.71 (*'Cassio placuit ...; sed huius sententiam plerique inprobant'*) e di 3.149 ('Sed Servius Sulpicius, cuius *etiam prevaluit sententia'*) è la stessa cosa dell'*'opinio'* di Gai 3.140 (*'cuius opinionem Cassius probat'*; *'cuius opinionem Proculus secutus est'*) e di Gai 3.156 (*'Sabini opinionem contra sentientis'*).

Di fronte a queste evidenze, mi pare necessario ammettere che anche in Gai 1.7 i due termini sono stati assunti come equipollenti e che, in sostanza, *'sententiae et opiniones'* costituiscono un'indicazione endiadica[443], al cui interno, peraltro, il termine *'opinio'* si presta a trasmettere nella percezione dei lettori per i quali Gaio aveva confezionato il testo un più immediato rinvio al profilo della soggettività, e dunque della possibile varietà, dei punti di vista sostenuti dai giuristi[444]. È il caso, peraltro, di notare che l'endiadi *'sententia et opinio'* compare altre due volte nella documentazione testuale a noi pervenuta e precisamente in due passaggi del *de oratore* ciceroniano e che in entrambi – si badi – il soggetto parlante,

---

[443] Parlano di endiadi, ad es., Carcaterra 1966, 13; Vacca 1976, 103; Plisecka 2009, 387 nt. 90.

[444] È il caso di riportare un brano di una fonte tecnica (Quint. *inst. or.* 12.3.7-8), il cui autore era certamente ben informato sulla realtà e sulla terminologia della controversialità giurisprudenziale, nel quale il termine *'opiniones'* indica i contrastanti convincimenti che trovano esteriore espressione nei *responsa*, ai quali si era subito prima accennato: *'Quae scripta sunt aut posita in more ciuitatis nullam habent difficultatem, cognitionis sunt enim, non inuentionis: at quae* c o n s u l t o r u m r e s p o n s i s *explicantur aut in uerborum interpretatione sunt posita aut in recti prauique discrimine. Vim cuiusque uocis intellegere aut commune prudentium est aut proprium oratoris, aequitas optimo cuique notissima. Nos porro et bonum uirum et prudentem in primis oratorem putamus, qui, cum se ad id quod est optimum natura derexerit, non magnopere commouebitur si quis ab eo consultus dissentiet, cum ipsis illis* d i u e r s a s i n t e r s e o p i n i o n e s *tueri concessum sit. Sed etiam si nosse quid quisque senserit uolet, lectionis opus est, qua nihil est in studiis minus laboriosum'*.

Crasso nel § 1.37.172 e Antonio nel § 2.34.146, riferisce questa complessiva concettualizzazione ad una convinzione che egli sta esternando in contraltare o addirittura in polemica rispetto a posizioni altrui[445]. Riterrei, dunque, che già questa scelta terminologico-concettuale sia funzionale ad una sottolineatura, da parte di Gaio, del fenomeno del confronto tra diverse posizioni giurisprudenziali[446].

Quanto alla collocazione del discorso, viene in questione la circostanza che i *responsa prudentium* sono menzionati (§ 2) e, poi, illustrati (§ 7) in coda all'intera elencazione e, per quel che più direttamente rileva, dopo gli *edicta* magistratuali. Occorre, in proposito, partire dalla constatazione che, nella presentazione dei *iura populi Romani*, il "paradigma" della *lex publica* è adottato, attraverso lo schema del '*legis vicem optinere*', come per i *plebisscita* ('*exaequata*' alla *lex*), per il *senatusconsultum* e per le *constitutio* imperiale, così per i *responsa prudentium*, ai quali pure, nel caso di uniformità di posizioni in essi formulate, è riconosciuto un '*legis vicem optinere*'; e che, invece, esso è evitato per gli *edicta* magistratuali (§ 6). Questa eccettuazione consegue, evidentemente, alla valenza concettuale attribuita da Gaio al paradigma legislativo. E quest'ultima è rivelata, proprio nel § 7, dal fatto che al '*vicem legis optinere*' riconosciuto alle *sententiae* uniformi viene contrapposta la libertà per il giudice, di fronte a *sententiae* tra loro contrastanti, di seguire la *sententia* che preferisce ('*iudici licet quam velit sententiam sequi*'): tale contrapposizione rinsalda e conferma la percezione già sorta di fronte al duplice uso del verbo '*tenere*' nella notazione del § 3 riguardante i *plebisscita* – '*olim patricii dicebant plebiscitis se non teneri, quae sine auctoritate eorum facta essent; sed postea lex Hortensia lata est, qua cautum est, ut plebiscita uniuersum populum tenerent: itaque eo modo legibus exaequata sunt*' – e cioè, che la figura della *lex* quale punto di orientazione del complessivo catalogo dei §§ 2-7 è assunta da Gaio come esprimente in modo diretto l'idea di vincolatività. Questa idea non si coordinava, certo, con la circostanza che gli *edicta* magistratuali primariamente mettevano a disposizione dei privati mezzi di difesa processuale e solo in misura minore, rispetto ad enunciati di 'autoregolamentazione'[447], contenevano anche direttive o indicazioni rivolte ai terzi consociati[448]. Ebbene,

---

[445] Nel primo caso, Crasso sta introducendo l'esposizione del proprio pensiero subito dopo aver compiuto una frecciata ad Antonio (1.37.171, *in fine*), figura alla quale, notoriamente, Cicerone assegna nella costruzione dell'intero dialogo il ruolo di antagonista di Crasso in merito alla questione della formazione del perfetto oratore (e, nel caso in ispecie, in merito alla necessità o meno che costui studi appositamente il *ius civile*); nel secondo brano, Antonio contrappone il proprio convincimento circa l'opportunità di puntare esclusivamente sui *genera universa* al metodo d'insegnamento dei *magistri* di retorica nonché alla scelta dei giuristi di mantenere nelle raccolte di *responsa* i nomi dei singoli richiedenti (2.32.138-33.142: quest'ultimo § è trascritto *infra*, in nt. 453): cfr. Falcone 2021b, 207 s.

[446] Quanto osservato nel testo non è smentito dal fatto che nella seconda parte del paragrafo, da '*quorum omnium*' alla fine, Gaio lascia da canto il termine '*opinio*' e utilizza solo '*sententia*'. Invero, ove non si tratti della mera riproduzione di un'opzione terminologica presente nel rescritto di Adriano che Gaio adduce a sostegno del regime che ha appena illustrato (lo ritiene possibile, pur in un quadro ricostruttivo diverso da quello qui proposto, Stolfi 2001, 388 nt. 295), il ricorso al solo termine '*sententia*' può immaginarsi come soluzione dettata dal proposito di insistere sulla semantica del '*sentire*' nel quadro della complessiva notazione '*quorum omnium si in unum sententiae concurrunt, id, quod ita s e n t i u n t, legis uicem optinet; si uero d i s s e n t i u n t, iudici licet quam uelit sententiam sequi...*' (uno spunto in questo senso in Nicosia 2005, 237) e, per questa via, di ricorrere ad un verbo, '*dissentire*', particolarmente espressivo della difformità di posizioni.

[447] Giodice-Sabbatelli 1996, 78.

[448] Per tutti, Albanese 1978a, 164 e nt. 218.

proprio alla luce del fatto che lo schema del *'legis vicem optinere'* entra in gioco anche in relazione ai *responsa* (almeno nel caso di loro uniformità) e invece resta del tutto fuori dalla rappresentazione degli *edicta* magistratuali[449], fa riflettere la circostanza che i *responsa prudentium* si trovano posposti anche a questi ultimi, anziché essere illustrati di seguito al *senatusconsultum* e alla *constitutio principis*.

A mio avviso, per questa particolare scelta topografica deviante dal criterio del paradigma legislativo sono astrattamente prospettabili tre diverse spiegazioni. Potrebbe immaginarsi che Gaio abbia tenuto presente il fatto che, nella realtà delle cose, i giuristi elaboravano i *responsa* guardando al complessivo quadro di riferimento dei mezzi di difesa presenti negli editti giurisdizionali, i quali, dunque, sarebbero apparsi come un *prius* logico da anteporre nella elencazione; oppure, che Gaio, proponendosi di coinvolgere nel discorso sui *responsa* l'intervento del giudice e, dunque, l'orizzonte processuale, abbia valutato, anche per questa via, come precedenza logica il richiamo agli editti giurisdizionali; oppure ancora – ed è la spiegazione che riterrei preferibile – che Gaio abbia adottato un tipo di soluzione, sul piano della strategia espositiva, che si è già avuto modo di constatare allorché si è segnalata la sua cura per la disposizione delle informazioni: mi riferisco alla collocazione di una indicazione in chiusura di un unitario scomparto narrativo allo scopo di metterla in particolare risalto[450]. In quest'ottica, Gaio, in linea con l'impiego, poc'anzi richiamato, della pregnante endiadi *'sententiae et opiniones'*, avrebbe congegnato l'intera sequenza descrittiva dei §§ 2-7 in modo tale da riservare la chiusura all'alternativa tra il *concurrere in unum* e il *dissentire* delle *sententiae prudentium*, allo scopo di attribuire alla stessa particolare evidenza, peraltro accentuata dal suo situarsi, ad un tempo, al termine dell'intera rassegna e subito prima dell'avvio della trattazione del *'ius quo utimur'* (che si aprirà nel successivo § 8 con la fissazione della tripartizione *'personae-res-actiones'*).

Certo è, ad ogni modo, che la collocazione terminale attribuisce, oggettivamente, al fenomeno del *dissentire* tra i giuristi particolare visibilità. Alla quale si aggiunge il richiamo al giudice: a significare, *in limine*, che quella controversialità giurisprudenziale che i lettori del testo avrebbero trovato richiamata e innervata nella descrizione d'istituti e regimi, lungi dal confinarsi in un ambito di dispute teoriche, si proietta nella dimensione pratica dell'attuazione delle posizioni giuridiche dei privati.

Si tratta, per i lettori ai quali si rivolgeva Gaio, di una importante avvertenza pedagogica; per i moderni interpreti, di un'indicazione che, se ben vedo, offre uno spunto di riflessione

---

[449] A questo proposito va segnalato – in aggiunta al dato della mancanza, in Gai 1.6, dello schema del *'legis vicem optinere'* – il fatto che, con specifico riguardo all'editto del pretore, una insuscettibilità di tale rappresentazione trova esplicita espressione in altro luogo dei *commentarii* e, per di più, in chiave di giustapposizione: Gai 4.118 '(scil. *exceptiones omnes*) *uel ex legibus uel ex his, quae legis uicem optinent, substantiam capiunt uel ex iurisdictione praetoris proditae sunt*'. Quest'ultima testimonianza è evidentemente sfuggita a Brunt 1977, 107, il quale, in conseguenza di ciò, ha potuto affermare, infondatamente, che anche degli *edicta* Gaio «might clearly have said, though he does not, that they too 'legis vicem optinent'». Dal canto suo, Giodice-Sabbatelli 1996, 60 ss. e 78 s. ha richiamato il pur interessante testo di Gai 3.32, in cui è espressa una contrapposizione fra l'attribuzione della *bonorum possessio* da parte del pretore e l'attribuzione della qualifica di erede *'per legem ... uel similem iuris constitutionem ..., uelut per senatus consultum et constitutionem principalem'*, ma in cui (a differenza di Gai 4.118) non ricorre la specifica rappresentazione *'vicem legis optinere'*.

[450] *Supra*, n. 3 su ntt. 47-58.

circa la ragion d'essere della così caratterizzante presenza della prospettiva controversiale nei *commentarii*. In particolare, riterrei che quest'ultima, se, da un lato, dovette esser stata sollecitata dall'esigenza di addestrare gli studenti fin dagli esordi di un percorso formativo che sarebbe proseguito con un insegnamento di tipo problematico e disputatorio, dall'altro lato, possa considerarsi retaggio di una lunga tradizione di trasmissione del sapere giuridico imperniata intorno alla discussione su casi concreti.

Mi riferisco, naturalmente, al tradizionale modello del cd. '*docere respondendo*'[451], che offriva agli studenti-apprendisti anche l'opportunità di assistere alle *disputationes* di cui parla Cic. *top.* 14.56 '*vestrae in respondendo disputationes*', le quali accompagnavano l'analisi del caso sottoposto al giurista e si svolgevano tra questo e l'avvocato che a lui si era rivolto o, magari, tra più giuristi che prendessero a discutere del quesito. Ma penso anche, sul piano più concreto della produzione letteraria, all'impiego delle raccolte di *responsa* quali strumenti dell'apprendimento. Per l'età repubblicana, una fissazione per iscritto dei responsi in funzione didascalica è attestata con riguardo a Livio Druso, giurista contemporaneo di Manilio, Bruto e Publio Mucio[452], del quale Valerio Massimo (8.7) riferisce che ha raccolto i propri responsi con dichiarata finalità didascalica: '*ius civile populo benignissime interpretatus est utilissimaque discere id cupientibus monumenta composuit*'. Dal canto suo, Cicerone nel *de oratore* collega esplicitamente all'apprendimento del diritto le raccolte di responsi di Catone e Bruto, seppur con una valutazione scientemente forzata, volta a far risaltare l'utilità e l'opportunità del proprio progetto di *redigere ad artem* il *ius civile*[453]; e un passaggio dell'orazione *pro Cluentio* (§ 141) si presta a confermare, come ha notato Schulz[454], la diffusione di raccolte di *responsa* quali testi di apprendimento, là dove l'oratore, rivolgendosi ai membri della corte giudicante, dice dei *libri* di Bruto '*Eorum initia* [...], *quae vobis nota esse arbitror*'. Quanto a tempi e, soprattutto, ad ambienti più vicini a Gaio, mi pare plausibile la recente ipotesi secondo cui le raccolte di *responsa*, tanto di Sabino quanto di Proculo, compiute da Urseio Feroce e da Minicio e commentate da Giuliano, alle quali può aggiungersi l'analoga raccolta di Fufidio, se anche non avessero di per sé una immediata destinazione scolastica, pure, dovevano essere utilizzate in occasione dell'insegnamento[455].

---

[451] Su questo modello mi permetto di rinviare, per tutti, a Falcone 2020, 180 ss.

[452] Kunkel 1967, 14 s.; Wieacker 1988, 543.

[453] Cic. *de orat.* 2.33.142 '... *isti nos iuris consulti impediunt a discendoque deterrent; video enim in Catonis et in Bruti libris nominatim fere referri, quid alicui de iure viro aut mulieri responderit; credo, ut putaremus in hominibus, non in re consultationis aut dubitationis causam aliquam fuisse; ut, quod homines innumerabiles essent, debilitati voluntatem discendi simul cum spe perdiscendi abiceremus. Sed haec Crassus aliquando nobis expediet et exponet discripta generatim* ...'. Cfr. Falcone 2021b, 207 s. e *infra*, n. 11 su nt. 466.

[454] Schulz 1946, 93 s.; in adesione, Bona 1973b, 457 nt. 101 = 2003b, 652.

[455] Viarengo 2020, 14 s., con richiamo alla posizione, tutt'ora inedita, di Liebs (più decisamente orientato nel senso di considerare quelle raccolte di *responsa* come manuali scolastici). Su queste raccolte, anche come veicolo della conoscenza e utilizzazione dei responsi di Sabino nel II secolo, cfr., ultimamente, Pontoriero 2020, 164 ss.

11. *Ius civile ad artem redactum*?

La presenza di *divisiones*, classificazioni, ripartizioni e definizioni[456] è uno degli elementi che, come si è visto, riconducono il testo di Gaio al modello dell'organizzazione sistematica dei saperi di ascendenza ellenistica[457]. In ragione del ricorso a queste tecniche di scrittura, e in particolare all'articolazione in *genera* e in *species*, nella storiografia si è, però, fatta strada l'ipotesi che esista uno specifico rapporto tra il confezionamento dei *commentarii* gaiani e un'altra diretta espressione del suddetto modello scientifico: il programma ciceroniano di *ius civile ad artem redigere*[458]. In proposito, tuttavia, mi sembra raccomandabile una certa cautela.

Com'è noto, il progetto ciceroniano ha visto una prima formulazione nel 55 a.C., allorché l'Arpinate nel *de oratore* ha fatto esprimere a Crasso l'auspicio che, come era già stato fatto per altre discipline, anche con riguardo alla materia del *ius civile*, da intendersi come diritto privato[459], venga utilizzata un'*ars* (la dialettica), in grado di *conglutinare* e *constringere* varie no-

---

[456] Sulle *divisiones* e sulle ripartizioni cfr., da ultimo, Romano 2020, 178 ss.; per le *definitiones*, rinvio alle classiche pagine di Martini 1966, 205 ss.

[457] *Supra*, n. 6 su nt. 191.

[458] Cfr., ad es., Villey 1945, 34 ss.; Mette 1954, 63 s.; Casavola 1966, 8; Wolodkiewicz 1978, 20; Nelson 1985, 25 ss.; 2007, 275 s.; Bona 2003, 1156 ss.; Albanese 2002, 45 (= 2006, 913); Mainino 2011, 2; Giomaro 2019, 84. Sul progetto ciceroniano in sé cfr., ultimamente, Falcone 2021b, 197 ss.; Lovato 2021, 121 ss.

[459] L'identificazione, nell'intero ragionamento di Cicerone, tra *ius civile* e il diritto privato risulta in modo inequivocabile dalle affermazioni di *de orat.* 1.46.201: '*Iam illa non longam oratione desiderant, quam ob rem existimem publica* q u o q u e *iura, quae sunt propria civitatis atque imperi, tum monumenta rerum gestarum et vetustatis exempla oratori nota esse debere. Nam* u t i n r e r u m p r i v a t a r u m *causis atque iudiciis depromenda saepe oratio est* e x i u r e c i v i l i *et idcirco,* u t a n t e d i x i m u s, *oratori* i u r i s c i v i l i s *scientia necessaria est, sic in causis publicis iudiciorum, contionum, senatus omnis haec et antiquitatis memoria* e t p u b l i c i i u r i s *auctoritas et regendae rei publicae ratio ac scientia tamquam aliqua materies eis oratoribus, qui versantur in re publica, subiecta esse debet*'. Per questo e per ulteriori riscontri nella medesima direzione cfr. Falcone 2009b, 506 nt. 5. In quanto 'diritto privato', il *ius civile* oggetto della vagheggiata sistemazione doveva comprendere anche il *ius praetorium*: il che, del resto, è suggerito già dalla circostanza che tale sistemazione era presentata da Crasso-Cicerone come rimedio all'ignoranza di tanti avvocati e quest'ultima veniva denunciata anche con un esempio che riguardava lo strumento pretorio dell'*exceptio* (1.37.168).

zioni, fino ad allora disperse, sparpagliate, slegate e separate tra loro (‘*dispersa*’, ‘*dissipata*’, ‘*res dissoluta divulsaque*’), tramite la distribuzione dell’*omne ius civile* in (pochissimi) *genera*, l’individuazione degli elementi specifici (*species*) che contraddistinguono ciascuna delle *partes* subordinate ai singoli *genera* e la formulazione di definizioni:

de orat. 1.42.187: *Omnia fere, quae sunt conclusa nunc artibus, dispersa et dissipata quondam fuerunt; ut in musicis numeri et voces et modi; in geometria lineamenta, formae, intervalla, magnitudines; in astrologia caeli conversio, ortus, obitus motusque siderum; in grammaticis poetarum pertractatio, historiarum cognitio, verborum interpretatio, pronuntiandi quidam sonus; in hac denique ipsa ratione dicendi excogitare, ornare, disponere, meminisse, agere, ignota quondam omnibus et diffusa late videbantur.* 188. *Adhibita est igitur ars quaedam extrinsecus ex alio genere quodam, quod sibi totum philosophi adsumunt, quae rem dissolutam divulsamque conglutinaret et ratione quadam constringeret. Sit ergo in iure civili finis hic: legitimae atque usitatae in rebus causisque civium aequabilitatis conservatio.* 189. *Tum sunt notanda genera et ad certum numerum paucitatemque revocanda. Genus autem id est, quod sui similis communione quadam, specie autem differentis, duas aut pluris complectitur partis; partes autem sunt, quae generibus eis, ex quibus manant, subiciuntur; omniaque, quae sunt vel generum vel partium nomina, definitionibus, quam vim habeant, est exprimendum; est enim definitio rerum earum, quae sunt eius rei propriae, quam definire volumus, brevis et circumscripta quaedam explicatio.* 190. *Hisce ego rebus exempla adiungerem, nisi apud quos haec haberetur oratio cernerem; nunc complectar, quod proposui, brevi: si enim aut mihi facere licuerit, quod iam diu cogito, aut alius quispiam aut me impedito occuparit aut mortuo effecerit, ut primum omne ius civile in genera digerat, quae perpauca sunt, deinde eorum generum quasi quaedam membra dispertiat, tum propriam cuiusque vim definitione declaret, perfectam artem iuris civilis habebitis, magis magnam atque uberem quam difficilem et obscuram;*

de orat. 2.19.83: *... de ipso iure civili hesterno die Crassus componi posse dicebat: ut genera rerum primum exponerentur, in quo vitium est, si genus ullum praetermittitur; deinde singulorum partes generum, in quo et deesse aliquam partem et superare mendosum est; tum verborum omnium definitiones, in quibus neque abesse quicquam decet neque redundare;*

de orat. 2.33.142: *... Sed haec Crassus aliquando nobis expediet et exponet discripta generatim. Est enim ... pollicitus se ius civile, quod nunc diffussum et dissipatum esset, in certa genera coacturum et ad artem facilem redacturum.*

Una enunciazione più compiuta del programma si è, poi, avuta nello scritto apposito *de iure civili in artem redigendo*, composto verosimilmente negli ultimi anni di vita di Cicerone e purtroppo andato perduto: esso dovette consistere, non ancora in una esposizione dei contenuti del *ius civile* dialetticamente sistemati[460], bensì – come si desume dallo stesso verbo ‘*redigendo*’

[460] La vera e propria trattazione sistematica dei contenuti del *ius civile* a fini didattici, quale applicazione delle premesse metodologiche scientificamente fissate, si sarebbe dovuta realizzare in uno scritto ulteriore, che Cicerone non arrivò a comporre: cfr. Quint. *inst. or.* 12.3.10 ‘*M. Tullius non modo inter agendum numquam est destitutus scientia iuris, sed etiam componere aliqua de eo* c o e p e r a t, *ut appareat posse oratorem non discendo tantum iuri uacare sed etiam docendo*’. Del tutto privo di appigli è l’assunto di Magdelain 1995, 200, secondo cui il ‘*ius civile*’ cui si riferisce il titolo ‘*De iure civili in artem redigendo*’ sarebbe «la *scientia iuris*, ce qui exclut aussi bien les lois que l’édit du préteur».

(anziché *'redacto'*) nella intitolazione dello scritto[461] e dal fatto che l'opera constava di un solo libro[462] – in una messa a punto metodologica più meditata e analitica rispetto all'enunciazione, non priva di ambiguità, che era stata compiuta nel *de oratore*[463].

Come accennato, si è da più parti sostenuta la sussistenza di una certa corrispondenza o di un rapporto di ispirazione o derivazione tra l'impostazione dei *commentarii* 'istituzionali' di Gaio e il suddetto programma ciceroniano, fino a considerarsi il testo gaiano come un'autentica realizzazione di tale programma[464]. E in quest'ottica, si è anche ipotizzata la mediazione di qualche giurista tardorepubblicano o della prima età imperiale che avrebbe dato sostanza al progetto isagogico di Cicerone: al qual riguardo si è perfino voluto individuare uno specifico giurista, e cioè Servio Sulpicio Rufo, quale autore di una sistemazione elementare del *ius civile*, che di quel progetto avrebbe costituito la prima realizzazione, poi ripresa e perfezionata da Gaio.

Ora, l'idea di un collegamento, diretto o mediato dall'opera di qualche giurista, tra il progetto ciceroniano e i *commentarii* di Gaio è a prima vista suggestiva, ed apparirebbe in sé ammissibile quand'anche immaginassimo che nel *de iure civili in artem redigendo* l'obiettivo ultimo fosse rimasto lo stesso di quello sotteso alla prima enunciazione del programma nel *de oratore* e cioè, come ha ben messo in luce Bona[465], l'approntamento di un testo didattico per aspiranti *oratores* bisognevoli della semplice *cognitio iuris*, e non già di un testo funzionale all'acquisizione della *peritia iuris* di aspiranti giuristi: nulla infatti, impedirebbe di immaginare che qualche giurista avesse avvertito l'opportunità dell'operazione didattica propugnata da Cicerone anche con riferimento al proprio settore professionale e ne avesse tentato una concreta applicazione.

Tuttavia, va detto che, ad un'osservazione più ravvicinata, questo collegamento rimane dai contorni incerti e problematici proprio con riguardo all'elemento principale che viene chiamato in causa a sostegno e che consiste nell'impiego dello strumento diairetico dell'articolazione in *genera* in *species*.

Intanto, non sarà male segnalare una circostanza che non mi sembra sia stata fin qui tenuta presente e cioè il fatto che, diversamente da quanto si constata tanto nel testo gaiano quanto nei

---

[461] Bona 1985, 374 = 2003b, 822; Cuena Boy 1998, 81; Albanese 2002, 42 = 2006 910; Mantovani 2009, 119; Talamanca 2009, 82; Herrero Medina 2020, 121.

[462] Albanese 2002, 41 = 2006, 909; in adesione, Herrero Medina 2020, 121.

[463] Cfr. Talamanca 2009, 40 ss.; 65 ss.; 72; e, su un punto specifico attinente alle *definitiones* (devono esse avere ad oggetto solo i *nomina* che indicano i *genera* e le *partes*, come è detto nel § 1.42.188, oppure tutti i termini giuridici, come si legge nel § 2.19.83?), Falcone 2021b, 199.

[464] Cfr. ad es., con limpida incisività, Bona 2003a, 1160: «Che cosa sono le *personae*, le *res*, le *actiones*, in cui si articola il manuale gaiano se non i pochi generi di cui parla Cicerone? E a che cosa servono le numerose divisioni e classificazioni che caratterizzano le *Institutiones* di Gaio [...] e le definizioni che talvolta accompagnano generi e specie classificatorie del manuale gaiano, se non a *rem dissolutam divolsamque conglutinare et ratione quadam constringere*, così come intendeva dovesse fare l'arte classificatoria il cui impiego Cicerone riteneva indispensabile per costruire a sistema qualunque disciplina, di cui si dovesse rendere facile l'apprendimento?». Ma v., ad es., anche Albanese 2002, 45 (= 2006, 913), il quale accenna alla «non trascurabile probabilità che qualche giurista abbia raccolto, poco dopo la morte di Cicerone, il suo programma, redigendo un'opera che potrebbe aver costituito un precedente delle Istituzioni gaiane»; nonché Nelson 2007, 276. Assai di recente, parla in modo esplicito di «realizzazione ultima» del progetto Giomaro 2019, 84.

[465] Bona 1980 spec. 330 ss. (= 2003b, 771 ss.).

riferimenti a *genera* (e *species*) presso gli altri giuristi che (a partire dallo stesso Servio) si collocano cronologicamente dopo la redazione (o l'ambientazione) del *de oratore*, in quest'opera ciceroniana i *genera* quali strumenti sistematizzanti del *ius civile* appaiono direttamente agganciati, ancorché in modo lasciato imprecisato, alle questioni che vengono in esame nelle *causae*. Si considerino, infatti, le seguenti osservazioni, che Cicerone ha fatto pronunziare ad Antonio nel II libro: i maestri di retorica ignorano che ogni controversia può essere ricondotta ad un *universum genus* (2.31.133: '*ignari omnis controversias ad universi generis vim et naturam referri*'); piuttosto, non vi è alcuna *causa* nella quale si discuta con riferimento alle persone anziché in base ai *genera universa* (§ 2.31.134: '*reorum personis ac non generum ipsorum universa dubitatione quaeratur*'); i maestri di retorica non si sono resi conto che anche le *causae* che implicano circostanze e persone specifiche non dipendono da queste, bensì dal *genus* (§ 2.32.139: '*etsi incurrunt tempora et personae, tamen intellegendum est, non ex eis, sed ex genere quaestionis pendere causas*'); se si fa riferimento alle singole persone, le *causae* risultano infinite, se, invece, si fa riferimento ai *genera*, sono limitate (§ 2.32.140: '*pertimescenda est multitudo causarum; est enim infinita, si in personis ponitur; quot homines, tot causae; sin ad generum universas quaestiones referuntur, ita modicae et paucae sunt*'); anche nella celebre *causa Curiana* '*in genere erat universo rei negotique, non in tempore ac nominibus, omnis quaestio*' e in essa a richiedere una discussione era stata la '*perpetui iuris et universi generis quaestio*', e non già gli '*hominum nomina*' (§ 2.32.141); anche i giuristi inducono a credere che le *causae* sono innumerabili quanto lo sono i singoli uomini (dal momento che conservano nelle raccolte dei *responsa* perfino i nomi dei soggetti che hanno richiesto la consulenza) e in tal modo scoraggiano l'apprendimento del *ius* da parte degli aspiranti oratori (§ 2.33.142)[466]: a ciò, tuttavia – ecco il passaggio rivelatore –, porrà rimedio Crasso quando avrà realizzato il proposito di ridurre il *ius civile* '*in certa genera*'; tutte le controversie sono riposte '*non in hominum innumerabilibus personis neque in infinita temporum varietate*', ma in *genera*, i quali sono '*definita non solum numero, sed etiam paucitate*' (§ 2.33.145)[467]. Questa particolare prospettiva dei *genera* ciceroniani si lega, evidentemente, allo specifico obiettivo vagheggiato dall'Arpinate e cioè, come poc'anzi ricordato, alla circostanza che il testo isagogico da organizzare secondo i criteri della dialettica avrebbe dovuto esser funzionale ad attrezzare gli *oratores* all'esercizio nel foro (e non già a formare aspiranti giuristi).

Dunque, quantomeno rispetto all'originaria teorizzazione ciceroniana, il confronto con Gaio presenta già un elemento di distanza che non sembra del tutto secondario e che dovremmo eventualmente immaginare poi superato attraverso mediazioni a noi comunque sconosciute. A meno che, nel *de iure civili in artem redigendo* – opera che, certo, con maggiori probabilità rispetto al *de oratore* potrebbe aver costituito eventuale punto di riferimento per un

---

466 Il testo è trascritto *supra*, in nt. 453.

467 Si osservi che l'espresso collegamento instaurato nel § 2.33.142 tra la progettata riduzione del *ius* in pochi *genera*, da un lato, e il ripetuto contrappunto tra pochi *genera* delle *causae* e innumerevoli specificità di *homines* e circostanze coinvolti nelle *causae* stesse, dall'altro, trova perfetto *pendant* nella finalità che Cicerone (tramite Crasso) aveva assegnato al *ius civile* quale *ars* da offrire ai discenti (§ 1.42.188 '*Sit ergo in iure civili finis hic: legitimae atque usitatae in rebus causisque civium aequabilitatis conservatio*'): la conservazione dell'*aequabilitas* nelle controversie e cioè dell'eguaglianza e dell'unicità di un *ius* che non varia in relazione agli *homines* (al loro prestigio, alla loro influenza, alla loro *potentia*) coinvolti nelle *causae*. Per questo, subito dopo aver indicato siffatta finalità, Cicerone esprimeva la necessità dell'operazione di individuazione di pochi *genera* con le parole '*tum sunt notanda genera et ad certum numerum paucitatemque revocanda*' (§ 42.189), nelle quali l'avverbio '*tum*' indica uno svolgimento, una conseguenza dell'affermazione subito precedente ('*sit* – *conservatio*'). Su tutto ciò cfr., in modo apposito, Falcone 2021b, 205; 208 s.

giurista – la più meditata messa a punto metodologica circa gli strumenti con i quali compiere la sistemazione del *ius civile* non avesse implicato anche una ricalibratura dei concreti termini dell'operazione diairetica, portando ad un'emancipazione del ricorso ai *genera* dalla suddetta prospettiva giudiziale: il che, però, naturalmente, non possiamo né ammettere né escludere.

Soprattutto, quel che invita a considerare con una certa cautela l'idea di un collegamento, sul punto, tra il testo di Gaio e il progetto ciceroniano consiste in ciò, che nell'enunciazione di quest'ultimo compiuta nel *de oratore*, e, dobbiamo presumere, con maggior scrupolo nel *de iure civili in artem redigendo*, veniva teorizzata una centralità del ricorso a '*genera*' (comunque assunti) quali categorie sovraordinanti rispetto ad elementi subordinati (*partes, membra*)[468], laddove nei *commentarii* di Gaio solamente tre volte si riscontra un uso di *genus* diairetica-mente correlato ad elementi subordinati (*species*)[469]:

> Gai 1.188: *Ex his apparet, quot sint species tutelarum. si uero quaeramus, in quot genera hae species diducantur, longa erit disputatio: nam de ea re ualde ueteres dubitauerunt. nos qui diligentius hunc tractatum exsecuti sumus et in edicti interpretatione et in his libris, quos ex Quinto Mucio fecimus, hoc totum* omittimus. hoc solum *tantisper sufficit admonuisse, quod quidam quinque genera esse dixerunt, ut Quintus Mucius, alii tria, ut Seruius Sulpicius; alii duo, ut Labeo; alii tot genera esse crediderunt, quot etiam species essent;*

> Gai 3.183: *Furtorum autem genera Ser. Sulpicius et Masurius Sabinus IIII esse dixerunt, manifestum et nec manifestum, conceptum et oblatum; Labeo duo, manifestum et nec manifestum; nam conceptum et oblatum species potius actionis esse furto cohaerentes quam genera furtorum; quod sane uerius uidetur, sicut inferius apparebit;*

> Gai 4.1: Superest, ut de actionibus loquamur. et si quaeramus, *quot genera actionum sint, uerius uidetur duo esse, in rem et in personam. nam qui IIII esse dixerunt ex sponsionum generibus, non animaduerterunt quasdam species actionum inter genera se rettulisse;*

e soltanto un paio di volte, poi, ricorre, da solo, il termine '*genus*' in un'ottica implicitamente sovraordinante:

> Gai 3.88: Nunc transeamus *ad obligationes, quarum summa diuisio in duas species diducitur: omnis enim obligatio uel ex contractu nascitur uel ex delicto. 89. Et prius uideamus de his, quae ex contractu nascuntur. harum autem quattuor genera sunt: aut enim re* contrahitur *obligatio aut uerbis aut litteris aut consensu;*

---

[468] Cic. *de orat.* 1.42.189: *Tum sunt notanda genera et ad certum numerum paucitatemque revocanda. Genus autem id est, quod sui similis communione quadam, specie autem differentis, duas aut pluris complectitur partis; partes autem sunt, quae generibus eis, ex quibus manant, subiciuntur;* 1.42.190 '*... ut primum omne ius civile in genera digerat, quae perpauca sunt, deinde eorum generum quasi quaedam membra dispertiat, ...*'.

[469] Il dato è posto in risalto da Führmann 1960, 112 s. Le osservazioni svolte nel testo (come anche quelle di Führmann) si riferiscono all'impiego apposito ed esplicito degli elementi '*genus*' e '*species*'; altra cosa è la rappresentazione di nozioni in chiave *sostanzialmente* corrispondente ad una relazione tra categoria generale e singole specie, come accade, ad esempio, per le specificazioni *personae liberae* e *personae serviles* di Gai 1.120, sulle quali in tempi recenti ha richiamato l'attenzione Agnati 2009, 14.

Gai 3.182: *Transeamus nunc ad obligationes, quae ex delicto nascuntur, ueluti si quis furtum fecerit, bona rapuerit, damnum dederit, iniuriam commiserit. quarum omnium rerum uno genere consistit obligatio, cum ex contractu obligationes in IIII genera diducantur, sicut supra exposuimus*[470];

mentre in non pochi e non trascurabili casi il segno '*genus*' è utilizzato, senza alcun intendimento diairetico, per esprimere, semplicemente, l'idea di 'tipo'[471], e in un caso perfino in modo interscambiabile rispetto a '*species*'[472].

Ora, tenendo conto della presenza consistente di definizioni, di *divisiones* e di ripartizioni, da un lato, e però, dall'altro lato, dell'assai limitato ricorso ad uno schema '*genus-species*' in prospettiva diairetica (e considerato, per converso, l'abbondante impiego di '*genus*' nel significato, non impegnato, di 'tipo'), mi pare più prudente considerare l'impianto gaiano, semplicemente, quale espressione della medesima esigenza di presentazione ordinata di un sapere, di ascendenza ellenistica, nel cui sfondo era avvenuto (anche) il concepimento del programma ciceroniano[473], ma non, specificamente, quale derivazione più o meno diretta di quel programma.

Del resto, non sono attendibili gli spunti testuali che, a sostegno di una pretesa derivazione dell'impianto gaiano dal programma ciceroniano, alcuni studiosi hanno creduto di poter riconoscere in specifiche affermazioni del *de oratore*.

---

470 Ultimamente Romano 2020, 185 s. ha considerato questi due luoghi gaiani come esprimenti «un uso sinonimico e una conseguente interscambiabilità» tra *genus* e *species*. Sennonché, appare preferibile una diversa lettura. Quanto al termine '*genus*', esso dovette assumere, sia nel § 3.89 sia nel § 3.182, la portata di categoria contenente una pluralità di figure (*species*). È notevole, in tal senso, il fatto che nel § 3.182 i *quattuor genera* delle *obligationes ex contractu* – per la sussistenza dei quali, si badi, Gaio rinvia alla precedente esposizione (*sicut supra exposuimus*) e cioè, appunto, alle affermazioni del § 3.89 – vengono appositamente correlati-giustapposti all'unico *genus* concernente le *obligationes ex delicto*: siffatta correlazione-giustapposizione implica l'adozione, da parte di Gaio, di un'unica valenza concettuale del segno '*genus*' con riguardo ad entrambi gli elementi, e poiché il '*genus*' del § 3.182 abbraccia varie figure (gli illeciti subito prima elencati: *furtum, rapina, damnum, iniuria*), anche i *genera* del § 89 devono esser stati assunti, ciascuno, come comprensivo di varie figure (Talamanca 1977, 208 ss.). Il che è confortato dal fatto che, poco dopo, nel § 91, la *solutio indebiti* viene, per l'appunto, richiamata in termini di *species*: '*sed haec species obligationis non videtur ex contractu consistere*'. Quanto al § 88, Gaio ben potrebbe aver considerato l''*obligatio ex contractu*' quale '*species*' rispetto ad un sottinteso *genus*- '*obligatio*': *supra*, nt. 368.

471 Gai 2.101-103 ('*Testamentorum autem genera initio duo fuerunt*'; '*Accessit deinde tertium genus testamenti*'; '*Sed illa quidem duo genera testamentorum in desuetudinem abierunt*'); Gai 2.181 ('*utrumque genus substitutionis*'); 2.192 ('*Legatorum itaque genera sunt quattuor*'); 2.197 ('*per damnationem legati, quo genere etiam aliena res legari potest*'); 2.202 ('*Eoque genere legati etiam aliena res legari potest*'); 2.210 ('*Quod genus legati plus quidem habet quam per damnationem*'); 2.215 ('*cum eo genere legati damnetur heres patientiam praestare*'); 3.82 ('*Sunt autem etiam alterius generis successiones*'); 3.132 ('numeratione *pecuniae obligantur: quod genus obligationis iuris gentium est*'); 3.134 ('*Quod genus obligationis proprium peregrinorum est*'); 3.154a ('*Est autem aliud genus societatis proprium civium Romanorum*'); 3.163 ('*Expositis generibus obligationum, quae ex contractu nascuntur*'); 3.170, relativo all'*acceptilatio* ('*Quo genere, ut diximus, tolluntur* illae *obligationes, quae in* verbis consistunt'); 4.17 ('*Itaque in eo genere actionis sine poena quisque negabat*'); 4.34 ('*Habemus adhuc alterius generis fictiones in quibusdam formulis*'); 4.114 ('*Nostri praeceptores absolvere eum debere existimant, nec* interesse *cuius generis* sit *iudicium*'). Significativamente, in altri luoghi compare, con identica portata concettuale, il termine '*species*': Gai 1.99; 2.52; 2.56; 2.59; 3.141; 4.35. Con una sfumatura che tende verso l'idea di 'tipologia, natura' il segno '*genus*' compare in Gai 4.54 ('*quod genus actionis in paucissimis causis dari solet*'); 4.102 ('*aut propter genus actionis satisdatur aut* propter personam, *quia suspecta sit*'); 4.133 ('*cum petitor hereditatis alio genere iudicii praeiudicium hereditatis faciat*').

472 Gai 3.173 '*Est et alia species imaginariae solutionis per aes et libram. Quod et ipsum genus certis ex causis receptum est*': cfr. Talamanca 1977, 202 nt. 578 (con critica condivisibile alla diversa lettura di Martini).

473 Führmann 1960, 187 nt. 3; Romano 2020, 172 s.

Da un lato, si è pensato che nelle parole con le quali Crasso indica il *finis in iure civili*, e cioè '*legitimae atque usitatae in rebus causisque civium aequabilitatis conservatio*' (§ 1.42.188), sarebbero espressi tre ambiti, le *res*, le *causae* e i *cives*, ai quali si sarebbe ispirata la basilare tripartizione '*personae-res-actiones*' che ricorre in Gai 1.8[474]. Sennonché, a prescindere dal fatto che, come accennato, è da presumere che chiunque avesse pensato di ispirarsi all'idea ciceroniana si sarebbe ricollegato, semmai, al *de iure civili in artem redigendo* e non già alla vaga ed embrionale prospettazione del *de oratore* e che non sappiamo se la suddetta affermazione ciceroniana comparisse anche nell'opera più recente; e a prescindere, ulteriormente, dal fatto che, comunque, in *de orat.* 1.42.188 '*res*' e '*causae*' non individuano elementi distinti, bensì indicano in chiave sostanzialmente endiadica le controversie e i processi tra i *cives*[475]; va osservato che le parole in questione[476] non alludono a complessive tematiche o settori giuridici della vagheggiata sistemazione isagogica, come sarà, invece, per le *personae*, le *res* e le *actiones* del testo gaiano, bensì indicano i concreti ambiti nei quali l'*aequabilitas* veniva costantemente osservata (*usitatae in rebus causisque ... aequabilitatis conservatio*)[477].

Dall'altro lato, si è ritenuto che con le parole '*Sit ergo in iure civili finis hic: legitimae atque usitatae in rebus causisque civium aequabilitatis conservatio. Tum sunt notanda genera et ad certum numerum paucitatemque revocanda*' (§§ 1.42.188-189) Crasso affermerebbe che l'auspicato manuale deve aprirsi con una precisazione del concetto di *ius civile* e, quindi, proseguire con la fissazione di pochissimi *genera*: il che troverebbe corrispondenza nell'apertura del testo gaiano (§ 1.1-7), nel quale «werden zunächst die beiden Rechtsbegriffe *ius civile* und *ius gentium*, sodann die Termini für die Rechtsquellen [...] näher definiert» e, subito a seguire (§ 1.8), viene enunciata la famosa tripartizione dell'intero materiale giuridico in *personae, res, actiones*[478]. Ma anche questa lettura è ingiustificata. Invero: a) va ribadito, anzitutto, che è improbabile che una eventuale catena scaturente dal pensiero ciceroniano avesse preso le mosse dalle affermazioni del *de oratore* anziché dall'elaborazione messa a punto nell'apposito scritto metodologico più maturo e a noi, però, sconosciuta; b) Crasso non fornisce una definizione di *ius civile*[479] né auspica che il vagheggiato manuale si apra con una definizione di *ius civile*, bensì indica il *finis* al quale deve puntare un *ius civile* organizzato sistematicamente in *ars*[480]; c) l'avverbio '*tum*' non esprime l'idea di una continuità topografica (tra una – pretesa – definizione del *ius civile* e l'enunciazione di pochi *genera*), bensì indica la conseguenza da trarre dalla fissazione della conservazione dell'*aequabilitas* quale *finis* dell'*ars iuris civilis*[481].

---

474 Villey 1945, 38; Tondo 1993, 446 s.; 2005, 633; Raggi 2007 (trattasi di *Appunti* dal corso di Storia del diritto romano svolto negli anni 1967-1968), 101. *Contra*, Schmidlin 1970, 171.

475 Come si desume, ad es., da *de orat.* 1.38.173 '*iudicia privata magnarum rerum*'; 1.38.175 '*res delata est ad centumviros*'; 1.40.182 '*reperire ex omnibus rebus civilibus causam contentionemque maiorem*'; 1.40.183 '*res in contentionem adducta est*'; 1.46.201 '*ut in rerum privatarum causis ..., sic in causis publicis iudiciorum*'. Non ha tenuto conto di questi ed altri consimili riscontri Schmidlin 1970, 171, il quale ha perciò immaginato che *res* si riferiva «auf den Geschäfts- und Vermögensbereich», mentre col termine *causae* Cicerone pensava probabilmente «an die Rechtsfälle und an den Rechtsstreit».

476 Sulle quali cfr., appositamente, Falcone 2009b, *passim*; 2021b, 202 ss.

477 Sulla qualifica '*usitata*' come alludente alla costante osservanza dell'*aequabilitas*, anziché ad un'origine consuetudinaria della stessa, cfr. Falcone 2009b, 513 e nt. 18.

478 Nelson 2007, 275 s.

479 Come, invece, oltre a Nelson, ha ritenuto la generalità degli studiosi, a partire da colui che per primo ha appositamente fermato l'attenzione sul brano e sul programma didattico di Cicerone: Villey 1945, 15.

480 Cfr. *supra*, nt. 467 e Falcone 2021b, 202 s.

481 Cfr. *supra*, nt. 467.

Segnalata la non facile e, comunque, non sicura ravvisabilità già di un collegamento in sé tra quanto vagheggiato da Cicerone e quanto messo in pratica da Gaio, con riferimento, poi, all'ipotizzato ruolo di mediazione svolto da Servio deve osservarsi che, non solo di un'opera sistematizzante del complessivo *ius civile* composta da questo giurista non è rimasta la benché minima eco nella letteratura successiva[482], ma, prima ancora, che è del tutto inconsistente lo spunto testuale sul quale si è voluta immaginare una siffatta iniziativa da parte di Servio, che sarebbe offerto da un passaggio del celebre elogio di questo giurista compiuto nel *Brutus* ciceroniano:

> Cic. *Brut.* 152: *'Sic enim', inquam, 'Brute, existumo, iuris civilis magnum usum et apud Scaevolam et apud multos fuisse, artem in hoc uno; quod numquam effecisset ipsius iuris scientia, nisi eam praeterea didicisset artem, quae doceret rem universam tribuere in partes, latentem explicare definiendo, obscuram explanare interpretando, ambigua primum videre, deinde distinguere, postremo habere regulam, qua vera et falsa iudicarentur et quae quibus propositis essent quaeque non essent consequentia.* 153. *hic enim adtulit hanc artem omnium artium maxumam quasi lucem ad ea, quae confuse ab aliis aut respondebantur aut agebantur'. 'Dialecticam mihi videris dicere', inquit. 'Recte', inquam, 'intellegis; sed adiunxit etiam et litterarum scientiam et loquendi elegantiam, quae ex scriptis eius, quorum similia nulla sunt, facillime perspici potest. cumque discendi causa duobus peritissumis operam dedisset, L. Lucilio Balbo C. Aquilio Gallo, Galli hominis acuti et exercitati promptam et paratam in agendo et in respondendo celeritatem subtilitate diligentiaque superavit; Balbi docti et eruditi hominis in utraque re consideratam tarditatem vicit expediendis conficiendisque rebus. sic et habet quod uterque eorum habuit, et explevit quod utrique defuit'.*

È apparso, in particolare, significativo il richiamo al '*rem universam tribuere in partes*'[483]. Tuttavia, il segmento che si apre con questa affermazione e si chiude con il cenno all'individuazione dei '*consequentia*' grazie all'impiego di una *regula*[484] costituisce, sì, una descrizione dell'*ars* dialettica, della quale, però, subito dopo (§ 153) si indicano espressamente quale campo di applicazione le attività dell'*agere* e del *respondere*: '*hic enim adtulit hanc artem ... quasi lucem ad ea, quae confuse ab aliis aut respondebantur aut agebantur*'[485]. Il merito che Cicerone attribuisce a Servio, dunque, è stato quello di aver impostato con metodo dialettico l'analisi delle questioni per le quali i giuristi venivano consultati: in sostanza, ciò per cui Servio sopravanzava perfino Quinto Mucio era la

---

482 Così, opportunamente, ad es., Schulz 1946, 96; Wieacker 1969, 468; 1988, 636; Waldstein 1993, 114; Albanese 2002, 43 = 2006, 911.

483 La lettura del brano in quest'ottica ha un'antica ascendenza: cfr. Donellus 1763, col. 10 (lib. I, cap. I, § 12) e, meno lontanamente, Marezoll 1815, 4. In tempi più vicini cfr. La Pira 1934, 341 (= 2019, 340 s.); Behrends 1976, 268; Wolodkiewicz 1978, 10; Frier 1985, 170 (con specifico riguardo al breve commento di Servio all'editto); Nelson 2007, 274 ss.; Avenarius 2005, 88 s.; Castro-Sáenz 2010, 300 s. (a detta del quale, Servio avrebbe realizzato l'operazione sistematica nel commento all'editto); ultimamente, intende il brano del *Brutus* come allusivo al «Talent des Servius für begriffliche Schärfe und Systematisierung» Lehne-Gstreinthaler 2019, 170 nt. 1055.

484 Mi pare senz'altro da accogliere la lettura di Albanese 2002, 39 s. = 2006, 907 s., secondo cui l'*'habere regulam'*, giusta la progressione '*primum..., deinde..., postremo...*', si collega anch'esso ad '*ambigua*' ed è, pertanto, funzionale a distinguere non «tra ciò che è vero e ciò che è falso in generale, bensì solo in relazione a questioni ambigue» e a risolvere una questione consentendo di riconoscere "ciò che è coerente con le premesse e ciò che non lo è" ('*quae quibus propositis essent quaeque non essent consequentia*').

485 Cfr. Villey 1945, 26 nt. 58; 35; e, in tempi più recenti, Stein 1978, 176; Bona 1980, 351 ss.; 354; 358 ss. (= 2003b, 796 ss.; 799; 804 ss.); Wieacker 1988, 636 s.; Tondo 1993, 444; Cannata 1997, 290; Albanese 2002, 43 = 2006, 911; Talamanca 2009, 93 e nt. 183; Vacca 2012, 62 s.

tecnica dell'analisi del caso. Nel testo manca, invece, qualsiasi allusione ad un impegno di riflessione (e meno che mai, ad un'opera) che abbia adottato lo strumento del *tribuere in partes* in funzione sistematrice del complessivo *ius civile*. Del resto, anche il seguito del § 153, generalmente non considerato a questo proposito, conferma che il rilievo dato da Cicerone alla *dialectica* serviana attiene esclusivamente all'*agere* e al *respondere*: ivi, infatti, il riferimento alla formazione giuridica di Servio (*cumque discendi causa* ...) è imperniato specificamente su queste due attività ('*in agendo et in respondendo*'), il cui esercizio da parte di Servio viene posto a confronto con l'esercizio che di esse avevano svolto Lucilio Balbo e Aquilio Gallo. Né, ovviamente, provano alcunché in contrario i passaggi di Gai 1.188 e 3.183, più su riportati, dai quali apprendiamo che anche Servio, come altri giuristi, si era impegnato nell'individuazione di *genera tutelarum* e di *genera furtorum*: non vi è ragione per intendere questa circostanza quale spia del fatto che Servio avesse operato in modo difforme da Quinto Mucio, il quale, secondo una lettura da tempo consolidata dei *libri iuris civilis*[486], aveva utilizzato lo strumento della distinzione in *genera* con riferimento ai singoli istituti, e non già per costruire un complessivo sistema organico del *ius civile*.

Ebbene, come in ordine ai due suddetti passaggi di Gai 1.188 e Gai 3.183 è legittima soltanto la constatazione che Gaio "ha direttamente o indirettamente utilizzato Servio", ma non anche l'illazione che «das Gaianische Darstellungssystem von Servius abhängt»[487], così alla luce di quanto fin qui osservato sono del tutto gratuite le affermazioni che Cicerone "è riuscito a convincere il suo amico Servio Sulpicio Rufo a scrivere l'adeguato manuale sistematico", che Gaio avrebbe studiato con attenzione, derivandone le sei citazioni di Servio presenti nei *commentarii*[488]; e che questo preteso *zivilrechtliches Lehrbuch* serviano d'ispirazione ciceroniana, dal momento che sarebbe stato impostato su una pluralità di "Gliederungen", avrebbe costituito, quanto alla struttura, "das Vorbild" del manuale gaiano[489].

---

[486] Cfr., ad es., Führmann 1960, 187; Wieacker 1969, 463 ss.; Talamanca 1977, 212 s.; Tondo 1993, 443 s.; Cannata 1997, 255 s.; 259; Ferrary 1997, 244; Nelson 2007, 275; Schiavone 2018, 36.

[487] Behrends 1976, 276; Avenarius 2005, 97; 2007, 459; 2008, 128. Del resto, le posizioni di questi due studiosi si alimentano di una complessiva e personale visione sulle concezioni e sullo sviluppo della giurisprudenza dal I secolo a.C. e al II d.C. sulla quale non è necessario indugiare (cfr. Sirks 2008, 326 s.).

[488] Nelson, Manthe 2007, 87. In tal modo, peraltro, è sfuggito che la posizione serviana richiamata in Gai 3.149 deriva dai *Notata Mucii* (cfr., per tutti, Santucci 2014, 332) ed è stata trascurata l'eventualità che da quest'opera provenisse anche, almeno, la posizione riferita in Gai 1.188 (come, ad es., pensa da ultimo Stolfi 2018, 268 nt. 435, con bibl.).

[489] Nelson, Manthe 2007, 83 ss.; 89. Diametralmente opposta la valutazione di Schiavone 2017, 242 s., 269, secondo il quale, se la strada della sistemazione su base dialettica del *ius* «non venne mai presa, lo si dovette in gran parte alle scelte di Servio», la cui complessiva opera segnerà «il maggiore distacco dai propositi manifestati da Cicerone».

Come per Servio, così anche per altri giuristi il quadro delle fonti non consente di immaginare un eventuale ruolo di mediazione tra la formulazione del progetto ciceroniano e la sua (supposta) realizzazione nei *commentarii* gaiani. Il pensiero corre, specificamente, ai *libri iuris partiti* di Ofilio (uno spunto in tale direzione in Schiavone 2017, 304 e 365). Piacerebbe, in particolare, ricostruire quale fosse il senso della intitolazione di quest'opera, quali il contenuto e l'articolazione interna, se e in qual misura Ofilio vi avesse applicato con intendimento sistematizzante le istanze dialettiche che avevano caratterizzato l'*agere* e il *respondere* del suo maestro Servio o, magari, le suggestioni provenienti dall'apposita riflessione sulle operazioni di *partitio* e *divisio* che Cicerone aveva dispiegato in un'opera dedicata proprio ad un giurista, i *Topica*, o magari ancora, appunto, il programma sistematico del *de iure civili in artem redigendo*. Ma le pur fini ricerche dedicate alla suddetta opera di Ofilio – penso, in particolare, alle pagine di D'Ippolito 1978, 93 ss. e, soprattutto, di Cerami 1998, 83 ss. – non consentono di far luce in proposito (cfr. Albanese 2000, 362 ss. = 2006, 816 ss.; Guarino 2002, 184 ss.): il che preclude, alla radice, la possibilità di suggerire con qualche concretezza l'idea di un eventuale configurarsi dello scritto ofiliano quale anello intermedio tra l'elaborazione ciceroniana e l'impianto espositivo di Gaio.

12. Profili sistematici

La materia delle *res* – lo si è accennato in occasione della segnalazione dell'approccio operativo-cautelare dell'esposizione (n. 6) – viene affrontata da Gaio, almeno fino alle *obligationes ex contractu*, secondo la coordinata programmatica presente in apertura di II commentario, '*modo videamus de rebus, quae vel in nostro patrimonio sunt vel extra nostrum patrimonium habentur*', con la quale il giurista lascia intendere che il filo conduttore della narrazione sarà costituito dal fenomeno della circolazione delle *res* quali elementi del patrimonio[490].

Invero, in questa direzione sono senz'altro palesi i concreti contenuti dell'illustrazione riguardante le *res corporales*: dai §§ 2.15-27, che illustrano la *differentia* tra *res mancipi* e *nec mancipi* in relazione ai diversi atti negoziali necessari per il loro trasferimento; all'articolato scomparto, incardinato anch'esso sugli atti *mancipatio*, *in iure cessio*, *traditio*, che concerne l'*usucapio* (§§ 2.40-64)[491], peraltro considerata essa stessa come una modalità di *alienatio*[492]; fino alla sezione dedicata ai soggetti tramite i quali si acquista (§§ 2.86-96), la quale, oltretutto, si chiude, significativamente, con un riferimento alla *in iure cessio*[493].

Ma il filo conduttore della circolazione rispetto al patrimonio è riconoscibile anche con riguardo alle *res incorporales*. Ciò può dirsi, anzitutto, come è generalmente riconosciuto,

---

[490] *Supra*, n. 6 su nt. 206. Che questa coordinata di fondo sia appena accennata, in apertura e una volta per tutte, non può certo stupire, ove si pensi ad una generale tendenza di Gaio a non esplicitare i nessi tematici e sistematici, i quali sovente si arguiscono semplicemente dalla posizione e dalla sequenza in sé prese degli argomenti; e ove si consideri che riguardo all'ambito delle *actiones*, addirittura, Gaio omette del tutto di indicare il filo che lega i vari argomenti, salvo, poi, a fare scoprire, attraverso un dettaglio annidato, per dir così, nei meandri della trattazione, che egli ha organizzato l'intera trattazione intorno al fenomeno dell'utilizzazione di schemi verbali: '... *formulae autem et uerborum conceptiones, quibus i n e a r e utitur, interdicta decretaue uocantur*' (Gai 4.139, su cui *supra*, n. 6 su nt. 263).

[491] Ivi incluso il discorso sulla *potestas alienandi* introdotto nel § 62: cfr., infatti, la precisazione '*quamvis ipsius sit vel mancipatum ei dotis causa vel in iure cessum vel usucaptum*' del § 63.

[492] Gai 2.65: *Ergo ex his, quae diximus, adparet quaedam naturali iure alienari, qualia sunt ea, quae traditione alienantur, quaedam ciuili; nam mancipationis et in iure cessionis et usucapionis ius proprium est ciuium Romanorum.*

[493] Cfr. *supra*, n. 3 su nt. 51.

per il blocco dei §§ 2.38-39, nei quali Gaio, intrecciando le distinzioni tra *res mancipi* e *nec mancipi* e tra *res corporales* e *incorporales*, avverte, con riguardo a ciascuna *res incorporalis*, quale fra gli atti subito prima descritti per il trasferimento delle *res corporales* sia efficacemente utilizzabile[494]. Lo stesso dato si osserva, poi, anche procedendo lungo i *commentarii*. Con riferimento alle *obligationes*, le informazioni contenute nei §§ 2.80-85, concernenti il tema (ancora una volta imperniato sull'alternativa '*res mancipi - res nec mancipi*') dell'*alienare* da parte delle donne e dei pupilli senza l'*auctoritas* del tutore[495], mostrano che Gaio considera il ricevere una efficace *solutio* (§§ 84-85) come un '*alienare*'[496], un '*a se dimittere*' la *res-obligatio* (assunta, evidentemente, come *res nec mancipi*)[497], la quale esce dalla sfera patrimoniale del creditore; e, dunque, che la correlata affermazione, secondo cui la donna, dando a mutuo, '*contrahit obligationem*' (§ 80), era stata concepita da Gaio nel senso che il creditore assume, acquista una *obligatio* al proprio patrimonio. Questa evidenza trova poi, conferma all'interno della specifica *sedes materiae*: da un lato, il brano che apre l'illustrazione sui soggetti tramite i quali si acquista una *obligatio* (Gai 3.163 '*Expositis generibus obligationum, quae ex contractu nascuntur, admonendi sumus adquiri nobis non solum per nosmet ipsos, sed etiam per eas personas, quae in nostra potestate, manu mancipioue sunt*') mostra, tramite l'articolazione iniziale '*Expositis ..., admonendi sumus adquiri nobis*', che l'esposizione, svolta fino a quel punto, dei *genera obligationum, quae ex contractu nascuntur* (§§ 3.89-162) era stata implicitamente assunta da Gaio come illustrazione dei modi attraverso i quali le *obligationes* si acquistano al creditore[498]; dall'altro lato, la sezione sui modi con i quali '*tollitur obligatio*' si apre con la figura della *solutio*, che si è già constatato, attraverso Gai 2.84-85, essere intesa come modalità di fuoriuscita dell'*obligatio* dal patrimonio del creditore, e prosegue con la *novatio*, la quale era stata indicata, nell'apposita trattazione sulle operazioni idonee al trasferimento delle *res incorporales*, come lo strumento per realizzare una trasmissione della *res incorporalis- obligatio* (§§ 2.38-39)[499]. Mettendo insieme questi dati, risulta, dunque, che la materia delle *obligationes ex contractu* si articola secondo tre scansioni: modi con i quali la *res incorporalis- obligatio* si acquista al *patrimonium* del creditore (i singoli contratti), persone tramite le quali la *res incorporalis-obligatio* si acquista al *patrimonium* del creditore[500], modi tramite i quali la *res incorporalis-*

---

494 Cfr. *supra*, n. 6 su nt. 208.

495 L'intero squarcio è trascritto *supra*, in nt. 215.

496 Cfr. anche Paul. 6 *ad Sab*., D. 46.3.15: *Pupillo solvi sine tutoris auctoritate non potest: sed nec delegare potest. quia nec alienare ullam rem potest. Si tamen solverit ei debitor et nummi salvi sint, petentem pupillum doli mali exceptione debitor summovebit*.

497 Cfr., del resto, Gai 2.17 '*Sed item fere omnia, quae incorporalia sunt, nec mancipi sunt, exceptis seruitutibus praediorum rusticorum ...*'.

498 L'oggetto dell''*adquiri*' nei §§ 3.163-167a è senza dubbio l'*obligatio* stessa (non il suo concreto oggetto): lo dimostrano sia la rubrica del corrispondente titolo (3.28) del manuale giustinianeo ('*Per quas personas nobis obligatio adquiritur*') sia il confronto con le testimonianze di altri giuristi, tra i quali Gaio, che parlano espressamente di *adquirere obligationem*: D. 23.3.46pr.; 45.1.56.2 (Giuliano); 45.3.28pr.-1; 3; 45.1.141.3 (Gaio); 45.1.95 (Marcello); 12.1.9.8; 46.3.22 (Ulpiano); 22.1.11.1; 45.1.126.2; 46.6.5 (Paolo).

499 Il testo è trascritto *infra*, in nt. 524.

500 Al qual proposito, colpisce il parallelismo, anche nel tenore letterale dell'incipit, tra il § 3.163 e il § 2.86, che apre il tema delle persone tramite le quali si acquista una *res corporalis*: '*Adquiritur autem nobis non solum per nosmet ipsos, sed etiam per eos, quos in potestate manu mancipioue habemus; item per eos seruos, in quibus usumfructum habemus; item per homines liberos et seruos alienos, quos bona fide possidemus: de quibus singulis diligenter dispiciamus*'.

obligatio esce dal patrimonio del creditore (anziché, come si è soliti indicare sulla base della moderna dogmatica, "modi di estinzione delle obbligazioni"). D'altra parte, è orientata dalla stessa angolazione dinamica anche la trattazione apposita sull'*hereditas* pur nell'inquadramento sistematico che assume la stessa quale strumento di acquisto (*per universitatem*) delle *res* in essa contenute[501]: da un lato, si illustrano i modi con i quali le *hereditates* '*obveniunt*' all'erede[502], dall'altro lato il complessivo discorso sui modi di acquisto *per universitatem* si chiude (§§ 3.85-87) con quella descrizione della *in iure cessio hereditatis* che era già stata appositamente compiuta, con poche varianti, nei §§ 2.34-37 per indicare la modalità di trasferimento della *res incorporalis- hereditas* da un soggetto all'altro[503].

Entrambe le tipologie di *res* (*corporales* e *incorporales*), d'altra parte, sono (implicitamente) ricomprese nel significativo richiamo alle modalità di acquisto contenuto nell'indicazione sistematica, ad un tempo 'retrospettiva' e preparatoria, del § 2.97: '*Hactenus tantisper admonuisse sufficit, quemadmodum singulae res nobis adquiruntur. Nam legatorum ius, quo et ipso singulas res adquirimus, opportunius alio loco referemus. Videamus itaque nunc, quibus modis per uniuersitatem res nobis adquirantur*' È, infatti, appena il caso di segnalare che la presenza, tra le *res* che si acquistano *per universitatem*, anche delle *res incorporales* è esplicitamente dichiarata dallo stesso Gaio nei §§ 3.81, 83-84 e 85[504].

Sembra ragionevole ipotizzare l'esistenza di un collegamento tra l'angolazione e la strutturazione impresse da Gaio alla materia delle *res* e il 'sistema civilistico' di Sabino, posto che, com'è stato riconosciuto da tempo, esso era impostato «soprattutto sugli atti e fatti giuridici, che importano il movimento dei rapporti giuridici»: testamenti, legati, *mancipatio*, *in iure cessio*[505]. Segnatamente, nell'ambiente dell'insegnamento di area sabiniana potrebbe essersi formata una tradizione che proponeva, in forma semplificata per gli studenti anche grazie al ricorso a griglie sistematiche[506], una organizzazione della materia imperniata, come nei *libri iuris civilis* di Sabino, sugli atti e sui modi d'acquisto.

E nello stesso ambiente potrebbe essersi verificata una più esplicita messa a punto e uno svolgimento in forme classificatorie di elaborazioni che lo stesso Sabino dovette verosimilmente esprimere sul rapporto corporeità-incorporalità in relazione a posizioni giuridiche soggettive.

---

501 Gai 2.97. *Hactenus tantisper admonuisse sufficit, quemadmodum singulae res nobis adquiruntur: nam legatorum ius, quo et ipso singulas res adquirimus, opportunius alio loco referemus. Videamus itaque nunc, quibus modis per uniuersitatem res nobis adquirantur.* 98. *Si cui heredes facti sumus siue cuius bonorum possessionem petierimus siue cuius bona emerimus siue quem adoptauerimus siue quam in manum ut uxorem receperimus, eius res ad nos transeunt.*

502 Gai 2.99. *Ac prius de hereditatibus dispiciamus, quarum duplex condicio est: nam vel ex testamento vel ab intestato ad nos pertinent.* 100. *Et prius est, ut de his dispiciamus, quae nobis ex testamento obveniunt.*

503 Sulla duplice trattazione della *in iure cessio hereditatis* sotto il profilo della genuinità tanto dei §§ §§ 2.34-37 quanto dei §§ 3.85-87 cfr. *supra*, nt. 67. Nella ripetizione dell'argomento subito prima della trattazione *ex professo* sulle *obligationes*, Tondo 2005, 642 e Martini 2007, 133 hanno visto un deliberato intento di Gaio di riproporre la sequenza tra queste due *res incorporales* presentate nei §§ 2.34-39.

504 Sui §§ 3.83-84 cfr. *infra*, nel testo.

505 Cfr. Frezza 1933, 5 ss; Arangio-Ruiz 1950, 47 ss.; Scherillo 1953, 445 ss.; Betti 1958, 12 s.; Grosso 1974, 5 s. e nt. 3 (da cui ho tratto le parole virgolettate); Magdelain 1995, 188 ss.; Santoro 2020, 7. Una impostazione sugli atti giuridici sembra riconoscibile già per i *libri iuris civilis* di Quinto Mucio: per tutti, in tempi recenti, Cannata 1997, 256 s.

506 Stein 1983, 156.

Per giustificare quest'ultima affermazione, è giunto il momento di osservare da vicino quello snodo fondamentale dell'impianto sistematico gaiano che è costituito dalla classificazione '*res corporales-res incorporales*'[507], finora più volte soltanto richiamata senza una considerazione apposita dei termini con i quali essa è formulata. Leggiamo, dunque, lo squarcio del II commentario che segue alla illustrazione della '*summa divisio*' tra *res divini* e *humani iuris*:

> Gai 2.12: *Quaedam praeterea res corporales sunt, quaedam incorporales.* 13. Corporales *hae* sunt, *quae tangi possunt, uelut fundus, homo, uestis, aurum, argentum et denique aliae res innumerabiles.* 14. *Incorporales* sunt quae *tangi non possunt, qualia sunt ea quae* in *iure consistunt, sicut hereditas ususfructus obligationes quoquo modo contractae. nec ad rem pertinet* quod in hereditate res corporales *continentur, et fructus, qui ex fundo percipiuntur, corporales* sunt, *et quod ex aliqua obligatione nobis debetur,* id *plerumque corporale* est, ueluti *fundus, homo, pecunia: nam ipsum ius successionis et ipsum ius utendi fruendi et ipsum ius obligationis incorporale est. eodem numero sunt iura praediorum urbanorum et rusticorum.* rell.

In ragione del profilo ricostruttivo che qui interessa, il dato sul quale occorre posare l'attenzione concerne il tenore formale del segmento posto, nel § 14, tra la definizione delle *res incorporales* come '*res quae tangi non possunt*' e l'elencazione di vari esempi di tali *res* ('*sicut hereditas ususfructus ...*'), e cioè l'affermazione '*qualia – consistunt*'. In particolare, occorre prendere posizione in merito all'alternativa tra la lezione tràdita dal ms. veronese '*qualia sunt ea quae iure consistunt*' e l'integrazione '*qualia sunt ea quae* <in> *iure consistunt*', che non pochi editori[508] hanno proposto sulla base della presenza delle parole '*in iure*' nella versione del brano gaiano che si legge in D. 1.8.1.1 e in I. 2.2.2, nel corrispondente dettato dell'*Epitome Gai*[509] e, ancora, in un brano delle *Pauli Sententiae*[510] – fonti alle quali, peraltro, va aggiunta la testimonianza di C. 7.33.12.4 (a. 531) '*Eodem observando et si res non soli sint, sed incorporales, quae in iure consistunt, veluti usus fructus et ceterae servitutes*'[511].

Nonostante autorevoli prese di posizione conservative rispetto al sintagma '*iure consistunt*' e sostenitrici dell'idea che Gaio avrebbe adottato il segno '*ius*' in senso oggettivo e astratto e avrebbe, così, rappresentato le *res incorporales* come entità che hanno esistenza «per il diritto

---

507 Su di essa rinvio a Falcone 2012, con letteratura a p. 127 ntt. 1-2 (alcune delle osservazioni che seguono riprendono considerazioni più ampiamente svolte in codesto contributo, altre costituiscono una precisazione e messa a fuoco ulteriore e su alcuni punti un superamento); successivamente, Turelli 2012, 1 ss.; 2016, 172 ss.; Schiavone 2017, 197 ss.; Stolfi 2019, 69 ss.

508 Göschen; Böcking; Huschke; Kübler; Bizoukides; David, Nelson; Manthe.

509 *Gai epit.* 2.1.2. *Praeterea quaedam res corporales sunt, quaedam incorporales. Corporales sunt, quae manu tangi possunt: uelut ager, mancipium, uestis, aurum, argentum, et his similia. Incorporales sunt quae tangi non possunt, qualia sunt ea, quae non in corpore, sed in iure consistunt, sicut est hereditas et obligationes de diuersis contractibus scriptae. Et licet hereditas uel emptio aut diuersi contractus res corporales in se habeant, ius tamen ipsius hereditatis uel emptionis aliorumque contractuum incorporale est. 3. Incorporalia etiam sunt iura praediorum urbanorum uel rusticorum. Praediorum urbanorum iura sunt* [...]. *Praediorum uero rusticorum iura sunt* [...]; *quae similiter incorporalia sunt. Haec iura, tam rusticorum quam urbanorum praediorum, seruitutes appellantur.*

510 *Paul. sent.* 3.6.11, ove la *res incorporalis* in questione è il rapporto obbligatorio: '*Sinendi modo tam corporales res quam quae in iure consistunt legari possunt: et ideo debitori id quod debet recte legatur*'.

511 Una citazione di quest'ultimo riscontro è in Orestano 1981, 304 nt. 17; Marottoli 1989, 8 nt. 15; Tondo 2005, 648.

e nel diritto»[512], per parte mia continuo a preferire, come in un contributo di dieci anni fa[513], l'integrazione '<in> *iure consistunt*', intendendo la locuzione come allusiva ad entità che consistono in un *ius*. In questo senso, infatti, depongono a mio avviso tre considerazioni[514].

---

[512] Orestano 1981, 303 s. (da cui sono tratte le parole virgolettate); Nicosia 2009b, 821 ss. (un accenno, già in 2009a, 892 nt. 78 e, successivamente, in 2012, 11 nt. 20 e in 2013b, 113). In particolare, Nicosia connota l'interpretazione in senso oggettivo con una sfumatura più specifica, parlando di «configurazioni giuridiche esistenti solo nel mondo del diritto e delle concezioni giuridiche, in definitiva, 'concetti giuridici'» (Nicosia 2009b, 832). Ma ciò deriva dall'avere egli avuto presente esclusivamente i brani di Cicerone e di Carisio, nei quali compaiono riferimenti ad una «rappresentazione mentale» (Cic. *top.* 26-27, trascritto più avanti: '*intelleguntur*', '*notio*', '*conformatio insignata et impressa intellegentia*'; Char. *ars gramm.* 2.6 [Keil I.153]: '*intellectu tantummodo percipiuntur*'), e dall'avere, per contro, omesso di considerare gli importanti brani di Seneca e di Quintiliano, dei quali si dirà tra breve nel testo, nonché la notevole circostanza discriminante che il profilo della rappresentabilità solo con la mente è del tutto assente in Gaio, il quale punta, invece, sul profilo della intangibilità fisica (coerentemente con il fatto che, di lì a poco, egli considererà le singole *res incorporales* dal punto di vista degli atti utilizzabili per la loro circolazione, in un blocco narrativo che si aprirà, nel § 2.28, con l'affermazione 'Res *incorporales traditionem non recipere manifestum est*').

In tempi recenti, hanno visto nella formulazione gaiana una prospettiva di tipo oggettivo (nel senso di Orestano) Marottoli 1989, 5 ss.; Bretone 1999, 143; Cursi 2004, 181 nt. 36; Guzman Brito 2007, 449; Möller 2010, 228; Brutti 2011, 262; Cardilli 2021, 274 s. Dal canto suo, Schiavone 2017, 198; 483 nt. 18; 485 nt. 30 ritiene esser ricompreso nella locuzione in esame tanto un richiamo in senso oggettivo a «figure giuridiche che esistono solo nel mondo del diritto», quanto «situazioni di potere sancite dal *ius*» (severo il giudizio di questo studioso – p. 483 nt. 18 – sulla proposta d'integrazione del dettato di Gaio, che consisterebbe in un'apodittica e arbitraria 'normalizzazione' sintattica rispetto ad un uso prevalente ma non esclusivo di '*consistere*' con *in* + ablativo, compiuta sul presupposto che la copia del testo gaiano a disposizione dei giustinianei fosse migliore del ms. veronese; va detto, però, che i summenzionati editori hanno addotto anche un testo delle *Pauli Sententiae*, e, in ogni caso, per parte mia, l'opzione correttiva si fonda, come ribadisco e preciso ulteriormente nel testo, anche sulla testimonianza di Pomponio e su dati offerti dalla stessa trattazione gaiana).

[513] Falcone 2012, 128 ss.

[514] Per contro, non si prestano a confermare la lezione tràdita né il rilievo di Orestano 1981, 305, secondo cui, se Gaio avesse inteso dire che le *res incorporales* consistono in diritti, avrebbe usato il plurale '*in iuribus*', anziché il singolare '*in iure*' (rilievo al quale è possibile opporre la piena efficacia anche di uno scarto plurale-singolare: "entità che consistono in un diritto"), né i due argomenti che Nicosia 2009b, 834 s. ha tratto dal seguito del discorso di Gai 2.14. In particolare, questo studioso ha osservato, da un lato, che la posizione dell'*hereditas* in cima all'elenco delle *res incorporales* mostrerebbe che queste non erano intese da Gaio come entità che "consistono in diritti" poiché l'*hereditas* «certamente non era (e non solo da Gaio) considerata un diritto»; dall'altro lato, che, se fosse riferibile (già) a Gaio l'idea che le *res incorporales* consistevano in diritti, «egli avrebbe con tutta naturalezza (e con coerente chiarezza espositiva) addotto per primo l'esempio dei *iura praediorum*, che invece richiama per ultimo». Sennonché, come si preciserà tra breve nel testo, Gaio individua l'elemento caratterizzante dell'*hereditas* come *res incorporalis* in un '*ius successionis*' inteso come posizione giuridica (dell'erede) collegata al prodursi di un fenomeno successorio. Quanto alla collocazione terminale dei *iura praediorum*, essa, in realtà, ha una precisa ragion d'essere che costituisce ulteriore riscontro della già più volte rimarcata cura di Gaio anche nella disposizione delle informazioni. Invero, la singolarità del richiamo alle servitù consiste non tanto nel fatto in sé che esso è compiuto solo in coda alla trattazione, quanto soprattutto nel fatto che esso è compiuto solo successivamente alla precisazione '*Nec ad rem pertinet*...'. In quest'ultima Gaio ripropone la considerazione, sottesa alla classificazione stessa, delle *res corporales* come cose oggetto di proprietà; e, dunque, nel puntualizzare che non rileva il fatto che alle *res incorporales* siano collegate cose corporali, assume queste ultime come oggetti che si acquistano in proprietà al titolare, dal lato attivo, della *res incorporalis* di volta in volta considerata. Ebbene, ciò poteva dirsi con riguardo all'*hereditas*, alle *obligationes* e all'*ususfructus* (per il quale, infatti, Gaio non chiama in causa la cosa stessa concessa in usufrutto, bensì i frutti in quanto oggetto di *perceptio* e cioè *res* che si acquistano in proprietà al titolare del *ius utendi fruendi*), mentre con riguardo ai *iura praediorum* non era in alcun modo possibile organizzare un contrappunto tra un *ius incorporale* e una cosa materiale che si acquistava in proprietà al titolare in forza dello stesso: per questa ragione, Gaio dovette collocare la menzione di tali *iura* al di fuori del complessivo rilievo '*Nec ad rem pertinet, ut*...' e successivamente ad esso. Sul punto cfr., più distesamente, Falcone 2012, 166 ss.

Anzitutto, data la presenza di questa locuzione nelle fonti comunemente addotte e successive a Gaio, e cioè nell'*Epitome Gai*, nelle *Pauli Sententiae*, nelle due versioni del testo gaiano presenti nel *Corpus iuris*, nel disposto di C. 7.33.12.4, la difesa della lezione del Veronese costringe ad immaginare o che soggetti operanti in aree e in momenti diversi avessero, ciascuno e in modo indipendente, avvertito la necessità di intervenire sul dettato gaiano modificandolo in funzione di un preteso sentire postclassico[515], comune a tutti loro; oppure che essi si collegassero, in modo più o meno mediato, ad un'unica rielaborazione del testo gaiano che avrebbe, questa, una volta per tutte apportato la supposta modifica. Nessuna delle due vicende mi sembra, tuttavia, molto probabile. Ben più semplice e naturale rispetto ad esse è, con riguardo a *Paul. sent.* 3.6.11, la possibilità di una specifica eco dell'insegnamento gaiano come pure di un autonomo impiego di una concettualizzazione comunque circolante nella tradizione giurisprudenziale; con riguardo agli altri testi, la possibilità che i loro autori avessero trovato già nella genuina scrittura gaiana la locuzione '*in iure consistunt*'.

In secondo luogo, la medesima formulazione '*ea quae in iure consistunt*' è attestata, con riferimento ad uno degli istituti menzionati in Gai 2.14, anche in un passo tratto dal commento di Pomponio *ad Sabinum* (curiosamente trascurato sia dagli editori che hanno proposto l'integrazione sia da parte di chi ha appositamente difeso la lezione '*iure consistunt*'):

> Pomp. 29 *ad Sab.*, D. 43.26.15.2: *Precario habere etiam ea quae in iure consistunt possumus, ut immissa vel protecta*[516].

Nel testo, concernente la prassi della concessione precaria di servitù[517], la precisazione '*etiam ea quae in iure consistunt*' mira a segnalare l'applicabilità dell'istituto anche al di là delle cose materiali primariamente assunte come possibili oggetti del *precario habere*. Dunque, la formulazione '*ea quae in iure consistunt*' è testimoniata non solo in testi successivi e in parte riconducibili alla scrittura di Gai 2.14 (è il caso di *Gai epit.* 2.1.2, di D. 1.8.1, di I. 2.2.2 e di C. 7.33.12.4), ma anche nell'opera di un giurista contemporaneo a Gaio e con la medesima finalità di richiamare un profilo di alterità rispetto agli oggetti materiali[518].

Sulla testimonianza di Pomponio tornerò tra breve, in sede di deduzioni. Intanto, segnalo, quale terzo elemento di riflessione, che a sostenere la concettualizzazione '*ea quae in iure consistunt*' si presta anche il complessivo svolgimento del discorso di Gai 2.14. Viene in questione, in proposito, un dato a mio avviso di rilievo essenziale ai fini della ricostruzione dell'ordine di idee gaiano e cioè la circostanza che nella precisazione '*Nec ad rem pertinet – incorporale est*', compiuta da Gaio allo scopo di rimarcare in maniera apposita l'aspetto della immaterialità

---

515 Nicosia 2009a, 78 afferma che la locuzione '*ea quae in iure consistunt*' avrebbe rispecchiato una visuale postclassica e giustinianea, che tende a far "grossolanamente" coincidere le *res incorporales* con i diritti e che avrebbe favorito la diffusa "banalizzazione" che porta a intendere le *res incorporales* come le cose che 'consistono in' diritti.

516 Cfr. Falcone 2012, 133 ss.

517 Su questa prassi cfr., per tutti, García Vásquez 1997, 279 ss.; Biavaschi 2006, 91 ss; 101 ss.

518 Ritengo che le parole '*immissa vel protecta*' siano frutto di maldestra sintesi di un più articolaro riferimento di Pomponio, il quale, proprio perché intento a mostrare con esempi concreti che la concessione precaria può riguardare, oltre che cose materiali, anche '*ea quae in iure consistunt*', difficilmente avrebbe usato *sic et simpliciter* termini che indicavano, piuttosto, le strutture materiali che costituivano oggetto di servitù.

delle *res incorporales*, le figure che inizialmente erano state indicate come *hereditas*, *ususfructus* e *obligationes* vengono, invece, richiamate in termini di '*ius*': '*nam ipsum ius successionis et ipsum ius utendi fruendi et ipsum ius obligationis incorporale est*'. Gaio, dunque, per puntualizzare ulteriormente il profilo caratterizzante delle *res incorporales* rispetto alla corporeità degli oggetti che con le stesse possono collegarsi, mette in risalto proprio quell'elemento- *ius* che già poco prima era servito ad esplicitare il contrappunto rispetto alle *res corporales* nella frasetta '*qualia- consistunt*'. La cura nella costruzione delle informazioni, che si è più volte segnalata nelle pagine che precedono, impone di pensare ad una scelta mirata proprio a riprendere il segno '*ius*' di quella frasetta. Ciò comporta che questo segno deve esprimere in entrambi i passaggi del discorso una omogeneità di prospettiva concettuale[519]. Ebbene, questa circostanza a sua volta implica, evidentemente, che nella locuzione '*qualia – consistunt*' Gaio non può aver utilizzato '*ius*' in un senso oggettivo e astratto, non può, cioè, aver inteso che «era lo *ius*, il diritto, l'ordinamento, l'esperienza giuridica a determinare l'"esistere" di tali figure», né, dunque, che una *res incorporalis* è «un *quid* avente esistenza per il diritto e nel diritto: *iure*»[520]. Ché non è certo questo il senso con cui Gaio discorre di '*ius successionis*', di '*ius utendi fruendi*', di '*ius obligationis*'. Piuttosto, la suddetta omogeneità di significato porta ad intendere il *ius* di cui alla locuzione in esame nella stessa prospettiva di tipo soggettivo che, a mio avviso, è necessario riconoscere nei sintagmi *ius successionis, utendi fruendi, obligationis*[521].

Il punto di vista soggettivo con riguardo al *ius successionis* e al *ius obligationis* si desume dal coordinamento tra lo stesso § 2.14 e i §§ 2.28-39, nei quali, come si è visto, il discorso sulle singole *res incorporales* viene ripreso dal punto di vista della loro circolazione[522]. In particolare, quanto alla *res incorporalis- hereditas*, quel che in Gai 2.35 viene primariamente inteso come effetto o non-effetto di una *in iure cessio* è la trasmissione o il mantenimento della qualifica e della posizione giuridica di '*heres*'[523]. Quanto alla *res incorporalis- obligatio*, il suo trasferimento è rappresentato in Gai 2.38-39 in chiave di trasmissione di un '*agere posse*', e cioè della facoltà spettante al creditore di agire processualmente per il perseguimento della propria pretesa[524]. Il coordinamento con questi due

---

[519] Come aveva riconosciuto Burdese 1994a, 31 = 1994b, 183.

[520] Orestano 1981, 305.

[521] In linea teorica, queste espressioni potrebbero essere intese in chiave oggettiva di tipo concreto, come indicanti l'istituto della *successio*, dell'*uti frui* e dell'*obligatio*. Ma gli elementi che indico di seguito, nel testo, mi portano senz'altro a preferire un riferimento ad una posizione giuridica soggettiva.

[522] *Supra*, su ntt. 208 e 494.

[523] Gai 2.35: *Nam si is, ad quem ab intestato legitimo iure pertinet hereditas, in iure eam alii ante aditionem cedat, id est antequam heres extiterit, proinde fit h e r e s i s , c u i i n i u r e c e s s e r i t, ac si ipse per legem ad hereditatem uocatus esset: post obligationem uero si cesserit, nihilo minus i p s e h e r e s p e r m a n e t et ob id creditoribus tenebitur, debita uero pereunt, eoque modo debitores hereditarii lucrum faciunt; corpora uero eius hereditatis proinde transeunt ad eum, cui cessa est hereditas, ac si ei singula in iure cessa fuissent.*

[524] Gai 2.38. *Obligationes quoquo modo contractae nihil eorum recipiunt: nam quod mihi ab aliquo debetur, id si velim tibi deberi, nullo eorum modo, quibus res corporales ad alium transferuntur, id efficere possum; sed opus est, ut iubente me tu ab eo stipuleris; quae res efficit, ut a me liberetur et incipiat tibi teneri; quae dicitur novatio obligationis. 39. Sine hac vero novatione n o n p o t e r i s t u o n o m i n e a g e r e, sed debes ex persona mea quasi cognitor aut procurator meus experiri.* Questa rappresentazione, del resto, si pone in linea con il fatto che nello stesso § 2.14 Gaio, indicando l'elemento corporale in giustapposizione al *ius obligationis*, assume, quale soggetto narrante, il punto di vista del creditore: '*id, quod ex aliqua obligatione n o b i s d e b e t u r, plerumque corporale est*'.

passaggi consente di desumere che le espressioni di Gai 2.14 '*ius successionis*' e '*ius obligationis*' racchiudono un riferimento alla posizione giuridica soggettiva del titolare della *res incorporalis- hereditas* e, rispettivamente, della *res incorporalis- obligatio*: più precisamente, la posizione giuridica soggettiva attiva collegata al prodursi di un fenomeno successorio e di un rapporto obbligatorio. Il riferimento alla posizione giuridica del titolare, dal lato attivo, della *res incorporalis* è, poi, esplicito con riferimento all'usufrutto, per il quale si parla di '*ipusm ius utendi fruendi*'. Le considerazioni svolte trovano conferma, a mio avviso, nella descrizione dell'*actio in rem* presente in Gai 4.3: '*In rem actio est, cum aut corporalem rem intendimus nostram esse aut ius aliquod nobis competere, uelut utendi aut utendi fruendi, eundi, agendi* rell.'. È degna di nota, in proposito, l'aggiunta della qualifica '*corporalis*' a *res* con riferimento alla rivendica: Gaio, anziché parlare semplicemente di '*rem intendere nostram esse*', come suggerivano i *verba* dell'*intentio*, precisa '*corporalem rem*', con ciò mostrando di richiamarsi alla dicotomia fissata in 2.14. Ora, le parole di Gai 4.3 '*ius aliquod nobis competere, uelut utendi aut utendi fruendi, eundi, agendi*' evocano l'idea di spettanza (all'usufruttuario e al titolare di servitù prediale) di una posizione giuridica soggettiva, di un potere, di una facoltà. Se Gaio, per autonoma iniziativa (non indotto, cioè, dai termini della *formula*), contrappone ad un *ius aliquod* avente codesta connotazione la '*res corporalis*', pare legittimo desumere che anche nel § 2.14 il *ius* di cui alla concettualizzazione '*ea quae – consistunt*', al quale lo stesso elemento- '*res corporalis*' si trova contrapposto, abbia una declinazione in senso soggettivo[525].

Ora, negli altri luoghi dei *commentarii* in cui è un ablativo semplice ad accompagnare il verbo *consistere* – Gai 3.154; 3.182; 4.103[526] – il senso è sempre quello di un elemento in base al quale un *quid* sussiste o dal quale un *quid* trae consistenza. Così, Gaio afferma che la *societas iuris gentium* '*inter omnes homines naturali ratione consistit*'; che l'*obligatio ex delicto* sussiste in base ad un unico tipo di atto ('*uno genere consistit obligatio*'), contrapposto ai *quattuor genera* di atti obbliganti leciti[527]; e distingue tra *iudicia* che sussistono in base al *ius legitimum* ('*legitimo iure consistunt*') e *iudicia* che si reggono sull'*imperium*. Ma se quest'ordine di idee risulterebbe calzante con riguardo alla nozione di '*ius*' in senso oggettivo e astratto (diritto, ordinamento etc.), la quale, però, come si è detto, non potè esser stata assunta da Gaio per via dell'omogeneità con la prospettiva soggettiva espressa dall'*ipsum ius successionis*, dall'*ipsum ius utendi fruendi* e dall'*ipsum ius obligationis*, esso non è, invece, compatibile con quest'ultima prospettiva soggettiva: è assai difficile, infatti, pensare che Gaio avesse parlato di entità che "sussistono in base a" una posizione giuridica soggettiva. Proprio dalle evidenze dell'*usus loquendi* gaiano si trae, allora, un ulteriore suggerimento ad integrare '*ea quae <in> iure consistunt*', attribuendo alla formulazione un riferimento ad "entità che consistono in un *ius*".

---

525 In tempi recenti una interpretazione di '*ius*' in senso soggettivo nelle affermazioni di Gai 2.14 è stata sostenuta da Burdese 1994a, 31 = 1994b, 183 s. (del quale, però, non posso seguire, per quanto più su rilevato, l'idea che il '*ius obligationis*' di Gai 2.14 esprimerebbe la «situazione giuridica di vincolo di taluno nei confronti di altri»); Gallo 2002, 136 ss.; Stolfi 2006, 141 ss.; 2010, 164 ss.; 2019, 75 ss.

526 Hanno richiamato l'attenzione su di essi Orestano 1981, 304 nt. 18 e Nicosia 2009b, 825 (ad opportuna integrazione della segnalazione del solo riscontro di Gai 3.182 da parte di David, Nelson 1960, 240). Entrambi gli studiosi, tuttavia, hanno addotto i tre testi come esempi dell'impiego in sé della costruzione *consistere* + ablativo da parte di Gaio e a sostegno della lettura conservativa di Gai. 2.14. Cfr., analogamente, Schiavone 2017, 483 nt. 18.

527 Per il testo di Gai 3.182 e per la portata, in esso, dell'impiego di '*genus*', cfr. *supra*, n. 9 nt. 470.

Ebbene, la lettura *'ea quae in iure consistunt'* così ribadita può fornire una traccia in prospettiva storica, nella misura in cui entrambi i testi, più o meno coevi, che contengono questa locuzione suggeriscono che si trattava di una concettualizzazione già da tempo consolidata. In particolare, il brano di Pomponio (D. 43.26.15.2) – da utilizzare, certo, senza perdere di vista che si tratta di un lapidario *excerptum* – mostra che il giurista ha ritenuto la locuzione senz'altro sufficiente a denotare entità diverse e giustapposte rispetto a cose materiali quali oggetti di concessione precaria. Quanto al discorso di Gaio, appare interessante la circostanza che questi, anziché congegnare un'indicazione interamente e omogeneamente imperniata sul vocabolo *'res'* – del tipo "*(res) incorporales sunt quae tangi non possunt, "q u a l e s sunt e a e quae in iure consistunt*" –, compie uno scarto, passando al neutro plurale *'qualia sunt ea quae ...*": come se si trattasse di importare nel discorso una locuzione già stabilizzatasi e sostanzialmente stereotipa. La professione sabiniana di Gaio e il ricorrere della formulazione nei *libri ad Sabinum* di Pomponio rendono prospettabile la congettura che essa fosse già impiegata dallo stesso Sabino.

Del resto, un possibile spunto in grado di orientare anch'esso verso Sabino si profila in relazione, questa volta, all'impiego della concettualizzazione *'res incorporalis'*.

Riguardo a quest'ultima disponiamo di un termine *post quem* abbastanza sicuro. Occorre premettere che, tra la fine del II secolo e i primi anni del I a.C. il giurista Elio Gallo[528] compie un'operazione definitoria volta ad opporre il significato proprio e tecnico del termine *'possessio'* ad un suo impiego impreciso, invalso ad indicare un bene immobile:

> Fest., v. *'Possessio'* (260 L.): *Possessio est, ut definit Gallus Aelius, usus quidam agri aut aedificii, non ipse fundus aut ager. Non enim possessio est* <...> *rebus quae tangi possunt* rell.[529]

In questo discorso è significativo il fatto che l'autore, anziché ricorrere a formulazioni più immediate del tipo "la *possessio* non si può toccare" o "non è una *res* che si può toccare", afferma che "la *possessio* non è tra le cose che si possono toccare": questo modo di esprimersi mostra che egli assumeva come punto di partenza logico della propria notazione l'esistenza di una cerchia di cose, le *'res quae tangi possunt'*, rispetto alla quale la *possessio* si pone al di fuori. Siamo, cioè, di fronte alla prima attestazione, non del semplice riconoscimento di un dato empirico, bensì del ricorso ad una categoria, quella delle *'res quae tangi possunt'*, che non possiamo dire se congegnata per la prima volta dallo stesso Elio Gallo ovvero se circolante già in precedenza tra i giuristi. Detto questo, leggiamo il seguente brano dei *topica* ciceroniani:

> Cic. *top.* 5.26: *Definitionum autem duo genera prima: unum earum rerum quae sunt, alterum earum quae intelleguntur. 27. Esse ea dico quae cerni tangive possunt, ut fundum aedes, parietem stillicidium,*

---

[528] Per la cronologia indicata nel testo e per la considerazione di Elio Gallo come giurista, anziché come grammatico, rinvio a Falcone 1991, 225 ss.

[529] Sulla portata del discorso di Elio Gallo rinvio a Falcone 1991, 242 ss.; 1996, 25 ss.; 2017, 94 s. e nt. 120. Lo spazio della lacuna del codice Farnesiano consente di ipotizzare, in alternativa ai segni *'e'* o *'in'* comunemente integrati, una originaria presenza di *'ex iis'* o *'in iis'*. Non può essere accolta la proposta d'integrazione di Lindsay *'non enim est possessio* <nisi in> *rebus quae tangi possunt'* (seguita, di recente, da Nicosia 2013, 281 ss.), la quale implica che Elio Gallo avrebbe puntualizzato che il possesso non può che avere ad oggetto cose corporali: un rilievo di questo tipo, infatti, non costituisce, certo, la giustificazione (*'enim'*) di un'affermazione quale *'possessio est usus agri aut aedificii, non ipse fundus aut ager'*.

mancipium pecudem, supellectilem penus et cetera; quo ex genere quaedam interdum vobis definienda sunt. Non esse rursus ea dico quae tangi demonstrarive non possunt, cerni tamen animo atque intellegi possunt, ut si usus capionem, si tutelam, si gentem, si agnationem definias, quarum rerum nullum subest corpus, est tamen quaedam conformatio insignita et impressa intellegentia, quam notionem voco.

Cicerone presenta un dualismo tra *res quae sunt* e *res quae intelleguntur*, poi svolto in termini di alternativa tra '*esse*' e '*non esse*'; e individua quale elemento caratterizzante del primo tipo di *res* la possibilità di venire toccate o mostrate, mentre quale caratteristica del secondo tipo di *res* la possibilità di essere còlte solo attraverso l'*animus* e l'*intellegentia* ('*cerni animo atque intellegi possunt*') pur in mancanza di una loro fisicità, e cioè, il trattarsi di entità rappresentabili attraverso una *notio*.

Il brano offre un importante dato di segno negativo. Se, infatti, consideriamo che i *topica* sono dedicati ad un giurista; che lo specifico discorso sulla contrapposizione tra *ea quae sunt* ed *ea quae intelleguntur* è appositamente rivolto ad illustrare ai giuristi le tecniche definitorie; che, proprio per questo, tutti gli esempi di entità appartenenti alle contrapposte categorie sono tratti dalla realtà giuridica; e, infine, che compare, in relazione alle '*res quae intelleguntur*' e cioè '*quae tangi demonstrarive non possunt*', un esplicito riferimento all'elemento-*corpus* ('... *quarum rerum nullum subest corpus* ...'); ebbene, se, nonostante tutto ciò, Cicerone non ha utilizzato, per enunciare la dicotomia in questione, le categorie '*res corporales*' e '*res incorporales*'[530], siamo senz'altro autorizzati a ritenere che nel 44 a.C., data di composizione dei *Topica*, quella consapevolezza dell'esistenza di una categoria di "cose che non possono toccarsi" che, come si è visto, Elio Gallo mostra esser presente in ambiente giurisprudenziale già da alcuni decenni almeno, non aveva ancora dato vita, in quello stesso ambiente, all'escogitazione di un dualismo a fini classificatori '*res corporalis-res incorporalis*'[531] né prima ancora, direi, all'emersione di una a sé stante concettualizzazione '*res incorporalis*'.

Di segno diverso le informazioni che provengono da due autori di I sec. d.C., Seneca e Quintiliano. Nella produzione del filosofo è presente non soltanto una dicotomia tra '*corporalia*' e '*incorporalia*'[532], ma anche la puntualizzazione, simile a quella che leggiamo in Gai 2.14 ('*Nec ad rem pertinet* ...'), circa la differenza tra la natura incorporea del *beneficium* (anche con esplicita qualifica '*incorporale*') e la materialità dei suoi oggetti[533]; e perfino il ricorso (curiosamente trascurato in dottrina) al sintagma '*res incorporalis*': il più antico riscontro di esso

---

[530] Come, invece, farà molto più tardi Boeth., *ad Cic. top.* 5.26-27 (*PL* 64, 1092C-1093C), forse proprio ispirato da Gai 2.14.

[531] Così già Albanese 1949, 365 e 367.

[532] Sen. *epist.* 58.11 '*dicimus quaedam corporalia esse, quaedam incorporalia*'; '*quod est aut corporale est aut incorporale*'; e 58.14 '"*quod est*" *in has species divido, ut sint corporalis aut incorporalia; nihil tertium est*'.

[533] Sen. *ben.* 6.2.1. *An beneficium eripi posset, quaesitum est. Quidam negant posse; non enim res est, sed actio. Quomodo* *aliud est munus, aliud ipsa donatio*, *aliud qui navigat, aliud navigatio, et, quamvis in morbo aeger sit, non tamen idem est aeger et morbus, ita* *aliud est beneficium ipsum, aliud quod ad unumquemque nostrum beneficio pervenit*. 2. *Illud incorporale est*, *inritum non fit;* *materia vero eius* *huc et illuc iactatur et dominum mutat. Itaque cum eripis, ipsa rerum natura revocare, quod dedit, non potest. Beneficia sua interrumpit, non rescindit: qui moritur, tamen vixit; qui amisit oculos, tamen vidit. Quae ad nos pervenerunt, ne sint, effici potest, ne fuerint, non potest; pars autem beneficii et quidem certissima est, quae fuit.* 3. ... *Potest eripi domus et pecunia et mancipium et quidquid est, in quo haesit beneficii nomen; ipsum vero stabile et inmotum est; nulla vis efficiet, ne hic dederit, ne ille acceperit*; Sen. *ben.* 1.5.2: ... *non potest beneficium manu tangi*: *res animo geritur.* *Multum interest inter materiam be-*

nell'intera documentazione pervenutaci[534].

Dal canto suo, Quintiliano offre una duplice indicazione che interessa più da vicino il profilo giuridico. Vengono in questione due passaggi dell'*institutio oratoria* relativi ad una controversia addotta come *exemplum* per illustrare l'importanza dell'*inventio* e, cioè, del reperimento degli argomenti idonei a sostenere un determinato obiettivo (*inst. or.* 5.10.109): Alessandro, avendo conquistato Tebe, aveva fatto dono ai Tessali, suoi alleati in guerra, di alcune tavole trovate nella città, '*quibus centum talenta mutua Thessalis dedisse Thebanos continebatur*'; successivamente i Tebani, '*restituti a Casandro*', richiedono ai Tessali il denaro (5.10.111). In relazione a questa controversia, Quintiliano presenta come secondo, possibile argomento quello facente leva sull'impossibilità, per il vincitore, di donare un *ius* in ragione della incorporeità dello stesso:

> Quint. *inst. or.* 5.10.116: *Tum secundo gradu, non potuisse donari a uictore ius, quia id demum sit eius quod teneat: i u s, q u o d s i t i n c o r p o r a l e, a d p r e n d i m a n u n o n p o s s e. Hoc reperire est difficilius quam cum inueneris argumentis adiuuare, ut alia sit condicio heredis, alia uictoris, quia ad illum ius, ad hunc res transeat.*

È questo il segmento del discorso di Quintiliano sul quale generalmente si ferma l'attenzione degli studiosi[535], traendosene, con ragione, la constatazione che, per la naturalità con la quale esso è richiamato ('*ius, quod sit incorporale, adprendi manu non posse*'), il carattere incorporale di un *ius* costituiva una percezione ben acquisita nella cultura giuridica del I secolo d.C.[536]. In realtà, però, anche il paragrafo successivo merita una particolare considerazione, in quanto vale a completamento e precisazione del predetto riferimento alla natura *incorporale* del *ius*. In questo altro paragrafo Quintiliano presenta un ulteriore, possibile argomento, calibrato, questa volta, sulla peculiarità consistente nel fatto che, nella controversia, è questione di un '*publicum creditum*':

n e f i c i i e t b e n e f i c i u m; itaque nec aurum nec argentum nec quicquam eorum, quae pro maximis accipiuntur, beneficium est, sed ipsa tribuentis voluntas. Imperiti autem id, q u o d o c u l i s i n c u r r i t e t q u o d t r a d i t u r p o s s i d e t u r q u e, solum notant, cum contra illud, quod in re carum atque pretiosum est parvi, pendunt.

Non impossibile a prospettarsi, ma certo alquanto audace, l'idea che lo stesso Seneca, da un lato, e Gaio (2.14 '*Nec ad rem pertinet* etc.'), dall'altro, abbiano entrambi desunto da un testo giurisprudenziale (di Sabino? di Cassio?) il contrappunto tra incorporalità di un elemento in quanto tale e natura corporale degli oggetti che a quell'elemento di coordinano. A rendere astrattamente proponibile questa idea – o, se si preferisce, a stimolare questa suggestione – è la circostanza che Seneca formula questo contrappunto con riguardo al *beneficium* ed egli raffigura il *beneficium* come una sorta di *creditum*, ricorrendo costantemente, in relazione alla pratica dei *beneficia*, a terminologia e finanche a indicazioni tecniche proprie del rapporto obbligatorio in senso tecnico-giuridico (salvo ad insistere sui profili che distinguono le due figure): su tutto ciò rinvio a Falcone 2003b, *passim* e spec. 75 ss.; 2017, 25 ss.; 42 ss.; 53 ss. Il dato in sé del parallelismo tra le affermazioni senecane e la precisazione di Gai 2.14 è stato segnalato anche da Hernandez-Tejero 1968, 46; quanto a me, ho già rinunciato in Falcone 2012, 150 nt. 57 all'ancor più audace idea, che avevo suggerita in Falcone 2003b, 114 s., di un eventuale contatto diretto tra Gaio e le pagine di Seneca.

[534] Sen. *dial.* 10.8.2 '*Mirari soleo, cum uideo aliquos tempus petentes et eos qui rogantur facillimos; illud uterque spectat propter quod tempus petitum est, ipsum quidem neuter: quasi nihil petitur, quasi nihil datur. Re omnium pretiosissima luditur; fallit autem illos q u i a r e s i n c o r p o r a l i s e s t, quia sub oculos non uenit, ideoque uilissime aestimatur, immo paene nullum eius pretium est*'. Su questo riscontro, curiosamente del tutto trascurato in dottrina, finanche in studi specificamente dedicati all'origine della qualificazione '*res incorporalis*', cfr. Falcone 2012, 150 nt. 58 (seguito da Santoro 2020, 227 nt. 841).

[535] Anche da parte mia, in passato: Falcone 2012, 142.

[536] Cfr., in particolare, Bona 1976, 429 s. = 2003b, 1109 s.

Quint. *inst. or.* 5.10.117: *Proprium deinde materiae, ius publici crediti transire ad uictorem non potuisse, quia quod populus crediderit omnibus debeatur, et, quamdiu quilibet unus superfuerit, esse eum totius summae creditorem, Thebanos autem non omnis in Alexandri manu fuisse.*

Segnatamente, il *ius crediti* non avrebbe potuto trasmettersi al vincitore, giacché ciò che un popolo ha dato in prestito è dovuto a tutti i componenti del popolo e finché anche un singolo componente sarà rimasto in vita, costui sarà creditore dell'intera somma. Da questo passaggio può desumersi che il *ius* che non può trasmettersi al vincitore è da intendersi come identificato nella posizione giuridica di creditore. La conclusione, a sua volta, si riflette sul significato delle affermazioni del § 116, nel senso che essa porta a scorgere un riferimento a '*ius*' come posizione giuridica soggettiva sia nelle parole '*ius, quod sit incorporale, adprendi manu non posse*'[537] sia nella contrapposizione, che chiude il paragrafo, tra un *ius* che si trasmette all'erede e la *res* (materiale) che si trasmette al vincitore ('*ad illum ius, ad hunc res transeat*'), alludendosi, con il primo elemento, alla trasmissione della posizione giuridica di erede. Dunque, un testo tecnico di ambito retorico e di un autore come Quintiliano, che possiamo presumere ben al corrente delle elaborazioni giurisprudenziali, assume un *ius* (*crediti*), considerato *incorporale* e pertanto "non afferrabile con la mano", in chiave di posizione giuridica soggettiva. Questa testimonianza si pone, perciò, in linea con la rappresentazione gaiana delle *res corporales* in termini di "entità che consistono in un *ius*" nella prospettiva di tipo soggettivo, che mi è parso necessario riconoscere; e si presta a far pensare che, al di là dell'impiego o meno della concettualizzazione '*res incorporalis*', la raffigurazione del *ius* quale posizione giuridica soggettiva e quale avente natura *incorporale* fosse già ben presente nel pensiero giuridico di I secolo d.C.

Ebbene, alla luce di queste fonti e della circolazione, che esse testimoniano, sia nella cultura filosofica sia nella elaborazione retorica e giurisprudenziale, del motivo della distinzione tra corporeità e incorporeità[538], con tanto di raggiunta concettualizzazione esplicita '*res incorporalis*' (Sen. *dial.* 10.8.2), non stupirebbe se davvero a Sabino, come anche a me sembra probabile, risalissero la qualificazione delle servitù come '*incorporales*' e il contrappunto tra questa e la materialità di un *corpus* che leggiamo in

Paul. 15 *ad Sab.*, D. 8.1.14pr.: *Servitutes praediorum rusticorum etiamsi corporibus accedunt, incorporales tamen sunt et ideo usu non capiuntur; uel ideo, quia tales sunt seruitutes, ut non habeant certam continuamque possessionem: nemo enim tam perpetuo, tam continenter ire potest, ut nullo momento possessio eius interpellari uideatur. idem et in seruitutibus praediorum urbanorum obseruatur.*

A suggerire un'attribuzione del primo tratto '*Servitutes – capiuntur*' a Sabino[539] sono il carattere lemmatico del commento di Paolo[540] e la presenza, nel seguito del brano, di una spiegazione

[537] Si mostra propenso ad ammetterlo, da ultimo, Schiavone 2017, 400.

[538] Motivo penetrato nella cultura romana dalla riflessione aristotelica o stoica: ampie citazioni bibl. in Coppola 1999, 221 nt. 82; *adde* Stolfi 2006, 139 nt. 61 ("verosimile ascendenza aristotelica").

[539] Questa attribuzione è stata proposta da Voci 1967, 161 (seguito da Orestano 1981, 301 e nt. 9), in base all'argomento della mancata eco della produzione di Gaio presso i giuristi severiani, che porterebbe a supporre che Paolo dovette derivare l'idea di incorporeità delle *servitutes* direttamente dall'autore commentato. In realtà,

dell'inusucapibilità posta su un piano differente, ove questa venga riferita, anziché ad un glossatore postclassico, al giurista severiano[541].

Questa attribuzione si coordinerebbe con lo spunto che, nella stessa direzione di un rimando a Sabino, si è più su segnalato con riguardo alle parole '*ea quae in iure consistunt*' di D. 43.26.15.2, le quali, peraltro, sono utilizzate nel frammento pomponiano tratto dai libri *ad Sabinum* proprio con riferimento alle servitù. E si coordinerebbe, altresì, con quella ulteriore espressione di un lavorio concettuale nell'orizzonte '*ius*/incorporeità' che è la raffigurazione dell'*hereditas* (un'altra delle *res incorporales* più tardi menzionate da Gaio) come '*iuris nomen*', giusta la probabile riferibilità, ancora una volta, a Sabino della prima parte del seguente frammento ulpianeo[542]:

> Ulp. 49 *ad Sab.*, D. 50.16.178.1: *'Hereditas' iuris nomen est, quod et accessionem et decessionem in se recipit: hereditas autem uel maxime fructibus augetur.*

In favore dell'attribuzione a Sabino, com'è stato da altri osservato, è degna di nota, in aggiunta al generale carattere lemmatico del commento ulpianeo, la circostanza che il giurista severiano assume come presupposta la qualificazione dell'*hereditas* quale '*iuris nomen*': «egli muove proprio da essa per affrontare e risolvere il punto che lo interessa e cioè che potendo l'*hereditas*, in quanto *iuris nomen*, subire mutamenti e diminuzioni, essa può essere incrementata specialmente con i frutti»[543].

Mettendo insieme i tasselli testuali che precedono, può con una certa plausibilità ipotizzarsi che a Sabino si debba una trasposizione, o almeno un consolidamento, sul terreno del

anche ammessa la fondatezza dell'assunto in sé che i giuristi severiani non hanno tenuto presente la produzione didattica gaiana – assunto che, di fronte alla rielaborazione di affermazioni dei *commentarii* gaiani nei *Tituli ex corpore Ulpiani* più su constatata (n. 8, su ntt. 373-381), può sostenersi solo a condizione di collocare quest'ultimo testo come realizzato o, almeno, come fortemente rimaneggiato in epoca tarda –, sarebbe possibile immaginare, in alternativa, che Paolo avesse derivato la nozione di incorporeità «dallo stesso substrato culturale, per cui la nozione è trafilata in Gaio»: così Bona 1976, 427 = 2003b, 1106, il quale, pure, non esclude un'attribuibilità a Sabino.

540 Coppola 1999, 227. Già Bona 1976, 427 = 2003b, 1106 ha segnalato questo dato, pur osservando che l'attribuzione a Sabino non sarebbe l'unica soluzione possibile: cfr., infatti, la nt. prec.

541 In effetti, di fronte alla diversità tra le due notazioni del testo è necessario pensare a due autori diversi: o la seconda costituisce un'intrusione tarda, e allora la prima potrebbe anche essere di Paolo (rinvio, agli equilibrati rilievi di Astolfi 1983, 55, il quale, dal canto suo, non esclude però un'attribuzione a Sabino), oppure la seconda appartiene a Paolo, con la conseguena che la prima deve essere attribuita a Sabino: in questo senso, decisamente, Bretone 1998, 203 ss. Mannino 1996, 59 ss. conclude che la seconda parte potrebbe essere una "maldestra sintesi" del pensiero di Paolo; tornato sul testo (Mannino 1999, 6 ss.), ha ritenuto possibile l'attribuzione della prima parte tanto a Sabino quanto al giurista severiano.

542 Su questa testimonianza rinvio, per tutti, a Coppola 1999, 230 ss. Ivi, condivisibili osservazioni anche contro l'idea che la rappresentazione '*iuris nomen*', presente, sempre in relazione all'eredità, anche in un frammento dell'*ad Quintum Mucium* di Pomponio – '*"Hereditatis" appellatio sine dubio continet etiam damnosam hereditatem: iuris enim nomen est sicuti bonorum possessio*' (D. 50.16.119) – possa risalire al giurista repubblicano (come sostenuto, specificamente, da Orestano 1981, 202 ss.); con la chiosa, da parte mia, che, giusta questa diagnosi esclusoria, Pomponio potrebbe aver derivato la suddetta concettualizzazione proprio da Sabino, come è possibile che sia accaduto per la formulazione '*ea quae in iure consistunt*'.

543 Coppola 1999, 235 s., che così precisa l'opzione, già di Orestano 1981, 292 s., di considerare come risalente a Sabino la prima parte del testo.

ragionamento giuridico della concettualizzazione '*res incorporalis*', insieme con il richiamo al profilo della intangibilità, a predicare una posizione giuridica soggettiva in contrappunto rispetto agli elementi materiali che ad essa si collegano. Questa acquisizione sarebbe poi stata ripresa e sviluppata in funzione sistematrice, dando luogo alla costruzione della classificazione che leggiamo in Gai 2.14. E d'altra parte, nel solco della su richiamata impostazione del sistema sabiniano sugli atti e sui modi di acquisto si sarebbe approdati alla centralità alla quale assurgono, nei *commentarii* gaiani, lo schema '*mancipatio-in iure cessio-traditio*', la dicotomia '*res mancipi-nec mancipi*' e l'intreccio tra questa e la classificazione '*res corporales-incorporales*' in relazione alla circolazione degli elementi patrimoniali.

Ma quanto, di questo esito, si sia andato costruendo nel corso della tradizione dell'insegnamento di area sabiniano-cassiana – e sia pervenuto a Gaio perché fissato nella letteratura giuridica o perché adottato nel concreto svolgimento di attività didattica e tramandato attraverso materiale esoterico passato di mano in mano – e quanto sia, invece, frutto di una personale elaborazione da parte di Gaio rimane, purtroppo, impossibile da accertare.

Se, infatti, non sussistono indizi offerti dalla classificazione '*res corporales-incorporales*' in sé presa[544], nessun aiuto proviene nemmeno dal collegamento tra quest'ultima e l'adozione, quale coordinata sistematica di fondo, della tripartizione '*personae-res-actiones*'. Invero, com'è

---

[544] Non è, infatti, idonea ad orientare per una paternità gaiana della classificazione la circostanza che, mentre in Gai 2.14 la *pecunia* tout-court rientra fra le *res corporales*, in alcuni brani di giuristi anteriori o contemporanei a Gaio – Aristone, Giavoleno, Venuleio – la *pecunia numerata* si trova, invece, contrapposta a '*res corporales*', onde Gaio avrebbe elaborato una categoria, e dunque una classificazione, innovativa, discostandosi da un consolidato impiego della qualifica in altro senso: cfr. Kaser 1953, 144; Zamorani 1974, 362 nt. 3; soprattutto, Dajczac 2003, 106 s. I brani in questione sono i seguenti: Iavol. 4 *ex Plautio*, D. 12.6.46: *Qui heredis nomine legata non debita ex nummis ipsius heredis soluit, ipse quidem repetere non potest: sed si ignorante herede nummos eius tradidit, dominus, ait, eos recte uindicabit. eadem causa rerum corporalium est*; Maec. 2 *fideicomm.*, D. 32.1.95: "*Quisquis mihi heres erit, damnas esto dare fideique eius committo, uti det, quantas summas dictauero dedero*". *Aristo res quoque corporales contineri ait, ut praedia mancipia uestem argentum, quia et hoc uerbum 'quantas' non ad numeratam dumtaxat pecuniam referri ex dotis relegatione et stipulationibus emptae hereditatis apparet et 'summae' appellatio similiter accipi deberet, ut in his argumentis quae relata essent ostenditur. uoluntatem praeterea defuncti, quae maxime in fideicommissis ualeret, ei sententiae suffragari: neque enim post eam praefationem adiecturum testatorem fuisse res corporales, si dumtaxat pecuniam numeratam praestari uoluisset*; Venul. 10 *action.*, D. 34.4.32pr.: *Detrahere legatis uel adicere, si nihil praeter pecuniam numeratam legatum sit, promptum est: cum uero res corporales interuenient, et scriptura difficilior fit et obscura portio. Cum libertas adimitur, legata seruis relicta nihil attinet adimi.*

In questi brani la qualifica '*corporalis*' in giustapposizione rispetto alla *pecunia numerata* è frutto di un'astrazione terminologica che traduce una consapevolezza espressa o sottesa nell'esame di concrete fattispecie: e cioè, la consapevolezza che, mentre per le *res* '*quae pondere numero mensura constant*' (tra le quali, appunto, la *pecunia numerata*) l'essenza o rilevanza economico-giuridica consiste nella loro determinazione attraverso operazioni di pesatura, conto, misurazione, per altre *res* – fondi, schiavi, ma anche *pecunia in arca*, *vinum in apotheca*, *frumentum in horreo* – l'essenza o rilevanza è vista risiedere, non già in una *quantitas*, bensì nella materialità stessa di un *corpus* (cfr. Ulp. 19 *ad Sab.*, D. 30.30pr. e 6; Ulp. 21 *ad Sab.*, D. 30.34.3 e 4; Ulp. 22 *ad Sab.*, D. 30.47.1; Pap. 4 *quaest.*, D. 30.51; Paul. *l. sing. ad l. Falcidiam*, D. 35.2.1.7; Maec. 8 *fideic.*, D. 35.2.30.3 e 4). Ebbene, nulla impedisce di immaginare che, già all'epoca in cui Aristone, Giavoleno o altri eventuali giuristi anteriori a Gaio adottavano la qualifica '*corporalis*' in questo senso e a proposito di specifiche problematiche (quali il perfezionamento di un'operazione contrattuale o di un passaggio di proprietà, l'imputazione del *periculum*, etc.), la stessa qualifica, come avviene notoriamente per altri termini e concettualizzazioni, potesse venir impiegata, sempre in ambiente giurisprudenziale, anche con una diversa accezione e sulla base di un differente criterio (la tangibilità fisica di una cosa, di un *fundus* come della *pecunia*), che l'opponesse, questa volta, alla qualifica '*incorporalis*' in funzione della costruzione di una dicotomia con finalità sistematizzante.

da tempo riconosciuto in dottrina[545], dovette essere proprio la fissazione dell'impianto tripartito a costituire la ragion d'essere della presenza della classificazione in esame nei *commentarii* gaiani, nel senso che i complessivi contenuti dell'*'omne ius, quo utimur'* da esporre agli studenti poterono esser inquadrati nei tre scomparti delle *personae*, delle *res* e delle *actiones* solo sulla base del ricorso alla categoria unificante delle *'res incorporales'*, che ha consentito, in particolare, l'inserimento nello scomparto-*res* anche delle *obligationes*[546]. Tuttavia, non vi sono a mio avviso elementi concreti per poter riconoscere se la stessa tripartizione (presupponente, dunque, la classificazione delle *res* che qui interessa) sia stata da Gaio escogitata o invece recepita da una preesistente tradizione.

Secondo Paul Krüger, la cui posizione tanta influenza ha avuto nella dottrina successiva, la tripartizione non sarebbe stata elaborata dallo stesso Gaio in quanto il giurista non l'accompagna con alcuna giustificazione, bensì mostra di presupporla «als etwas gegebenes und bekanntes»[547]: una valutazione ben presto rilanciata da Affolter[548] e da Kübler[549] e, molti anni dopo, accolta da Nelson,[550] per trovare ulteriore accoglienza in tempi a noi ancora più vicini.[551] Sennonché, non si vede per quale motivo il fatto che Gaio non abbia provveduto a giustificare in modo apposito la fissazione della tripartizione dovrebbe mostrare che si trattava del recepimento di una più antica soluzione[552].

D'altra parte, il convincimento, che ho più su espresso, che i *Tituli ex corpore Ulpiani* e il cd. *fragmentum Dositheanum* non possono considerarsi indipendenti dai *commentarii* di Gaio[553] mi impedisce di seguire l'ipotesi di Nelson, secondo cui, posto che l'ordine interno dei *Tituli* corrisponde alla tripartizione in esame e che nel cd. *fragmentum Dositheanum* ricorre la stessa sequenza 'Rechtsquelle - *personae*' che si osserva nel testo gaiano, le tre opere si dipartirebbero tutte, in modo auto-

---

[545] Cfr., per tutti, Pugliese 1951, 263 s. = 1985, 252; Arangio-Ruiz 1952, 13; Wieacker 1953b, 114; Robbe 1966, 117 ss.; Bona 1976, 419 e 431 s. = 2003b, 1099 e 1109 s.; Wolodkiewicz 1978, 20; Talamanca 1990, 383; Burdese 1994a, 42 = 1994b, 193; Coppola 1999, 219 s.; Tondo 2005, 633; Stolfi 2006, 145 s.; Martini 2007, 133; Guzmán Brito 2007, 450; Brutti 2011, 262; Turelli 2012, 7 s.; Baldus 2011, 19 ss.; 2012, 45.

[546] È stato giustamente notato (Pugliese 1951, 264 nt. 64 = 1985, 252; Martini 2007, 133) che l'esigenza della categoria unificante *'res incorporalis'* in funzione della tripartizione *'personae-res-actiones'* dovette avvertirsi in particolare per le *obligationes*, in quanto la materia delle *successiones* si sarebbe potuta, comunque, riferire allo scomparto delle *res* già in virtù della scansione sistematica incentrata sui modi *'quibus per universitatem res adquiruntur'* (Gai 2.97 ss.).

[547] Krüger 1888, 189; 1912, 209. Appena qualche anno prima, Karlowa 1885, 725, affermava lapidariamente che la tripartizione secondo ogni probabilità costituiva «ein altes Gemeingut der römischen Rechtsgelehrten, auf sie vererbt von der alten pontifizischen Jurisprudenz».

[548] Affolter 1897, 533.

[549] Kübler 1925, 272. In precedenza, questo studioso (Kübler 1910, 497) aveva anche aggiunto, contro l'attribuzione dello schema tripartito direttamente a Gaio, la considerazione che questi era un giurista non innovativo e di modesta caratura (in un ordine di idee analogo, in seguito, si sarebbe posto Chiazzese 1948, 229 s.).

[550] Nelson 1981, 337.

[551] Avenarius 2005, 97, seguito da Gokel 2014, 65.

[552] Si è già visto, inoltre, che non sono rilevanti gli altri due spunti addotti dallo stesso Krüger (la pretesa incomprensione, da parte di Gaio, di alcuni snodi sistematici interni al IV commentario e la mancata illustrazione di deposito, comodato e pegno), dai quali dovrebbe desumersi che Gaio aveva recepito un sistema già usuale, desumendolo da un più antico scritto: *supra*, n. 8 su ntt. 320-332.

[553] *Supra*, n. 8 su ntt. 372-388.

nomo tra loro, da un "sistema istituzionale" prodottosi nella tradizione sabiniana dell'insegnamento elementare o, secondo una messa a fuoco successiva, da un "manuale scolastico di ambiente sabiniano" (tralatizio sistema o specifico manuale al quale, dunque, sarebbe da ascrivere l'origine dell'articolazione '*personae-res-actiones*')[554].

Sul fronte opposto, in favore di una paternità gaiana della tripartizione può risultare eccessivo, ed è comunque lettura non giustificata dalle fonti, caricare di significati valoriali la posizione delle *personae* come prima scansione tematica, immaginando che essa rifletta una precisa innovazione sistematica di Gaio volta a riconoscere alla persona «un posto di preminenza, di centralità nell'ordinamento», «l'asse attorno al quale gravita tutto il *ius*», secondo una prospettiva ideologica che «tende ad orientare il diritto verso il suo destinatario naturale, l'uomo, nel cui interesse '*statutum est*'»[555]. Certo, balza subito agli occhi la circostanza che il testo di Gaio si distacca non solo dall'esempio di Quinto Mucio, che aveva aperto la sua ampia trattazione civilistica con il tema delle successioni *mortis causa*[556], ma anche dall'opzione seguita nei *libri iuris civilis* di Sabino e di Cassio (nonché nei *libri ex Cassio* di Giavoleno), anch'essi aventi come primo scomparto tematico la materia ereditaria[557]. Sennonché, non bisogna trascurare che già nei XV *libri regularum* di Nerazio era presente una sequenza tematica che metteva al primo posto l'ambito delle persone, seguito da quello dei diritti reali e quindi da quello delle successioni *mortis*

[554] D'altra parte, è a mio avviso più suggestiva che utilizzabile quale concreto spunto ricostruttivo la corrispondenza, richiamata da Affolter 1897, 497 ss. e da Villey, 1945 36 ss., dei primi due elementi della tripartizione con due degli elementi della quadripartizione (*homines, loca, tempora, res*) che Varrone aveva adottato nelle *Antiquitates* con riguardo alle *res humanae*, come apprendiamo da Aug., *civ. Dei* 6.3. In particolare, per lo studioso tedesco la suddivisione varroniana risalirebbe alla disciplina pontificale e avrebbe trovato riscontro in campo giuridico nel *liber singularis* Ὅρων di Mucio, da cui Gaio l'avrebbe derivata (p. 532 s.), mentre per Villey sarebbe stata ispirata dalla topica greca ed elaborata da un imprecisato giurista vicino a Cicerone o di epoca di poco successiva, sensibile al progetto ciceroniano di sistemazione del *ius civile* su base dialettica (ma sul collegamento immaginato con questo progetto cfr. quanto osservato *supra*, n. 11; ivi, su ntt. 474-477, specificamente sul presunto influsso delle affermazioni del *de oratore* sulla formulazione della tricotomia in questione).

Quanto alla più recente idea, sostenuta da Avenarius 2008, 129 sulla scia di Behrends 1998, 235 = 2008, 397, che l'escogitazione risalirebbe a Servio Sulpicio per il fatto che l'editto (che questo giurista avrebbe, oltre che commentato per primo, anche redatto), metteva insieme le persone, gli oggetti patrimoniali e gli strumenti processuali, essa, oltre a sfuggire ad ogni possibilità di verifica, si collega al convincimento, nemmeno questo avente riscontro nelle fonti, che Servio si era impegnato ad applicare la dialettica alla sistemazione del *ius civile*: *supra*, n. 11 su ntt. 482-489.

[555] Così, Quadrato 1986, 1 s. = 2010, 3 s. (da cui sono tratte le affermazioni virgolettate), seguito da Tafaro 2009, 12. Cfr. anche Quadrato 2009, 273 ss. = 2010, 399 ss. Più cauto Agnati 2009, 35 ss., il quale, se, da un lato, è disposto a ricondurre il primato delle *personae* nella sequenza gaiana a considerazioni di ordine filosofico diffuse nella cultura del II secolo («L'uomo è il creatore del diritto, [...] è protagonista e destinatario delle regole giuridiche»), dall'altro lato, opportunamente, richiama anche il profilo delle esigenze di natura tecnica di strutturazione della complessiva esposizione.

[556] Per la sequenza delle materie nei *libri iuris civilis* di Quinto Mucio cfr., da ultimo, Stolfi 2018, 103 ss. (ove precedente letteratura a p. 103 nt. 6).

[557] Mi limito a richiamare i contributi di Scherillo 1953, 445 ss. e 1966, 145 ss. e di Stein 1983, 151 ss.; nonché di Astolfi 2001 con specifico riferimento a Sabino; e di Manthe 1982, con riguardo all'opera di Giavoleno. La scelta gaiana, inoltre, si distingue pure rispetto ai *libri duo enchiridii* di Pomponio: *supra*, n. 9 su ntt. 417-418.

[558] È questo il dato oggettivamente attestato dai brani superstiti (nn. 65-71, nella *Palingenesia* leneliana). Mancano, invece, frammenti che possano ricondursi ad un settore concernente le *actiones* (che avrebbe trovato posto successivamente al libro X), la cui esistenza può, dunque, soltanto supporsi. Essa viene, invece, senz'altro ammessa da alcuni studiosi (Buckland 1932, 56 s.; Jolowicz 1932, 394; Scherillo 1968, 81 ss.; Greiner 1973, 130 s.; Bona 1974,

causa[558]. E soprattutto, va tenuta almeno in pari considerazione la possibilità che la collocazione incipitaria del settore delle persone abbia costituito, piuttosto, una scelta di natura squisitamente tecnico-didattica, nel senso che Gaio potrebbe avere semplicemente ritenuto più opportuno presentare per prima cosa i protagonisti degli istituti e dei regimi giuridici che sarebbero stati illustrati nel seguito della trattazione. Si pensi, peraltro, a questo riguardo, alla frequenza di importanti riferimenti agli *status personarum* sparsi nel corso dei commentari II-IV: dalla questione della necessità o meno dell'*auctoritas tutoris* per atti posti in essere da *mulieres* e da *pupilli*[559] all'esame degli acquisti *per alios*, sia con riguardo all'acquisto del *dominium* e della *possessio* sia con riguardo all'acquisto di posizioni creditorie[560]; per non dire, naturalmente, dell'ambito delle successioni, rispetto al quale l'apposita considerazione delle varie tipologie di *personae* quali protagoniste del fenomeno successorio costituisce elemento portante della trattazione; fino ai riferimenti, nell'ultimo commentario, ai soggetti *in potestate* in relazione alle azioni adiettizie (§§ 4.69-74) e alle azioni nossali (§§ 4.75-79). Ebbene, ove il primato delle persone nella tripartizione sistematica, anziché esser letto quale espressione del clima di "umanesimo" dell'età di Adriano e degli Antonini o di una personale visione ideologica gaiana, venga inteso quale semplice opzione, tra altre possibili, di strategia espositiva, si profila l'eventualità che già in precedenza altri insegnanti, a partire da quelli dello stesso Gaio, possano aver pensato nell'insegnamento orale, e magari anche in scritti di supporto o complemento didattico destinati agli studenti e circolanti nella tradizione della scuola, di illustrare le prime nozioni del diritto privato ricorrendo allo schema tripartito in esame.

Come pure, lascia impregiudicata la questione un dato testuale presente in un passaggio del III commentario riguardante gli effetti patrimoniali dell'*adrogatio* e segnatamente la circostanza che vi compare un cenno a '*quae debitae sunt*' accanto al binomio '*res incorporales et corporales*':

512 s.; Liebs 1976, 232 s.; 1983, 123), i quali hanno, conseguentemente, sostenuto una corrispondenza della disposizione delle materie con la successione '*personae-res-actiones*' di Gaio (dopo un cenno in tal senso di Voigt 1875, 371 e di Lenel 1889, 774 nt. 1). Segnatamente, Buckland e Jolowicz hanno desunto che quello seguito da Gaio era un ordine tradizionale; Scherillo, Liebs e Tondo hanno ipotizzato che Gaio avesse tratto lo schema tripartito proprio dall'opera neraziana – una possibilità che non può scartarsi *a priori* obiettando (Nelson 1981, 374 nt. 62) che sarebbe strano che il sabiniano Gaio avesse seguito un ordine espositivo presente nell'opera di un giurista proculiano, giacché, come osservato da Liebs, la strutturazione di un testo funzionale all'insegnamento è profilo che poteva porsi al di là della contrapposizione tra scuole –; mentre Greiner e Bona hanno proposto un'inversione del rapporto di derivazione storica, il primo ipotizzando che i *libri regularum* sarebbero stati confezionati in epoca postclassica con formulazioni attinte dagli scritti di vari giuristi e ordinate secondo lo schema di Gaio, il secondo ammettendo, sì, la paternità neraziana dell'opera, ma prospettando l'eventualità che il materiale in essa contenuto sia stato in epoca tarda «rifuso e ridistribuito secondo lo schema istituzionale di Gaio». Dal canto suo, Tondo 1993, 446 e 2005, 632 ipotizza che Gaio abbia arricchito il filone civilistico riscontrabile anche in Nerazio aggiungendo la sezione delle *actiones*. In proposito, però, va tenuto presente che il IV commentario si apre con una critica ad una precedente classificazione dei *genera actionum* compiuta da alcuni giuristi (Gai 4.1, trascritto *supra*, in nt. 209): il che attesta la preesistenza di un impegno sistematizzante da parte di più giuristi su questa materia, pur se non può, certo, dirsi se dispiegato nel quadro di trattazioni complessive, isagogiche o meno, del diritto privato.

559 Cfr. Gai 2.80-85; 2.112-113; 2.118-122; 3.44; 3.91; 3.107-108; 3.119; 3.171; 3.176.

560 Gai 2.86-96, con analitica considerazione del regime in relazione alle diverse figure dei soggetti *in potestate manu mancipiove*, dei *servi* in usufrutto, degli *homines liberi* e dei *servi* posseduti in buona fede ('... *De quibus singulis diligenter dispiciamus*'); Gai 3.163-167a.

Gai 3.83: *Etenim cum pater familias se in adoptionem dedit mulierque in manum convenit, omnes eius res incorporales et corporales, quaeque ei debitae sunt, patri adoptivo coemptionatorive adquiruntur exceptis his, quae per capitis deminutionem pereunt, quales sunt ususfructus, operarum obligatio libertorum, quae per iusiurandum contracta est, et lis contestata legitimo iudicio.*

Secondo alcuni studiosi, la menzione esplicita e a sé stante delle *res debitae* rivelerebbe una considerazione delle obbligazioni quali entità distinte dalle *res incorporales* e, di conseguenza, mostrerebbe un'oscillazione nella sistematica gaiana alla luce del fatto che in Gai 2.14 le obbligazioni erano, invece, senz'altro incluse tra le *res incorporales*; e ciò suggerirebbe che l'escogitazione della categoria '*res incorporales*' fosse anteriore a Gaio, ma abbastanza recente e ancora "non ben fissata nella mente di Gaio"[561]. In realtà, il modo di esprimersi di Gai 3.83 ha una precisa ragion d'essere, che non coinvolge affatto la storia della classificazione e che si desume con facilità ove il brano, anziché esser valutato isolatamente, venga letto insieme con il suo immediato seguito:

Gai 3.84: *Ex diuerso quod is debuit, qui se in adoptionem dedit quaeue in manum conuenit, non transit ad coemptionatorem aut ad patrem adoptiuum, nisi si hereditarium aes alienum fuerit; de eo enim, quia ipse pater adoptiuus aut coemptionator heres fit, directo tenetur iure. is uero, qui se adoptandum dedit, quaeue in manum conuenit, desinit esse heres; de eo uero, quod proprio nomine eae personae debuerint, licet neque pater adoptiuus teneatur neque coemptionator et ne ipse quidem, qui se in adoptionem dedit, uel ipsa, quae in manum conuenit, maneat obligatus obligataue, quia scilicet per capitis diminutionem liberetur, tamen in eum eamue utilis actio datur rescissa capitis deminutione, et, si aduersus hanc actionem non defendantur, quae bona eorum futura fuissent, si se alieno iuri non subiecissent, uniuersa uendere creditoribus praetor permittit.*

Risulta evidente che Gaio ha voluto istituire una correlazione in funzione oppositiva tra '*quae ei debitae sunt*' del § 83 e '*quod is debuit*' del § 84. Invero, il giurista è impegnato ad illustrare l'*adrogatio* e la *conventio in manum* dal punto di vista degli acquisti delle *res* (*per universitatem*). A tal proposito egli dovette trovare didatticamente efficace distinguere tra crediti e debiti all'interno delle *obligationes* quali elementi patrimoniali coinvolti nei due predetti casi di *successiones*: in questo modo, così, ha potuto mettere anzitutto (§ 83) in risalto il lato attivo dell'acquisto dei crediti ('*quae ei debitae sunt*') in favore del *pater adoptivus* e del *coemptionator* e segnalare l'eccezione della *operarum obligatio libertorum*, per precisare successivamente e con una indicazione separata (§ 84) che, invece, i debiti ('*quod is debuit*') non si trasmettono al *pater adoptivus* e al *coemptionator* a meno che non si tratti di *hereditarium aes alienum*, sottolineando infine che, nondimeno, i debiti assunti *proprio nomine* dall'*adrogatus* e dalla donna *conventa in manum* possono essere richiesti a costoro in forza di un'*actio utilis rescissa capitis deminutione*. Del resto, anche in relazione agli altri casi di acquisto *per universitatem* Gaio, allo scopo di evidenziare i concreti effetti di natura patrimoniale, menziona esplicitamente i crediti e i debiti (§ 81, per la *bonorum possessio* e la *bonorum emptio*: '*Item quae debita sunt ... aut ipse debuit...*'; § 85, per la *in iure cessio hereditatis*: '*... creditoribus ipse tenetur ... debita vero pereunt...*').

---

[561] Buckland 1931, 91 s.; Jolowicz 1952, 473 nt. 25; De Zulueta 1953, 137.

Certo, rimane il fatto che l'accostamento tra *res incorporales* e *res debitae* del § 83 non è felice dal punto di vista dogmatico, e questa imperfezione, peraltro, risalta di più a causa del contestuale cenno alla totalità delle *res* ('*omnes res incorporales et corporales*'). Ma ciò costituisce un ulteriore riscontro dell'assorbente attenzione che muove Gaio, anche a scapito del rigore dogmatico, verso una puntuale descrizione degli effetti giuridici che concretamente si producono; né è difficile riconoscere dietro il ricorso all'aggettivo '*omnis*' l'intento (funzionale anch'esso ad un'indicazione didatticamente efficace delle concrete conseguenze delle operazioni in esame) di preparare il lettore alla successiva segnalazione di eccezioni (*omnes res ... adquiruntur ... exceptis his quae ... pereunt*). Dunque, il dettato di Gai 3.83, come non può essere inteso quale indice di incertezza nella considerazione, da parte di Gaio, delle obligazioni come *res incorporales*, così non si presta a fondare deduzioni circa la storia della categoria '*res incorporales*' e della sua correlazione con quella delle *res corporales*.

Per parte mia, preso atto dell'inesistenza di dati testuali interni alla scrittura degli stessi *commentarii* che si prestino a fornire qualche appiglio, mi chiedo se possa avere una indiretta ricaduta sulla questione il cambiamento di rotta che i pur non numerosi frammenti delle *res cottidianae* lasciano riconoscere. In questo scritto l'illustrazione sui modi di acquisto del *dominium* non è più guidata dal criterio dell'applicazione di *mancipatio* o *in iure cessio* o *traditio*, bensì dal diverso criterio della successione storica fra i modi di acquisto fondati sul *ius gentium* e modi di acquisto fondati sul *ius civile*[562]; e all'interno dei modi d'acquisto derivanti dal *ius gentium*, vengono considerati dapprima gli istituti più antichi (caccia, pesca, *occupatio* etc.) e solo per ultimo l'atto negoziale- *traditio*: con una inversione, dunque, rispetto alla sequenza che era stata congegnata nei *commentarii*, nei quali alla *traditio* venivano successivamente agganciati gli altri modi di acquisto fondati sul *ius gentium* (Gai 2.65-66)[563]. Inoltre, nello scritto più recente in relazione alle *obligationes* l'attenzione si sposta dal piano del compimento degli atti obbliganti (che come si è visto, costituiva il baricentro della relativa trattazione dei *commentarii*), a quello del rapporto e del regime obbligatorio; e in questo sfondo l'assunzione, in ordine (anche) alle *obligationes ex contractu* del punto di vista dell'esposizione del debitore a responsabilità mostra che le *obligationes* non sono più considerate dal lato attivo del patrimonio del creditore né focalizzate sugli atti con i quali entrano a far parte di quello o ne fuoriescono[564]. Queste differenze, peraltro, inducono a dubitare che *obligationes*, *ususfructus*, *servitutes*, *hereditas* siano state ancora considerate unitariamente sotto il profilo della posizione

[562] Gai. 2 *rer. cott.*, D. 41.1.1pr.: *Quarundam rerum dominium nanciscimur iure gentium, quod ratione naturali inter omnes homines peraeque servatur, quarundam iure civili, id est iure proprio civitatis nostrae. et quia antiquius ius gentium cum ipso genere humano proditum est, opus est, ut de hoc prius referendum sit*; I. 2.1.11 *Singulorum autem hominum multis modis res fiunt: quarundam enim rerum dominium nanciscimur iure naturali, quod, sicut diximus, appellatur ius gentium, quarundam iure civili. commodius est itaque a vetustiore iure incipere palam est autem vetustius esse naturale ius, quod cum ipso genere humano rerum natura prodidit: civilia enim iura tunc coeperunt, cum et civitates condi et magistratus creari et leges scribi coeperunt.*

Sul rapporto tra le due versioni di questa informazione gaiana cfr. Falcone 1998, 316 ss.

[563] Su questo elemento discretivo tra i due scritti cfr. Falcone 1998, 285 ss.

[564] Su questi aspetti di novità cfr. Falcone 2011, 48 ss.; 2017, 108 ss. Un significativo riscontro si ha nella circostanza che, giusta l'attribuzione estremamente verosimile di I. 3.13.1 alle *res cottidianae* (Falcone 2003, 121 ss.), la distinzione imperniata sugli atti costitutivi del rapporto obbligatorio cede il ruolo di '*summa divisio*' ad una distinzione incentrata sul *ius* (*civile* o *honorarium*) che dà riconoscimento alle *obligationes*.

giuridica soggettiva del loro titolare dal lato attivo e a sospettare, conseguentemente, un ridimensionamento del ruolo ordinante della classificazione *'res corporales-incorporales'*.

Ebbene, siffatto notevole scostamento rispetto a soluzioni tanto caratterizzanti che erano state adottate nei *commentarii* – a partire da quest'ultima classificazione e dal suo intreccio con la classificazione *'res mancipi-nec mancipi'* – potrebbe far pensare che le stesse non fossero state frutto di autonoma elaborazione di Gaio, bensì fossero state semplicemente recepite da una consolidata tradizione didattica?

La prospettazione di questo interrogativo, sul quale peraltro non saprei sbilanciarmi[565], segna, emblematicamente, la chiusura di queste pagine: procedere oltre, su un terreno di svolgimenti meramente indiziari e congetturali, costituirebbe una deviazione rispetto al proposito, fissato nelle battute introduttive, di mettere sul tavolo i dati a nostra disposizione, oggettivamente sussistenti o almeno desumibili con sufficiente solidità, sui quali poter fondare futuri impegni di riflessione sullo scritto gaiano.

[565] Men che mai mi sento di azzardare congetture su possibili ragioni, e implicazioni, dell'ulteriore scostamento consistente nel fatto che la trattazione *ex professo* sulle *obligationes* si trova prima di quella riguardante le *hereditates*, dunque con sequenza inversa rispetto a quella adottata nei *commentarii* 'istituzionali' (cfr. Lenel 1889, 251 nt. 4; Cannata 2007, 104; Falcone 2017, 104 nt. 138).

Bibliografia

Affolter 1897	F. Affolter, *Das römische Institutionensystem. Sein Wesen und seine Geschichte*, Berlin 1897.
Agnati 2009	U. Agnati, *«Persona iuris vocabulum». Per un'interpretazione giuridica di «persona» nelle opere di Gaio*, in *RDR* 9, 2009.
Albanese 1949	B. Albanese, *La successione ereditaria in diritto romano antico. Saggi*, in *AUPA* 20, 1949, 127-475.
– 1953	B. Albanese, *Gai II, 34-37 e l'in iure cessio hereditatis*, in *AUPA* 23, 1953, 213-247.
– 1971	B. Albanese, *Riflessioni in tema di legis actiones*, in *Studi in onore di Edoardo Volterra*, II, Milano 1971, 163-213.
– 1978a	B. Albanese, *Premesse allo studio del diritto privato romano*, Palermo 1978.
– 1978b	B. Albanese, *D. 1,2,2,12 e la sua attribuzione*, in *Scritti in onore di S. Pugliatti*, 4, Milano 1978, 3-27.
– 1991	B. Albanese, *Scritti giuridici*, I-II (cur. M. Marrone), Palermo 1991.
– 1995	B. Albanese, *Brevi studi di diritto romano* (II). *Sull'introduzione di Gaio al suo commento delle XII Tavole (D.1.2.1)*, in *AUPA* 43, 1995, 5-198.
– 2000	B. Albanese, *Quattro brevi studi* (III. *I «libri de iure civili» di Ofilio*), in *Labeo* 46, 2000, 345-378.
– 2002	B. Albanese, *Brevi studi di diritto romano*. III (3. *L'ars iuris civilis nel pensiero di Cicerone*), in *AUPA* 47, 2002, 9-120.
– 2004	B. Albanese, *Nota su Gai 1,7 e sulla storia del ius respondendi*, in *AUPA* 49, 2004, 19-26.
– 2006	B. Albanese, *Scritti giuridici*, III-IV (cur. G. Falcone), Torino 2006.
Anselmo Aricò 1983	G. Anselmo Aricò, *Ius publicum-ius privatum in Ulpiano, Gaio e Cicerone*, in *AUPA* 38, 1983, 445-787.
– 1987	G. Anselmo Aricò, *Partes iuris*, in *AUPA* 39, 1987, 45-156.
Appleton 1929	Ch. Appleton, *Les interpolations dans Gaius. La vraie date de ses Institutes*, in *RHDFE* 8, 1929, 197-241.
Arangio-Ruiz 1927	V. Arangio-Ruiz, *Istituzioni di diritto romano*², Napoli 1927.
– 1931	V. Arangio-Ruiz, *Corso di storia del diritto romano*, Napoli 1931.

Arangio-Ruiz 1935 — V. Arangio-Ruiz, *Responsabilità contrattuale in diritto romano*², Napoli 1935.

– 1952 — V. Arangio-Ruiz, *Istituzioni di diritto romano*¹¹, Napoli 1952.

– 1957 — V. Arangio-Ruiz, *Storia del diritto romano*⁷, Napoli 1957.

Arangio-Ruiz, Guarino 1998 — V. Arangio-Ruiz, A. Guarino, *Breviarum iuris romani*⁸, Milano 1998.

Arces 2020 — P. Arces, *Ricerche sulle tecniche di scrittura delle «Istituzioni di Gaio»*, Milano 2020.

Archi 1937 — G. Archi, *La "summa divisio rerum" in Gaio e in Giustiniano*, in *SDHI* 3, 1937, 5-19.

Arndts 1898 — F. Glück, *Commentario alle Pandette. Serie dei libri 30-32. Parte I. Continuazione del professore C. L. Arndts. Traduzione e note di C. Ferrini*, Milano 1898.

Astolfi 1969 — R. Astolfi, *Studi sull'oggetto dei legati in diritto romano*, II, Padova 1969.

– 2001 — R. Astolfi, *I libri iuris civilis di Sabino*², Padova 2001.

Avenarius 2005 — M. Avenarius, *Der pseudo-ulpianische liber singularis regularum*, Göttingen 2005.

– 2007 — M. Avenarius, *Il «liber singularis regularum» pseudo-ulpianeo: sua specificità come opera giuridica altoclassica in comparazione con le «Institutiones» di Gaio*, in *Index* 34, 2006, 455-477.

– 2008 — M. Avenarius, *Das „gaiozentrische" Bild vom Recht der klassischen Zeit*, in M. Avenarius (Hrsg.), *Hermeneutik der Quellentexte des Römischen Rechts*, Baden-Baden 2008, 97-131.

Babusiaux 2020 — U. Babusiaux, *Die Institutiones im Rahmen der gaianischen Werke*, in Babusiaux, Mantovani 2020, 51-95.

Babusiaux, Mantovani 2020 — U. Babusiaux, D. Mantovani (cur.), *Le Istituzioni di Gaio: avventure di un bestseller. Trasmissione, uso e trasformazione del testo*, Pavia 2020.

Baccari, Cascione 2006 — M.P. Baccari, C. Cascione (cur.), *Tradizione romanistica e costituzione*, II, Napoli 2006.

Baldus 2011 — Chr. Baldus, *Res incorporales im römischen Recht*, in S. Leible, M. Lehmann, H. Zech (Hrsg.), *Unkörperliche Sachen im Zivilrecht*, Tübingen 2011, 7-31.

– 2012 — Chr. Baldus, *I concetti di res in Gaio tra linguaggio pragmatico e sistema: il commentario all'editto del praetor urbanus*, in *AUPA* 55, 2012, 41-74.

Bartocci 2009 — U. Bartocci, *Aspetti giuridici dell'attività letteraria in Roma antica*, Torino 2009.

Battaglia 2016 — F. Battaglia, *An Aulus Gellius Commentary on Masurius Sabinus (Noct. Att. 11.18)*, *TR* 84, 2016, 97-148.

– 2020 — F. Battaglia, *Strutture espositive in Gaio: per una morfologia delle Institutiones*, in Babusiaux, Mantovani 2020, 205-278.

Bauman 1983 — R. Bauman, *Lawyers in Roman Republican Politics. A study of the Roman Jurists in their political setting, 316-82 BC*, München 1983.

Baviera 1940 — G. Baviera, *Fontes iuris Romani antejustiniani. Pars altera. Auctores*², Florentiae 1940.

Behrends 1973 — O. Behrends, rec. a M. Bretone, *Tecniche e ideologie dei giuristi romani*, Napoli 1971, in *Gnomon* 45, 1973, 793-797.

– 1976 — O. Behrends, *Die Wissenschaftslehre im Zivilrecht des Q. Mucius Scaevola pontifex*, in *Nachrichten der Akademie der Wissenschaft in Göttingen* (*Philol.-Hist. Kl.* VII), 1976, 263-304.

– 1995 — O. Behrends, *Der Kommentar in der römischen Rechtsliteratur*, in J. Assmann, B. Gladigow (Hrsg.), *Text und Kommentar. Archäologie der literarischen Kommunikation*. IV, München 1995, 423-462.

– 2004 — O. Behrends, *Institut und Prinzip. Ausgewählte Schriften*, I, Göttingen 2004.

– 2009 — O. Behrends, *Gaius noster*, in *Festchrift für R. Knütel*, Heidelberg 2009, 77-102.

Bekker 1902 — E. Bekker, *Über die Obiekte und die Kraft der Schuldverhältnisse*, in *ZSS* 23, 1902, 1-30.

Beseler 1911 — G. von Beseler, *Beiträge zur Kritik der römischen Rechtsquellen*, 2, Tübingen 1911.

– 1922 — G. von Beseler, *Einzelne Stellen*, in *ZSS* 43, 1922, 535-556.

– 1930 — G. von Beseler, *Romanistische Studien*, in *TR* 10, 1930, 161-240.

Betti 1913 — E. Betti, *Sul significato di "contrahere" in Gaio e sulla non classicità della denominazione "quasi ex contractu obligatio"*, in *BIDR* 25, 1913, 65-88.

– 1942 — E. Betti, *Istituzioni di diritto romano*², I, Padova 1942.

– 1958 — E. Betti, *Appunti di teoria dell'obbligazione in diritto romano. Sezione I e II*, Roma 1958.

Biavaschi 2006 — P. Biavaschi, *Ricerche sul precarium*, Milano 2006.

Biondi 1953 — B. Biondi, *Contratto e stipulatio*, Milano 1953.

– 1955 — B. Biondi, *Successione testamentaria e donazioni*², Milano 1955.

Biscardi 1966 — A. Biscardi, *Postille gaiane*, in *Gaio nel suo tempo. Atti del simposio romanistico*, Napoli 1966, 15-24.

– 1977 — A. Biscardi, *Some Critical Remarks on the Roman Law of Obligations*, in *The Irish Jurist* 12, 1977, 371-383.

Böcking 1832 — E. Böcking, *Dosithei Magistri Interpretamentorum Liber Tertius*, Bonnae 1832.

Bömer 1953 — F. Bömer, *Der Commentarius: Zur Vorgeschichte und literarischen Form der Schriften Caesars*, in *Hermes* 81, 1953, 210-250.

Bona 1973a — F. Bona, *Studi sulla società consensuale*, Milano 1973.

– 1973b — F. Bona, *Sulla fonte di Cicero, 'De oratore' I, 56, 239-240 e sulla cronologia dei 'decem libelli' di P. Mucio Scevola*, in *SDHI* 39, 1973, 425-480.

– 1974 — F. Bona, rec. a Greiner 1973, in *SDHI* 40, 1974, 504-514.

Bona 1976 F. Bona, *Il coordinamento delle distinzioni «res corporales-res incorporales» e «res mancipi-res nec mancipi» nella sistematica gaiana*, in Aa.Vv., *Prospettive sistematiche nel diritto romano*, Torino 1976, 407-454.

– 1980 F. Bona, *L'ideale retorico ciceroniano ed il 'ius civile in artem redigere'*, in *SDHI* 46, 1980, 282-382.

– 1985 F. Bona, *Cicerone e i 'libri iuris civilis' di Quinto Mucio Scevola*, in *Questioni di giurisprudenza tardorepubblicana* (Atti Seminario, Firenze 1983), Milano 1985, 206-279.

– 2003a F. Bona, *Il 'docere respondendo' e 'discere audiendo' nella tarda repubblica*, in Bona 2003b, 1131-1160.

– 2003b F. Bona, *Lectio sua. Studi editi e inediti di diritto romano* (a cura di E. Bianchi, P. Lepore, G. Mainino, D. Mantovani), I-II, Padova 2003.

Bonfante 1926; 1966 P. Bonfante, *Corso di diritto romano. II. La proprietà*, I, Roma 1926, rist. Milano 1966.

Boudon-Millot 2007 V. Boudon-Millot, *Galien. I. Introduction générale. Sur l'ordre de ses propres livres. Sur ses propres livres. Que l'excellent médecin est aussi philosophe*, Paris 2007.

Bozza 1951 F. Bozza, *Gai. II. 194-196 e la validità del legato per vindicationem*, in *Annali Università di Macerata* 18, 1951, 1-24.

Bremer 1868 F.P. Bremer, *Die Rechtslehrer und Rechtsschulen im Römischen Kaiserreich*, Berlin 1868.

Bretone 1965 M. Bretone, *Linee dell'Enchiridion di Pomponio*, Bari 1965.

– 1966 M. Bretone, *In margine al dibattito gaiano*, in *Labeo* 12, 1966, 66-73.

– 1971 M. Bretone, *Tecniche e ideologie dei giuristi romani*, Napoli 1971.

– 1984 M. Bretone, *Tecniche e ideologie dei giuristi romani*², Napoli 1984.

– 1996 M. Bretone, *Res incorporalis*, in *Filellenismo e tradizionalismo a Roma nei primi due secoli dell'Impero*, in *Atti dei Convegni Lincei*, 125, Roma 1996, 117-142.

– 1998 M. Bretone, *I fondamenti del diritto romano. La natura e le cose*, Bari 1998.

– 2004 M. Bretone, *Storia del diritto romano*¹⁰, Bari 2004.

– 2008 M. Bretone, *Ius controversum nella giurisprudenza classica*, in *Atti della Accademia Nazionale dei Lincei*, ser. IX, vol. XXII, Roma 2008, 755-881.

Brunt 1977 P.A. Brunt, *Lex de imperio Vespasiani*, in *JRS* 67, 1977, 95-116.

Brutti 2003 M. Brutti, *L'indipendenza dei giuristi (dallo «ius controversum» all'autorità del principe)*, in Milazzo 2003, 403-458.

– 2011 M. Brutti, *Il diritto privato nell'antica Roma*², Torino 2011.

– 2012a M. Brutti, *Gaio e lo ius controversum*, in *AUPA* 55, 2012, 75-124.

Buckland 1922 W. Buckland, *Did Ulpian use Gaius?*, in *LQR* 38, 1922, 38-47.

Buckland 1931	W. Buckland, *The main Institutions of Roman Private Law*, Cambridge 1931.
– 1932	W. Buckland, *A Text-book of Roman Law from Augustus to Justinian*[2], Cambridge 1932.
– 1937	W. Buckland, *Gaius and the Liber singularis again*, in *LQR* 53, 1937, 508-518.
Burdese 1994a	A. Burdese, *Considerazioni sulle res corporales e incorporales quali elementi del patrimonio (in margine al pensiero di Gaetano Scherillo)*, in *Gaetano Scherillo* (Atti Convegno - Milano 1992), Milano 1994, 23-42.
– 1994b	A. Burdese, *Miscellanea romanistica*, Madrid 1994.
Busacca 1981	C. Busacca, *Studi sulla classificazione delle cose nelle Istituzioni di Gaio*, I, Villa San Giovanni 1981.
Cannata 1970	C.A. Cannata, *Sulla 'divisio obligationum' nel diritto romano repubblicano e classico*, in *IVRA* 21, 1970, 52-70.
– 1989	C.A. Cannata, *Histoire de la Jurisprudence européenne*, I. *La jurisprudence romaine*, Torino 1989.
– 1997	C.A. Cannata, *Per una storia della scienza giuridica europea*. I. *Dalle origini all'opera di Labeone*, Torino 1997.
– 2002	C.A. Cannata, *Qualche considerazione sull'ambiente della giurisprudenza romana*, in *Cunabula iuris. Studi storico-giuridici per G. Broggini*, Milano 2002, 53-99.
– 2007	C.A. Cannata, *Materiali per un corso di fondamenti del diritto europeo*, I, Torino 2005.
– 2008	C.A. Cannata, *Materiali per un corso di fondamenti del diritto europeo*, II, Torino, 2008.
– 2012a	C.A. Cannata, *La posizione della lex nella sistematica delle fonti romane*, in Ferrary 2012, 257-280.
– 2012b	C.A. Cannata, *Scritti giuridici scelti* (a cura di L. Vacca), II, Padova 2012.
– 2014	C.A. Cannata, *Scritti giuridici scelti* (a cura di L. Vacca), III, Torino 2014.
Cantarone 2001	P. Cantarone, *Osservazioni sullo studio del diritto nella tarda repubblica romana*, in *SDHI* 67, 2001, 417-428.
Carcaterra 1966	A. Carcaterra, *Le definizioni dei giuristi romani. Metodo mezzi e fini*, Napoli 1966.
– 1984	A. Carcaterra, rec. ad Anselmo Aricò 1983, in *SDHI* 50, 1984, 549-558.
Cardilli 2021	R. Cardilli, *Fondamento romano dei diritti odierni*, Torino 2021.
Casavola 1966	F. Casavola, *Gaio nel suo tempo*, in *Gaio nel suo tempo. Atti del simposio romanistico*, Napoli 1966, 1-14.
Cassanmagnago 2009	C. Cassanmagnago in G. Reale, C. Cassanmagnago (cur.), *Epitteto. Tutte le opere*, Milano 2009.
Castro-Sáenz 2010	A. Castro-Sáenz, *Cicéron y la jurisprudencia romana. Un estudio de historia jurídica*, Valencia 2010.

Cenderelli 2005 — A. Cenderelli, *Il trattato e il manuale. Divagazioni in tema di 'Res cottidianae'*, in *BIDR* 101-102, 1998-99 (pubbl. 2005) 61-132.

Cenderelli, Biscotti 1995 — A. Cenderelli, B. Biscotti, *Produzione e scienza del diritto: storia di un metodo*, Torino 2005.

Cerami 1996 — P. Cerami, *Potere e ordinamento nell'esperienza costituzionale romana*[3], Torino 1996.

– 1998 — P. Cerami, *Il sistema ofiliano*, in *La codificazione del diritto dall'antico al moderno*, Napoli 1998, 289-310.

Chiazzese 1948 — L. Chiazzese, *Introduzione allo studio del diritto romano*[3], Palermo 1948.

Ciapessoni 1030 — P. Ciapessoni, *Sul Senatoconsulto Neroniano*, in *Studi in onore di P. Bonfante*, III, Milano 1930, 649-727.

Coppola 1999 — G. Coppola, *Studi sulla pro herede gestio. II. La valutazione dell'animus nel «gerere pro herede»*, Milano 1999.

Coppola Bisazza 2008 — G. Coppola Bisazza, *Dallo iussum domini alla contemplatio domini. Contributo allo studio della storia della rappresentanza*, Milano 2008.

Corbino 2021 — A. Corbino, *Visione culturale e ordine giuridico nel mondo delle antiche poleis. Brevi riflessioni sui fondamenti del ius gentium*, in L. Garofalo, L. Vacca (cur.), *Studi in ricordo di C.A. Cannata*, Napoli 2021, 145-168.

Cossa 2013 — G. Cossa, *'Regula sabiniana'. Elaborazioni giurisprudenziali in materia di condizioni impossibili*, Milano 2013.

– 2018 — G. Cossa, *Per uno studio dei libri singulares. Il caso di Paolo*, Milano 2018.

Crifò 1998 — G. Crifò, *Materiali di storiografia romanistica*, Torino 1998.

Cuena Boy 1998 — F. Cuena Boy, *Sistema jurídico y derecho romano*, Santander 1998.

Cursi 2004 — M.F. Cursi, *Res incorporales e informazione globale*, in A. Amato Mangiameli (cur.), *Parole chiave: informazione. Appunti di diritto, economia e filosofia*, Milano 2004, 173-206.

Cusmà Piccione 2012 — A. Cusmà Piccione, *Vincoli parentali e divieti matrimoniali: le innovazoni della legislazione del IV sec. d.C. alla luce del pensiero cristiano*, in *AUPA* 55, 2012, 189-278

Dajczac 2003 — W. Dajczac, *Der Ursprung der Wendung res incorporalis im römischen Recht*, in *RIDA* 50, 2003, 97-117

David, Nelson 1954; 1960; 1968 — M. David, H.L.W. Nelson, *Gai Institutionum Commentarii IV. Kommentar (1. Lieferung)*, Leiden 1954; *(2. Lieferung)*, Leiden 1960; *(3. Lieferung)*, Leiden 1968.

de la Chevalerie 1952 — A. de la Chevalerie, *Observations sur la classification des obligations chez Gaius*, in *RIDA* 1, 1952, 379-384.

De Marini, Lanza 2001 — F. De Marini, C. Lanza, *Critica testuale e studio storico del diritto*[3], Torino 2001.

Dernburg 1869 — H. Dernburg, *Die Institutionen des Gaius, ein Collegienheft aus dem Jahre 161 nach Christi Geburt*, Halle 1869.

De Visscher 1928 — F. De Visscher, *Les origines de l'obligation «ex delicto»*, in *RHDFE* 7, 1928, 335-386.
– 1931 — F. De Visscher, *Études de droit romain*, Paris 1931.
De Zulueta 1953 — F. De Zulueta, *The Institutes of Gaius. Part II. Commentary*, Oxford 1953.
Diliberto 1991 — O. Diliberto, *Materiali per la palingenesi delle XII Tavole*, I, Cagliari 1992.
Diosdi 1970 — G. Diosdi, *Gaius: Rechtsgelehrte oder Schulmeister?*, in *Études offerts à J. Macqueron*, Aix-en-Provence 1970, 225-234.
– 1976 — G. Diosdi, *Gaius, der Rechtsgelehrte*, in *ANRW* 15.2, 1976, 605-631.
D'Ippolito 1978 — F. D'Ippolito, *I giuristi e la città*, Napoli 1978
Donellus 1763 — H. Donellus, *Comm. iuris civilis*, Tomus I, ed. Lucae 1763.
Dorandi 2007 — T. Dorandi, *Nell'officina dei classici. Come lavoravano gli autori antichi*, Roma 2007.
Ducos 2008 — M. Ducos, *La diffusion du savoir juridique sous le principat*, in *Neronia* 8, 2008, 145-155.
Dumont 1963 — F. Dumont, *Obligatio*, in: *Mélanges Ph. Meylan*, I, Lausanne 1963, 77-90.
Falcone 1991 — G. Falcone, *Per una datazione del 'De verborum, quae ad ius pertinent, significatione' di Elio Gallo*, in *AUPA* 41, 1991, 223-262.
– 1996 — G. Falcone, *Ricerche sull'origine dell'interdetto Uti possidetis*, in *AUPA* 44, 1996, 30-360.
– 1998 — G. Falcone, *Il metodo di compilazione delle Institutiones di Giustiniano*, in *AUPA* 45.1, 1998, 223-426
– 2003a — G. Falcone, *Appunti sul IV commentario delle Istituzioni di Gaio*, Torino 2003.
– 2003b — G. Falcone, *"Obligatio est iuris vinculum"*, Torino 2003.
– 2004 — G. Falcone, *La 'vera philosophia' dei 'sacerdotes iuris'. Sulla raffigurazione ulpianea dei giuristi (D. 1.1.1.1)*, in *AUPA* 49, 2004, 41-136.
– 2006 — G. Falcone, *Un'ipotesi sulla nozione ulpianea di ius publicum*, in Baccari, Cascione 2006, 1167-1195.
– 2009a — G. Falcone, *Approccio operativo-cautelare e obligationes ex contractu nelle Istituzioni di Gaio*, in *Festchrift für R. Knütel*, Heidelberg 2009, 313-325.
– 2009b — G. Falcone, *Sul 'finis in iure civili' di Cic., de orat. I.188*, in *SDHI* 75, 2009, 503-513.
– 2010 — G. Falcone, *'Legum cunabula' e 'antiquae fabulae' (cost. Imperatoriam 3)*, in *Studi in onore di A. Metro*, II, Milano 2010, 283-304.
– 2011 — G. Falcone, *Sistematiche gaiane e definizione di obligatio*, in L. Capogrossi Colognesi, M.F. Cursi (cur.), *Obligatio-obbligazione. Un confronto interdisciplinare* (Atti Convegno - Roma 2010), Napoli 2011, 17-51.

Falcone 2012	G. Falcone, *Osservazioni su Gai 2.14* e le *res incorporales*, in *AUPA* 55, 2012.
– 2014	G. Falcone, *The prohibition of commentaries to the Digest and the antecessorial literature*, in *Subseciva Groningana* IX (*Between Groningen and Palermo*) 2014, 1-36.
– 2015	G. Falcone, *La trattazione di Gai 3.140-141 sul pretium nella compravendita, tra 'regulae' e ius controversum*, in *AUPA* 58, 2015, 37-56.
– 2016	G. Falcone, *La versione greca della cost. Imperatoriam e la sua attribuzione*, in *AUPA* 59, 2016, 289-302.
– 2017	G. Falcone, *La definizione di obligatio tra diritto e morale. Appunti didattici*, Torino 2017.
– 2020	G. Falcone, *'Instituere'* e *'instruere' in D. 1.2.2.43 e il modello del 'docere respondendo'*, in *SCDR* 33, 2020, 179-190.
– 2021a	G. Falcone, *Sul cd. Fragmentum Dositheanum*, in *Specula iuris* 1.1, 2021, 203-227.
– 2021b	G. Falcone, *Nota sul programma ciceroniano di ius civile ad artem redigere*, in *Scritti in onore di L. Peppe*, Lecce 2021, 197-214.
Fehr 1911	M. Fehr, rec. a F. Kniep, *Der rechtsgelehrte Gaius und die Ediktskommentare; Gai Institutionum commentarius primus*, in *ZSS* 32, 1911, 390-401.
Ferrary 1997	J.-L. Ferrary, *Les titres des textes juridiques*, in *Titres et articulations du texte dans les oeuvres antiques* (Actes Colloque - Chantilly 1994), Paris 1997, 233-253.
– 2012	J.-L. Ferrary (cur.), *Leges publicae. La legge nell'esperienza giuridica romana*, Pavia 2012.
Ferrary, Schiavone, Stolfi 2018	J.-L. Ferrary, A. Schiavone, E. Stolfi, *Quintus Mucius Scaevola. Opera* (*Scriptores Iuris Romani* - 1), Roma 2018.
Ferrini 1898	C. Ferrini, in F. Glück, *Commentario alle Pandette. Serie dei libri 30-32. Parte I. Continuazione del professore C. L. Arndts. Traduzione e note di C. Ferrini*, Milano 1898.
Fiorucci 2011	F. Fiorucci, *Il prologo della assis distributio e l'inizio della carriera di Volusio Meciano*, in *Prometheus* 37, 2011, 250-258.
Fitting 1908	H. Fitting, *Alter und Folge der Schriften römischer Juristen von Hadrian bis Alexander*², Halle 1908.
Flammini 2004	G. Flammini, *Hermeneumata Pseudodositheana Leidensia*, Monachii et Lipsiae 2004.
Flume 1962	W. Flume, *Die Bewertung der Institutionen des Gaius*, in *ZSS* 79, 1962, 1-27.
Fressura, Mantovani 2018	M. Fressura, D. Mantovani, *P. Vindob. L. 59 + 92. Frammenti delle Institutiones di Elio Marciano*, in *Athenaeum* 106, 2018, 619-690.
Frezza 1933	P. Frezza, *Osservazioni sopra il sistema di Sabino*, in *RISG* 8, 1933, 412-471.
– 1977	P. Frezza, *"Responsa" e "quaestiones": studio e politica del diritto dagli Antonini ai Severi*, in *SDHI* 43, 1977, 204-264.

Frier 1985 B. Frier, *The Rise of the Roman Jurists. Studies in Cicero's Pro Caecina*, Princeton 1985.

Fuenteseca 1994 P. Fuenteseca, *Lineas generales de la "fiducia cum creditore"*, in *Homenaje L. Murga-Gener*, Madrid 1994, 387-438.

Führmann 1956 M. Führmann, *Zur Entstehung der Veroneser Gaius-Textes*, in *ZSS* 73, 1956, 341-356.

– 1960 M. Führmann, *Das systematische Lehrbuch*, Göttingen 1960.

Gallo 1993 F. Gallo, *Interpretazione e formazione consuetudinaria del diritto. Lezioni di diritto romano*, Torino 1993.

– 2002 F. Gallo, rec. a Bretone 1998, in *IVRA* 49, 1998 (ma pubbl. 2002) 129-149.

– 2005 F. Gallo, *La recezione moribus nell'esperienza romana: una prospettiva perduta da recuperare*, in *IVRA* 55, 2004-2005, 1-28.

Gamauf 2009 R. Gamauf, *Aliquid de iure gustare: portrayal and criticism of lawyers in Petronius*, in P. Mach, M. Nemec, M. Pekarik (hrsg.), *Ius Romanum schola sapientiae. Festschrift für P. Blaho*, Trnava 2009,151-165.

García Vásquez 1997 C. García Vásquez, *'Precarium usus iuris'*, in *BIDR* 96-97, 1993-94 (pubbl. 1997), 279-292.

Genovese 2007 M. Genovese, *Res in nostro patrimonio vel extra nostrum patrimonium. Valenza giuridico-istituzionale della partizione*, in *Fides humanitas ius. Studii in onore di L. Labruna*, IV, Napoli 2007, 2133-2176.

Giaro 2007 T. Giaro, *Diritto come prassi. Vicende del discorso giurisprudenziale*, in *Fides humanitas ius. Studii in onore di L. Labruna*, IV, Napoli 2007, 2233-2361.

Giodice-Sabbatelli 1980 V. Giodice-Sabbatelli, *Un rescritto di Adriano. Legati e fedecommessi*, in *Sodalitas. Scritti in onore di A. Guarino*, V, Napoli 1980, 2131-2145.

– 1996 V. Giodice-Sabbatelli, *Gli iura populi Romani nelle Istituzioni di Gaio*, Bari 1996.

Gioffredi 1980 C. Gioffredi, *Aspetti della sistematica gaiana*, in Id., *Nuovi studi di diritto greco e romano*, Roma 1980, 241-263.

Giomaro 2019 A.M. Giomaro, *Quattro passi fra le scuole (e le scuole di diritto) nella Tarda Antichità*, Urbino 2019.

Girard 1890 P. Girard, *Textes de droit romain*, Paris 1890.

– 1924 P. Girard, *Manuel élémentaire de droit romain*[7], Paris 1924.

Girard, Senn 1937 P. Girard, F. Senn, *Textes de droit romain*[6], Paris 1937.

Giunti 2012 P. Giunti, *Iudex e iurisperitus. Alcune considerazioni sul diritto giurisprudenziale romano e la sua narrazione*, in Marotta, Stolfi 2012, 213-251.

Glasson 1885 E. Glasson, *Étude sur Gaius et sur quelques difficultés relatives aux sources du droit romain*, Paris 1885.

Gokel 2014 J.M. Gokel, *Sprachliche Indizien für inneres System bei Q. Cervidius Scaevola*, Berlin 2014.

Goria 1981 F. Goria, *Osservazioni sulle prospettive comparatistiche nelle Istituzioni di Gaio*, in *Il modello di Gaio nella formazione del giurista. Atti del Convegno torinese 4-5 maggio 1978 in onore del Prof. S. Romano*, Milano 1981, 211-324.

Greiner 1973 R. Greiner, *Opera Neratii. Drei Textgeschichten*, Karlsruhe 1973.

Grosso 1937 G. Grosso, *Appunti sulle distinzioni delle «res» nelle Istituzioni di Gaio*, in *Studi di storia e diritto in onore di E. Besta*, I, Milano 1937, 33-54.

– 1941 G. Grosso, *Corso di diritto romano. Le cose*, Torino 1941.

– 1963 G. Grosso, *Il sistema romano dei contratti*[3], Torino 1963.

– 1965 G. Grosso, *Lezioni di storia del diritto romano*[5], Torino 1965.

– 1974 G. Grosso, *Problemi sistematici nel diritto romano. Cose-contratti*, Torino 1974.

– 1976 G. Grosso, *Influenze aristoteliche nella distinzione delle fonti delle obbligazioni nella giurisprudenza romana*, in *La filosofia greca e il diritto romano* (Colloquio italo-francese, Roma 1973), I, Roma 1976, 139-148.

– 2001a G. Grosso, *Scritti storico-giuridici*, III, Torino 2001.

– 2001b G. Grosso, *Corso di diritto romano. Le cose*, ristampa in *RDR* I, 2001.

Grupe 1899 E. Grupe, *Gaius und Ulpian*, in *ZSS* 20, 1899, 90-98.

Gualandi 1963 G. Gualandi, *Legislazione imperiale e giurisprudenza*, I, Milano 1963.

Guarino 1947 A. Guarino, *Per la data delle Istituzioni di Gaio*, in *Annali Catania* 1, 1947, 329-332.

– 1969 A. Guarino, *Noterelle pomponiane*, in *Labeo* 15, 1969, 102-107.

– 1990 A. Guarino, *L'ordinamento giuridico romano*[5], Napoli 1990.

– 1994a A. Guarino, *Pagine di diritto romano*, V, Napoli 1994.

– 1994b A. Guarino, *Storia del diritto romano*[10], Napoli 1994.

– 1995 A. Guarino, *Pagine di diritto romano*, VI, Napoli, 1995.

– 1997 A. Guarino, *Diritto privato romano*[11], Napoli 1997.

– 1998 A. Guarino, *Storia del diritto romano*[12], Napoli 1998.

– 2002 A. Guarino, *I «libri iuris partiti» di Ofilio*, in *Iurisprudentia universalis. Fest. Th. Mayer-Maly*, Köln 2002, 255-258.

Guzmán Brito 2007 A. Guzmán Brito, *El carácter dialéctico del sistema de las "Institutiones" de Gayo*, in *Homenaje F. Samper*, Santiago (Chile) 2007, 427-458.

Hackl 1980 K. Hackl, rec. a Quadrato 1979, in *ZSS* 97, 1980, 403-410.

Hanson 1998 A.E. Hanson, *Galien: Author and Critic*, in G. Most (ed.), *Editing Text – Texte edieren*, Göttingen 1998, 22-53.

Hernandez-Tejero 1968 F. Hernandez-Tejero, *El pensamiento juridico en Seneca, «De beneficiis»*, in *Revista Facultad de Derecho Universidad de Madrid* 12, 1968, 7-52.

Herrero Medina 2020 M. Herrero Medina, *Servio Sulpicio Rufo: un retrato final desde la perspectiva de Cicerón*, Bologna 2020.

Herzen 1899 N. Herzen, *Die Identität des Gaius*, in *ZSS* 20, 1899, 211-229.
Honoré 1962 T. Honoré, *Gaius*, Oxford 1962.
Honoré 1990 T. Honoré, rec a Nelson 1981, in *TR* 58, 1990, 468-475.
Horak 1975 F. Horak, rec. a Greiner 1973, in *ZSS* 92, 1975, 314-324.
Huschke 1867 E. Huschke, *Iurisprudentiae anteiustinianae quae supersunt in usum maxime academicum. Editio altera e multis locis emendata*, Lipsiae 1867.
Huvelin 1915 P. Huvelin, *Études sur le furtum dans le très ancien droit romain. Les sources*, I, Lyon 1915.
Janson 1964 T. Janson, *Latin Prose Prefaces: Studies in Literary Conventions*, Stockholm 1964.
Johnston 2020 D. Johnston, *Gaius and the Liber singularis regularum attributed to Ulpian*, in Babusiaux, Mantovani 2020, 303-318.
Jolowicz 1932 H.F. Jolowicz, *Historical Introduction to the study of Roman Law*, Cambridge 1932.
– 1952 H.F. Jolowicz, *Obligatio and Actio*, in *LQR* 68, 1952, 469-480.
Jörs 1888 P. Jörs, *Römische Rechtswissenschaft zur Zeit der Republik*, I, Berlin 1888.
– 1903 P. Jörs, v. *'Domitius'* in *PWRE* V.1, Stuttgart 1903, 1435-1509.
Jörs, Kunkel, Wenger 1949 P. Jörs, W. Kunkel, L. Wenger, *Römisches Privatrecht*[3], Berlin-Göttingen-Heidelberg 1949.
Kalb 1890 W. Kalb, *Roms Juristen nach ihrer Sprache dargestellt*, Leipzig 1890.
Karlowa 1885 O. Karlowa, *Römische Rechtsgeschichte*, I, Leipzig 1885.
– 1901 O. Karlowa, *Römische Rechtsgeschichte*, II, Leipzig 1901.
Kaser 1953 M. Kaser, *Gaius und die Klassiker*, in *ZSS* 70, 1953, 127-178.
– 1983 M. Kaser, *Divisio obligationum*, in *Studies in Justinian's Institutes in Memory of J.A.C. Thomas* (ed. P. Stein, A.D.E. Lewis), London, 1983, 73-86.
Kaser, Hackl 1996 M. Kaser, K. Hackl, *Das römische Zivilprozessrecht*, München 1996.
Kipp 1909 Th. Kipp, *Geschichte der Quellen des Römischen Rechts*[3], Leipzig 1909.
Kniep 1885 F. Kniep, *Vacua Possessio*, I, Jena 1885.
– 1891 F. Kniep, *Praescriptio und pactum*, Jena 1891
– 1900 F. Kniep, *Der Besitz des Bürgerlichen Gesetzbuches gegenübergestellt dem römischen und gemeinen Recht*, Jena 1900.
– 1910 F. Kniep, *Der Rechtsgelehrte Gaius und die Ediktskommentare*, Jena 1910.
Kreller 1935 H. Kreller, *Zur Frage der Zuverlässigkeit unserer Gaiusüberlieferung*, in *ZSS* 55, 1935, 159-182.
– 1948 H. Kreller, *Res als Zentralbegriff des Institutionensystems*, in *ZSS* 66, 1948, 572-599.
Krüger 1878 P. Krüger, in P. Krueger, Th. Mommsen, G. Studemund, *Collectio librorum iuris Anteiustiniani in usum scholarum*, II, Berolini 1878.

Krüger 1888; 1912[2]	P. Krüger, *Geschichte der Quellen und der Litteratur des Römischen Rechts*, München-Leipzig 1888; 1912[2].
Krüger, Studemund 1899	P. Krüger, W. Studemund, *Gai Institutiones ad codicis Veronensis apographum studemundianum novis curis auctum*[4], Berolini 1899.
Kübler 1910	B. Kübler, v. *Gaius*, in *PWRE* XIII.1, Stuttgart 1910, 489-508.
– 1925	B. Kübler, *Geschichte des römischen Rechts*, Leipzig 1925.
– 1935	B. Kübler, *Ad editionem separatam septimam*, in Eduard Seckel, Bernard Kübler, *Gai Institutiones*[7], Lipsiae 1935.
Kunkel 1967	W. Kunkel, *Herkunft und soziale Stellung der römischen Juristen*[2], Graz-Wien-Köln, 1967.
Lachmann 1837; 1876	K. Lachmann, *Versuche über Dositheus* (1837) = *Kleinere Schriften* II, Berlin 1876, 196-218.
Lantella 1981	L. Lantella, *Le Istituzioni di Gaio come modello pragmatico*, in *Il modello di Gaio nella formazione del giurista* (Atti del Convegno torinese in onore del prof. S. Romano - Torino 1978), Milano 1981, 27-87.
La Pira 1934	G. La Pira, *La genesi del sistema nella giurisprudenza romana. II. L'arte sistematrice*, in *BIDR* 42, 1934, 336-355.
– 2019	G. La Pira, *La fondazione romanistica. Scritti di storia e di diritto romano* (a cura di Patrizia Giunti), Firenze 2019.
Lardone 1936	F. Lardone, *The Imperial Constitutions in the Institutes of Gaius*, in *Studi in onore di Salvatore Riccobono nel XL anno del suo insegnamento*, I, Palermo 1936, 653-697.
Lauria 1938	M. Lauria, *Contractus, delictum, obligatio*, in *SDHI* 4, 1938, 163-192.
Leesen 2010	T.G. Leesen, *Gaius meets Cicero. Law and rhetoric in the school controversies*, Leiden 2010.
Lehne-Gstreinthaler 2019	Chr. Lehne-Gstreinthaler, *Iurisperiti et oratores. Eine Studie zu den römischen Juristen der Republik*, Wien-Köln-Weimar 2019.
Lenel 1889	O. Lenel, *Palingenesia iuris civilis*, I-II, Leipzig 1889.
Liebs 1966	D. Liebs, *Gaius und Pomponius*, in *Gaio nel suo tempo. Atti del simposio romanistico*, Napoli 1966, 61-75.
– 1976	D. Liebs, *Rechtsschulen und Rechtsunterricht im Prinzipat*, in *ANRW* 15.2, Berlin 1976, 197-286.
– 1983	D. Liebs, rec. a Nelson 1981, in *Gnomon* 55, 1983, 113-124.
– 1997	D. Liebs, *§ 426. Gaius*, in K. Sallmann (hrsg.), *Handbuch der Lateinischen Literatur der Antike. IV. Die Literatur des Umbruchs. Von der römischen zur christlichen Literatur 117 bis 284 n. Chr.*, München 1997, 188-195.
– 2008	D. Liebs, *Esoterische römische Rechtsliteratur vor Justinian*, in R. Lieberewirth (hrg.), *Akten des 36 Deutschen Rechtshistorikertages in Halle an der Saale 2006*, Baden-Baden 2008, 40-79.
– 2020	D. Liebs, *Biographical Matters about Gaius*, in Babusiaux, Mantovani 2020, 3-28.

Lombardi 1947 — G. Lombardi, *Sul concetto di ius gentium*, Roma 1947.

– 1983 — G. Lombardi, rec. a Anselmo Aricò 1983, in *IVRA* 34, 1983, 130-141.

Longinescu 1896 — S. Longinescu, *Caius, der Rechtsgelehrte*, Berlin 1896.

Longo 1995 — S. Longo, *Naturalis obligatio e debitum servi in Gai 3.119a*, in *IVRA* 46, 1995 (pubbl. 2000), 53-97.

– 2019 — S. Longo, *Emptio venditio et locatio conductio familiaritatem aliquam inter se habere videntur*, Torino 2019.

Lovato 2020 — A. Lovato, *Giuristi e principe nel II secolo*, in *Armata sapientia. Scritti in onore di F.P. Casavola in occasione dei suoi novant'anni*, Napoli 2020, 545-565.

– 2021 — A. Lovato, *L'ordine sistematico nella tradizione civilistica europea*, in *Specula iuris* 1.2, 2021, 119-151.

Macqueron 1966 — J. Macqueron, *Storia del diritto ed arcaismo in Gaio*, in *Gaio nel suo tempo. Atti del simposio romanistico*, Napoli 1966.

Maffi 2021 — A. Maffi, in Maffi, Stolte, Viarengo 2021, 48-52.

Maffi, Stolte, Viarengo 2021 — A. Maffi, B. Stolte, G. Viarengo, *Herennius Modestinus. Excusationum libri VI (Scriptores Iuris Romani* - 9), Roma-Bristol 2021.

Maganzani — L. Maganzani, *Florentinus. Institutiones* (*Scriptores Iuris Romani* - 14), Roma-Bristol 2022.

Magdelain 1995 — A. Magdelain, *De la royauté et du droit de Romulus à Sabinus*, Roma 1995.

Mainino 2011 — G. Mainino, *L'ordine espositivo delle Istituzioni di Gaio e il sistema civilistico: un'ipotesi*, in *RDR* XI, 2011.

Mantello 1979 — A. Mantello, *'Beneficium' servile - 'debitum' naturale*, Milano 1979.

Manthe 1982 — U. Manthe, *Die libri ex Cassio des Iavolenus Priscus*, Berlin 1982

– 2000 — U. Manthe, *Das Fortleben des Gaius im oströmischen Reich*, in L. De Blois (ed.), *Administration, Prosopography and Appointment Policies in the Roman Empire*, Passau 2000, 180-201.

– 2004 — U. Manthe, *Gaius. Institutionen. Herausgegeben, übersetzt und kommentiert von Ulrich Manthe*, Darmstadt 2004.

Mantovani 2009 — D. Mantovani, *Cicerone e il doppio ritratto di Tuberone il vecchio. Sul liber de iure civili in artem redigendo*, in *SDHI* 75, 2009, 113-130.

– 2017 — D. Mantovani, *Quando i giuristi diventarono "veteres". Augusto e Sabino, i tempi del potere e i tempi della giurisprudenza*, in *Augusto. La costruzione del principato* (Atti Convegno dei Lincei – Roma 2014), Roma 2017, 257-325.

– 2018 — D. Mantovani, *Les juristes écrivains de la Rome antique. Les oeuvres des juristes comme littérature*, Paris 2018.

– 2019a — D. Mantovani, *Tradurre l'intraducibile diritto. La prefazione al De excusationibus di Erennio Modestino fra Roma e Grecia*, in *Liber amicorum. Mélanges en l'honneur de Jean-Pierre Coriat*, Paris 2019, 537-549.

Mantovani 2019b	D. Mantovani, *Il giurista-matematico e il lettore ideale: due prefazioni a confronto (Meciano, Assis distributio e Paolo, De gradibus et adfinibus)*, in *Mélanges J.-L. Ferrary*, Paris 2019, 177-204.
– 2019c	D. Mantovani, *Gaio nella storiografia del Novecento*, in *Gaius noster. Nei segni del Veronese* (Atti Convegno Copanello 2012), Milano 2019, 1-36.
Marezoll 1815	G. Marezoll, *Commentatio de ordine Institutionum*, Gottingae 1815.
Marotta, Stolfi 2012	V. Marotta, E. Stolfi (cur.), *Ius controversum e processo fra tarda repubblica ed età dei Severi* (Atti del Convegno - Firenze 2010), Roma 2012.
Marottoli 1989	P. Marottoli, *Res incorporales*, Roma 1989.
Martini 1966	R. Martini, *Le definizioni dei giuristi romani*, Milano 1966.
– 1977	R. Martini, *Le "summae divisiones" in Gaio*, in *Atti del Seminario Romanistico Gardesano*, s.l. 1977, 89-95.
– 1988	R. Martini, *Sui pretesi modelli giuridici delle 'Divinae institutiones' di Lattanzio*, in *Atti del III Seminario romanistico gardesano*, Milano 1988, 423-432.
– 2000	R. Martini, *Appunti di diritto privato romano*, Padova 2000.
– 2006	R. Martini, *La sistematica dei giuristi romani*, in *Index* 34, 2006, 87-98.
– 2007	R. Martini, *Di alcune singolarità della sistematica gaiana*, in A. Pisaneschi, L. Violini (cur.), *Poteri, garanzie e diritti a sessanta anni dalla costituzione. Scritti per G. Grottanelli De' Santi*, Milano 2007, 121-134.
Maschi 1951	C.A. Maschi, *Caratteri e tendenze evolutive delle Istituzioni di Gaio*, in *Atti Congresso Internazionale di diritto romano e di storia del diritto* (Verona 1948), I, Milano 1951, 9-49.
– 1971	C.A. Maschi, *Tutela. Fedecommessi. Contratti reali*, in *Studi in onore di E. Volterra*, IV, Milano 1971, 667-774.
– 1966	C.A. Maschi, *Il diritto romano. I. La prospettiva storica della giurisprudenza classica*[2], Milano 1966.
– 1973	C.A. Maschi, *La categoria dei contratti reali*, Milano 1973.
Masiello 1983a	T. Masiello, *Il proemio dei "libri excusationum" di Modestino*, in *Studi in onore di C. Sanfilippo*, III, Milano 1983, 433-450.
– 1983b	T. Masiello, *I libri excusationum di Erennio Modestino*, Napoli 1983.
Masuelli 2016	S. Masuelli, *Giurisprudenza classica nella cultura dell'Italia tardo antica: i frammenti gaiani nel commentario di Boezio ai Topica di Cicerone*, in *Codice Teodosiano e tradizioni giuridiche in Occidente. La terra, strumento di arricchimento e sopravvivenza* (Collana «Ravenna Capitale»), Santarcangelo di Romagna 2016, 35-48.
Mattioli 2012	F. Mattioli, *Un tentativo di messa a punto riguardo alla più recente dottrina sui Tituli ex corpore Ulpiani. Ipotesi e prospettive di ricerca*, in G. Purpura (cur.), *Revisione e integrazione dei Fontes Iuris Romani Anteiustiniani. Studi preparatori*, II, in *AUPA*, Coll. Fontes - 3.2, Torino 2012, 85-117.

Mayr 1900 — R. von Mayr, *Die Condictio des römischen Privatrechts*, Leipzig 1900.

Mercogliano 1997 — F. Mercogliano, *«Tituli ex corpore Ulpiani». Storia di un testo*, Napoli 1997.

– 1998 — F. Mercogliano, *Le «regulae iuris» del «Liber singularis» ulpianeo*, in *Index* 26, 1998, 353-359.

– 2003 — F. Mercogliano, *Una ricognizione sui Tituli ex corpore Ulpiani*, in *AARC* 14, 2003, 407-416.

Mette 1954 — H.J. Mette, *Ius civile in artem redactum*, Göttingen 1954.

Michel 1991 — J.-H. Michel, *Du neuf sur Gaius?*, in *RIDA* 38, 1991, 175-217.

Milazzo 2003 — F. Milazzo (cur.), *Ius controversum e auctoritas principis. Giuristi principe e diritto nel primo Impero* (Atti Convegno Copanello 1998), Napoli-Roma 2003.

Mitteis 1898 — L. Mitteis, *Zur Lehre von der sog. condictio generalis*, in *Jherings Jahrbücher für die Dogmatik*, 39, 1898, 152-173.

Möller 2010 — C. Möller, *Die Servituten: Entwicklungsgeschichte, Funktion und Struktur der grundstückvermittelten Privatrechtsverhältnisse im römischen Recht*, Göttingen 2010.

Mommsen 1855 — Th. Mommsen, *De Ulpiani regularum libro singulari*, in *Domitii Ulpiani quae vocant fragmenta sive excerpta ex Ulpiani libro singulari regularum … Quartum emendavit Eduardus Böcking*, Lipsiae 1855, 109-120.

– 1905 — Th. Mommsen, *Gesammelte Schriften*, II, Berlin 1905.

Moreau 2002 — Ph. Moreau, *Incestus et prohibitae nuptiae. L'inceste à Rome*, Paris 2002.

Mourgues 1998 — J.-L. Mourgues, *Forme diplomatique et pratique institutionnelle des commentarii Augustorum*, in *La mémoire perdue. Recherches sur l'administration romaine. Actes des tables rondes de Rome* (mai 1994 – mai 1995), Roma 1998, 123-197.

Müller-Eiselt 1982 — K.P. Müller-Eiselt, *Divus Pius constituit. Kaiserliches Erbrecht*, Berlin 1982.

Nelson 1968 — H.L.W. Nelson, *Die textkritische Bedeutung der ägyptischen Gaiusfragmente*, in *Symbolae M. David dedicatae*, Leiden 1968, 135-180.

– 1981 — H.L.W. Nelson, *Überlieferung, Aufbau und Stil von Gai Institutiones*, Leiden 1981.

– 1993 — H.L.W. Nelson, *Der Stil eines Kurzlehrbuches. Ulpiani liber singularis regularum*, in K. Zimmermann (hrsg.), *Der Stilbegriff in den Altertumswissenschaften*, Rostock 1993, 81-87.

– 2007 — H.L.W. Nelson, *Exkurs I zur Einleitung: Ciceros Vorschläge für ein neues juristisches Lehrbuch. Betrachtungen über De oratore I 195-192*, in Nelson, Manthe 2007, 271-276.

Nelson, Manthe 1992 — H.L.W. Nelson, U. Manthe, *Gai Institutiones III 1-87. Intestaterbfolge und sonstige Arten von Gesamtnachfolge. Text und Kommentar*, Berlin 1992.

Nelson, Manthe 1999	H.L.W., U. Manthe, *Gai Institutiones III 88-181. Die Kontraktsobligationen. Text und Kommentar*, Berlin 1999.
– 2007	H.L.W. Nelson, U. Manthe, *Gai Institutiones III 182-225. Die Deliktsobligationen. Text und Kommentar*, Berlin 2007.
Nicosia 1997	G. Nicosia, *Institutiones. Profili di diritto privato romano*, I, Catania 1997.
– 2005	G. Nicosia, *Iura condere*, in *AUPA* 50, 2005, 223-246.
– 2009a	G. Nicosia, *Iuris consultorum acutae ineptiae*, in *Studi in onore di R. Martini*, II, Milano 2009, 865-897.
– 2009b	G. Nicosia, *Ea quae iure consistunt*, in *Scritti in onore di G. Melillo*, II, Napoli 2009, 821-835.
– 2012	G. Nicosia, *Quasi pretii loco*, in *IVRA* 60, 2012, 1-32.
– 2013a	G. Nicosia, *Possessio e res incorporales*, in *AUPA* 56, 2013, 275-283.
– 2013b	G. Nicosia, *Nuovi profili istituzionali di diritto privato romano*[6], Catania 2013.
Noordraven 1999	B. Noordraven, *Die Fiduzia im römischen Recht*, Amsterdam 1999.
Nörr 1972	D. Nörr, *Divisio und partitio*, Berlin 1972.
– 1974	D. Nörr, *Rechtskritik in der römischen Antike*, München 1974.
– 1976	D. Nörr, *Pomponius oder "Zum Geschichtsverständnis der römischen Juristen"*, in *ANRW* II.15, Berlin 1976, 497-604.
– 2003	D. Nörr, *Historiae Iuris Antiqui. Gesammelte Schriften* (hrsg. T. Chiusi, W. Kaiser, H.D. Spengler), Goldbach 2003.
Oertmann 1890	P. Oertmann, *Die Fiducia im römischen Privatrecht. Eine rechtsgeschichtliche Untersuchung*, Berlin 1890.
Orestano 1959	R. Orestano, *Obligationes e dialettica*, in *Jus* 10, 1959, 19-31.
– 1981	R. Orestano, *'Diritto'. Incontri e scontri*, Bologna 1981.
Palazzolo et alii 1995	N. Palazzolo et alii, *Storia giuridica di Roma in età imperiale*, Perugia 1995.
Paricio 2009	J. Paricio, *Sobre la denominación casianos/sabinianos*, in *Studi in onore di R. Martini*, III, Milano 2009, 21-28.
– 2020	J. Paricio, *Casianos (y más)*, in *SCDR* 33, 2020, 103 ss.
– 2021	J. Paricio, *La formación del derecho privado romano*, Madrid 2021.
Pastori 1954	F. Pastori, *Il commodato in diritto romano*, Milano 1954.
– 1986	F. Pastori, *Commodato contratto responsabilità*, Milano 1986.
Pellicciari 1978	L. Pellicciari, *D. 27.1.1 pr.-2 e i «libri excusationum» di Modestino*, in *Labeo* 24, 1978, 37-42.
Peppe 2012	L. Peppe, *I senatusconsulta come alternativa alla legge comiziale. Con un'appendice su Gai. Inst. 1.1-8*, in Ferrary 2012, 627-705.
– 2019	L. Peppe, *Sulla «letteratura giuridica romana». A proposito di «Les juristes écrivains de la Rome antique» di Dario Mantovani*, in *RDR* 19, 2019, 169-216.
Perozzi 1928	S. Perozzi, *Istituzioni di diritto romano*[2], II, Roma 1928.

Plisecka A. Plisecka, *The Roman Jurists' Law during the passage from the Republic to the Empire*, in *Jahrbuch Junge Rechtsgeschichte* 4, 2009, 372-392.

Polenaar 1876 B.J. Polenaar, *Syntagma institutionum novum. Gai institutiones iuris civilis Romani*, Lugd. Batav. 1876.

Pontoriero 2020 I. Pontoriero, *L'uso delle opere di Sabino nella giurisprudenza antoniniana*, in Chr. Baldus, G. Luchetti, M. Miglietta (cur.), *Prolegomena per una palingenesi dei libri 'ad Vitellium' di Paolo*, Alessandria 2020, 153-221.

Puchta 1829 G. Puchta, *Betrachtungen über alte und neue Rechtssysteme*, in *Rheinisches Museum für Jurisprudenz*, 3, 1829, 115-133.

– 1851 G. Puchta, *Kleine civilistische Schriften* (hrsg. A. Rudorff) Leipzig 1851.

Pugliese 1951 G. Pugliese, *Res corporales e res incorporales e il problema del diritto soggettivo*, in *RISG* 5, 1951, 237-274.

– 1981 G. Pugliese, *Gaio e la formazione del giurista*, in *Il modello di Gaio nella formazione del giurista* (Atti del Convegno torinese in onore di Silvio Romano - Torino 1978), Milano 1981, 1-25.

– 1986 G. Pugliese, *Istituzioni di diritto romano*, Padova 1986.

– 1995 G. Pugliese, *Scritti giuridici scelti*, Napoli 1985.

Quadrato 1979 R. Quadrato, *Le Institutiones nell'insegnamento di Gaio. Omissioni e rinvii*, Napoli 1979.

– 1986 R. Quadrato, *La persona in Gaio. Il problema dello schiavo*, in *IVRA* 37, 1986, 1-33.

– 2009 R. Quadrato, *Hominum gratia*, in *Studi in onore di Remo Martini*, III, Milano 2009, 273-288.

– 2010 R. Quadrato, *Gaius dixit. La voce di un giurista di frontiera*, Bari 2010.

Querzoli 1996 S. Querzoli, *Il sapere di Fiorentino. Etica natura e logica nelle Institutiones*, Napoli 1996.

Raggi 2007 L. Raggi, *Il metodo della giurisprudenza romana* (cur. M. Campolunghi, S.A. Fusco), Torino 2007.

Reinach 1950 J. Reinach, *Introduction*, in *Gaius. Institutes*, Paris 1950.

Riccobono 1949 S. Riccobono, *Lineamenti della storia delle fonti e del diritto romano*, Milano 1949.

Robbe 1965 U. Robbe, *La successio e la distinzione fra successio in ius e successio in locum*, Milano 1965.

– 1966 U. Robbe, *Osservazioni su Gaio*, in *Gaio nel suo tempo. Atti del simposio romanistico*, Napoli 1966, 111-141.

Romano 2020 E. Romano, *Le Institutiones di Gaio e la tradizione manualistica antica*, in Babusiaux, Mantovani 2020, 167-203.

Romeo 2010 S. Romeo, *L'appartenenza e l'alienazione in diritto romano. Tra giurisprudenza e prassi*, Milano 2010.

Roncati 2015 S. Roncati, *Emere vendere tradere. La lunga storia della regola di I. 2.1.41 nel diritto romano e nella tradizione romanistica*, Napoli 2015.

Rotondi 1922 — G. Rotondi, *Contributi alla storia del contratto di deposito in diritto romano*, in *Scritti giuridici*, II, Milano 1922.

Saccoccio 2002 — A. Saccoccio, *Si certum petetur. Dalla condictio dei veteres alle condictiones giustinianee*, Milano 2002.

Santini, Scivoletto 1990; 1992; 1998 — C. Santini, N. Scivoletto, *Prefazioni, prologhi, proemi di opere tecnico-scientifiche latine*, I, Roma 1990; II, Roma 1992; III, Roma 1998.

Santoro 2020 — R. Santoro, *Per la storia dell'obligatio*, I, Palermo 2020.

Santucci 2014 — G. Santucci, *La 'magna quaestio' in Gai 3.149*, in *Index* 42, 2014, 331-348.

Scarano Ussani 1997 — V. Scarano Ussani, *L'ars dei giuristi. Considerazioni sullo statuto epistemologico della giurisprudenza romana*, Torino 1997.

Scherillo 1945 — G. Scherillo, *Lezioni di diritto romano. Le cose*, I, Milano 1945.

– 1953 — G. Scherillo, *Il sistema civilistico*, in *Studi in onore di V. Arangio Ruiz*, IV, Napoli 1953, 443-467.

– 1966 — G. Scherillo, *Gaio e il sistema civilistico*, in *Gaio nel suo tempo. Atti del simposio romanistico*, Napoli 1966, 145-153.

– 1968 — G. Scherillo, *Adnotationes Gaianae. II. Gaio e Nerazio*, in *Antologia giuridica romanistica ed antiquaria*, I, Milano 1968, 77-83.

Schiavone 1971 — A. Schiavone, *Studi sulle logiche dei giuristi romani. Nova negotia e transactio da Labeone a Ulpiano*, Napoli 1971.

– 1994 — A. Schiavone, *Linee di storia del pensiero giuridico*, Torino 1994.

– 2017 — A. Schiavone, *Ius, L'invenzione del diritto in Occidente*[2], Torino 2017.

– 2018 — A. Schiavone, in Ferrary, Schiavone, Stolfi 2018.

Schilling 1819 — F. Schilling, *Dissertatio critica de fragmento iur. Rom. Dositheano*, Lipsiae 1819.

Schipani 2011 — S. Schipani (cur.), *Iustiniani Augusti Digesta seu Pandectae. Testo e traduzione*, IV, 20-27, Milano 2011.

Schmidlin 1970 — B. Schmidlin, *Die römischen Rechtsregeln. Versuch einer Typologie*, Köln-Wien 1970.

Schulz 1906 — F. Schulz, *Sabinus-Fragmente in Ulpians Sabinus-Kommentar*, Halle 1906.

– 1926 — F. Schulz, *Die Epitome Ulpiani des Codex Vaticanus Reginae 1128*, Bonn 1926.

– 1946 — F. Schulz, *History of Roman Legal Science*, Oxford 1946.

– 1961 — F. Schulz, *Geschichte des römischen Rechtswissenschaft*, Weimar 1961.

– 1968 — F. Schulz, *Storia della giurisprudenza romana*, trad. it. Firenze 1968.

Schwarz 1951 — A. Schwarz, *Das strittige Recht der römischen Juristen*, in *Fest. F. Schulz*, II, Weimar 1951, 201-225.

Sciortino 2019 — S. Sciortino, *Ricerche in tema di società questuarie*, Torino 2019.

Silla 2011 — F. Silla, *Sulla distinzione gaiana tra 'actio in rem' ed 'actio in personam'*, in L. Garofalo (cur.), *'Actio in rem' e 'actio in personam'. In ricordo di M. Talamanca*, I, Padova 2011, 3-52.

Singer 2019 — P. Singer, *New Light and Old Texts: Galen on His Own Books*, in C. Petit (ed.), *Galen's Treatise Περὶ Ἀλυπίας (De indolentia) in Context: a Tale of Resilience*, Leiden 2019, 91-131.

Sirks 1963 — A.J.B. Sirks, *The lex Junia and the Effects of Informal Manumission and Iteration*, in *RIDA* 30, 1983, 211-292.

– 2008 — A.J.B. Sirks, rec. a M. Avenarius 2005, in *Gnonom* 80, 2008, 325-330.

Solazzi 1933 — S. Solazzi, *Glosse a Gaio*. II, in *Per il XIV centenario delle Pandette e del Codice di Giustiniano*, Milano1933, 293-450.

– 1946 — S. Solazzi, *Glosse a Gaio. Quarta puntata*, in *Scritti di diritto romano in onore di C. Ferrini*, Milano 1946, 133-199.

– 1972 — S. Solazzi, *Scritti di diritto romano*, VI, Napoli 1972.

Sperandio 2011 — M.U. Sperandio, *'Incip(iunt) Tituli ex corpore Ulpiani'. Il 'liber singularis regularum' pseudoulpianeo e il 'Codex Vaticanus Reginae 1128'*, in *RIDA* 58, 2011, 357-392.

Stagl 2014 — J.F. Stagl, *Das didaktische System des Gaius*, in *ZSS* 131, 2014, 313-348.

– 2018 — J.F. Stagl, *Caesars Koch oder das Schweigen der Quellen: Zur Kritik Varvaros am didaktischen System des Gaius*, in *ZSS* 135, 2018, 582-591.

– 2019 — J. F. Stagl, *Il sistema didattico di Gaio e il sistema dei Digesta*, in *Gaius noster. Nei segni del Veronese* (Atti Convegno Copanello - 2012), Milano 2019, 153-196.

Stanojevic 1989 — O. Stanojevic, *Gaius noster. Plaidoyer pour Gaius*, Amsterdam 1989.

Starace 2020 — P. Starace, *Partes lucri et damni tra societas leonina e societas donationis causa: questioni di nullità*, in *TSDP* 13, 2020.

Stein 1966 — P. Stein, *Regulae iuris: from juristic rules to legal maxims*, Edinburgh 1966.

– 1978 — P. Stein, *The place of Servius Sulpicius Rufus in the Development of Roman Legal Science*, in *Fest. f. F. Wieacker zum 70. Geburtstag*, Göttingen 1978, 175-184.

– 1983 — P. Stein, *The Development of the Institutional System*, in *Studies in Justinian's Institutes in memory of J.A.C. Thomas*, London 1983, 151-163.

Stolfi 1997 — E. Stolfi, *Il modello delle scuole in Pomponio e Gaio*, in *SDHI* 63, 1997, 1-106.

– 2001 — E. Stolfi, *Per uno studio del lessico e delle tecniche di citazione dei giuristi severiani: le «sententiae prudentium» nella scrittura di Papiniano, Paolo e Ulpiano*, in *RDR* I, 2001, 345-394.

– 2002 — E. Stolfi, *Studi sui «libri ad edictum» di Pomponio. I. Trasmissione e fonti*, Napoli 2002.

– 2006 — E. Stolfi, *Riflessioni attorno al problema dei "diritti soggettivi" fra esperienza antica ed elaborazione moderna*, in *Studi Senesi*, III s., 2006.1, 120-177.

Stolfi 2012 — E. Stolfi, *Dissensiones prudentium, dispute di scuola e interventi imperiali*, in Marotta, Stolfi 2012, 287-338.

– 2018 — E. Stolfi, in Ferrary, Schiavone, Stolfi 2018.

Tafaro 2009 — S. Tafaro, *Ius hominum causa constitutum. Un diritto a misura d'uomo*, Napoli-Roma 2009.

Talamanca 1977 — M. Talamanca, *Lo schema 'genus-species' nelle sistematiche dei giuristi romani*, in *La filosofia greca e il diritto romano* (Colloquio italo-francese, Roma 1973), II, Roma 1977.

– 1979 — M. Talamanca, v. *'Obbligazioni (dir. rom.)*, in *ED*, 29, 1979, 1-78.

– 1990 — M. Talamanca, *Istituzioni di diritto romano*, Milano 1990.

– 1996 — M. Talamanca, rec. a M. Kaser, *Ius gentium*, 1993, in *IVRA* 44, 1993 (pubbl. 1996), 272-307.

– 2001 — M. Talamanca, *Elementi di diritto privato romano*, Milano 2001.

– 2009 — M. Talamanca, *L'oratore, il giurista, il diritto nel De oratore di Cicerone*, in *Ciceroniana* 14, 2009, 29-100.

Tapani Klami 1985 — H. Tapani Klami, *Gaius – der unsterbliche Lehrmeister?: persongeschichtliches und rechtstheoretisches über die Entwicklung der juristischer Methode in Rom*, Vammala 1985.

Tondo 1993 — S. Tondo, *Profilo di storia costituzionale romana*, II.2, Milano 1993.

– 2005 — S. Tondo, *Appunti sulle 'Institutiones iuris'*, in *BIDR* 101-102, 1998-99 (pubbl. 2005), 631-664.

Turelli 2012 — G. Turelli, *'Res incorporales' e beni immateriali: categorie affini ma non congruenti*, in *TSDP* 5, 2012.

Vacca 1976 — L. Vacca, *Contributo allo studio del metodo casistico in diritto romano*, Milano 1976.

– 1978 — L. Vacca, *Considerazioni sull'aequitas come elemento del metodo della giurisprudenza romana*, in *Studi in memoria di G. d'Amelio*, I, Milano 1978, 397-424.

– 2006 — L. Vacca, *Metodo casistico e sistema prudenziale. Ricerche*, Padova 2006.

– 2012 — L. Vacca, *La giurisprudenza nel sistema delle fonti del diritto. Corso di lezioni*[2], Torino 2012.

T.F. v. O. 1894 — T.F. v. O., *Gaius and His Works. A Study in Roman Law*, in *Cape Law Journal* 11, 1894, 10-30.

Varvaro 2016 — M. Varvaro, *La dote, il ius singulare e il «sistema didattico» di Gaio*, in *SCDR* 29, 2016, 409-439.

– 2018 — M. Varvaro, *«Favor dotis» e singolari interpretazioni in tema di «ius singulare»*, in *Index* 46, 2018, 226-254.

Viarengo 2020 — G. Viarengo, *I commentari di giuristi romani intitolati a persone con particolare riferimento all'opera di Paolo*, in Chr. Baldus, G. Luchetti, M. Miglietta (cur.), *Prolegomena per una palingenesi dei libri 'ad Vitellium' di Paolo*, Alessandria 2020, 1-30.

– 2021 — G. Viarengo, in Maffi, Stolte, Viarengo 2021, 41-48.

Viaro 2011 — S. Viaro, *Corrispettività e adempimento nel sistema contrattuale romano*, Padova 2011.

Villey 1945 — M. Villey, *Recherches sur la littérature didactique du droit romain (à propos d'un texte de Ciceron 'De oratore' 1.-188 à 190)*, Paris 1945.

– 1947 — M. Villey, *L'idée du droit subjectif et les systèmes juridiques romains*, in *RHD* 24-25, 1946-47 (pubbl. 1947), 201-228.

– 1949 — M. Villey, *Du sens de l'expression 'ius in re' en droit romain classique*, in *RIDA* 2, 1949, 417-436.

Voci 1936 — P. Voci, *Teoria dell'acquisto del legato secondo il diritto romano*, Milano 1936.

– 1963 — P. Voci, *Diritto ereditario romano*. II. *Parte speciale*², Milano 1963.

– 1967 — P. Voci, *Diritto ereditario romano*, I. *Introduzione*. Parte generale², Milano 1967.

Voigt 1875 — M. Voigt, *Das Aelius- und Sabinus-System wie über einige verwandte Rechts-Systeme*, in *Abhandl. der klass.-philol. Kl. der Königl. Sachs. Gesell. der Wissenschaften* 4, Leipzig 1875, 319-376.

Wagner 1978 — H. Wagner, *Studien zur allgemeinen Rechtslehre des Gaius. Ius gentium und ius naturale in ihrem Verhältnis zum ius civile*, Zutphen 1978.

Waldstein 1993 — W. Waldstein, *Cicero, Servius und die "neue Jurisprudenz"*, in *IVRA* 44, 1993, 85-147.

Watson 1965 — A. Watson, *Law of Obligations in the Later Roman Republic*, Oxford 1965.

Wegmann Stockerbrand 2017 — A. Wegmann Stockerbrand, *Obligatio re contracta*, Tübingen 2017.

Wenger 1953 — L. Wenger, *Die Quellen des römischen Rechts*, Wien 1953.

Wibier 2014 — M. Wibier, *Transmitting Legal Knowledge: From Question-and-Answer Format to Handbook in Gaius' Institutes*, in R. Scodel (ed.), *Between Orality and Literacy: Communication and Adaptation in Antiquity*, Leiden 2014, 356-373.

– 2019 — M. Wibier, *Legal education, realpolitik, and the propagation of the emperor's Justice*, in O. Hekster, K. Verboven (ed.), *The Impact of Justice on the Roman Empire*, Leiden 2019, 86-102.

Wieacker 1953a — F. Wieacker, *Vorbedingungen einer kritischen Gaius-Ausgabe*, in *Atti del Congresso Internazionale di Diritto romano e di storia del diritto* (Verona 1948), I, Milano 1953, 51-74.

– 1953b — F. Wieacker, *Griechische Wurzeln des Institutionensystems*, in *ZSS* 70, 1953, 93-126.

– 1960 — F. Wieacker, *Textstufen klassischer Juristen*, Göttingen 1960.

– 1969 — F. Wieacker, *Über das Verhältnis der römischen Fachjurisprudenz zur griechisch-hellenistischen Theorie*, in *IVRA* 20, 1969, 448-477.

– 1988 — F. Wieacker, *Römische Rechtsgeschichte*, I, München 1988.

– 2006 — F. Wieacker, *Römische Rechtsgeschichte: Zweiter Abschnitt. Die Jurisprudenz vom frühen Prinzipat bis zum Ausgang der Antike*, München 2006.

Wlassak 1888	M. Wlassak, *Römische Prozessgesetzte*, I, Leipzig 1888.
– 1910	M. Wlassak, *Vindikation und Vindikationslegat*, in *ZSS* 31, 1910, 196-321.
Wolodkiewicz 1970	W. Wolodkiewicz, *Obligationes ex variis causarum figuris. Ricerche sulla classificazione delle fonti delle obbligazioni nel diritto romano classico*, in *RISG* 9, 1970, 77-224.
– 1978	W. Wolodkiewicz, *Les origins romaines de la systématique du droit civil contemporaine*, Wroclaw-Warszawa-Krakòw-Gdansk 1978.
Wunner 1964	S.E. Wunner, *Contractus. Sein Wortgebrauch und Willensgehalt im klassischen römischen Recht*, Köln-Graz 1964.
Zamorani 1974	P. Zamorani, *Gaio e la distinzione tra «res corporales» e «res incorporales»*, in *Labeo* 20, 1974, 362-369.
Zannini 1981	P. Zannini, *Rappresentazione dinamica del fenomeno giuridico nelle Istituzioni di* Gaio, in Il *modello di Gaio nella formazione del giurista* (Atti del Convegno torinese in onore del prof. Silvio Romano - Torino 1978), Milano 1981, 367-384.

Abbreviazioni

AARC	*Atti dell'Accademia Romanistica Costantiniana*
ANRW	*Aufstieg und Niedergang der römischen Welt*
AUPA	*Annali del Seminario Giuridico dell'Università di Palermo*
BIDR	*Bullettino dell'Istituto di Diritto Romano "Vittorio Scialoja"*
ED	*Enciclopedia del Diritto*
JRS	*Journal of Roman Studies*
LQR	*The Law Quarterly Review*
PWRE	*Pauly-Wissowa Realencyclopädie*
RISG	*Rivista Italiana per le Scienze Giuridiche*
RDR	*Rivista di Diritto Romano*
RHD/TR	*Revue d'Histoire du Droit / Tijdschrift voor Rechtsgeschiedenis*
RHDFE	*Revue Historique de Droit Français et Étranger*
RIDA	*Revue Internationale des Droits de l'Antiquité*
SCDR	*Seminarios Complutenses de Derecho romano*
SDHI	*Studia et Documenta Historiae et Iuris*
TSDP	*Teoria e Storia del Diritto Privato*
ZRG	*Zeitschrift für Rechtsgeschichte*
ZSS	*Zeitschrift der Savigny-Stiftung für Rechtsgeschichte – Romanistische Abteilung*

Fonti antiche

Tradizione manoscritta

M. Tullius Cicero

I. *Orationes*

Papiri

Finito di stampare nel mese di maggio 2022
per conto de «L'ERMA» di BRETSCHNEIDER
da Services4Media - Viale Caduti di Nassiriya, 39, 70124 Bari